博士生导师学术文库

A Library of Academics by
Ph.D.Supervisors

我国特大城市土地市场效率与政府调控效果研究

张 杰 著

光明日报出版社

图书在版编目（CIP）数据

我国特大城市土地市场效率与政府调控效果研究 /
张杰著. --北京：光明日报出版社，2021.4
ISBN 978-7-5194-5867-6

Ⅰ.①我… Ⅱ.①张… Ⅲ.①特大城市—城市土地—
土地市场—研究—中国 Ⅳ.①F299.232.7

中国版本图书馆 CIP 数据核字（2021）第 057436 号

我国特大城市土地市场效率与政府调控效果研究

**WOGUO TEDA CHENGSHI TUDI SHICHANG XIAOLÜ YU
ZHENGFU TIAOKONG XIAOGUO YANJIU**

著　　者：张　杰

责任编辑：李壬杰　　　　　　　责任校对：张　幽
封面设计：一站出版网　　　　　责任印制：曹　净

出版发行：光明日报出版社
地　　址：北京市西城区永安路 106 号，100050
电　　话：010-63169890（咨询），63131930（邮购）
传　　真：010-63131930
网　　址：http://book.gmw.cn
E - mail：lirenjie@gmw.cn
法律顾问：北京德恒律师事务所龚柳方律师

印　　刷：三河市华东印刷有限公司
装　　订：三河市华东印刷有限公司
本书如有破损、缺页、装订错误，请与本社联系调换，电话：010-63131930

开　　本：170mm×240mm
字　　数：305 千字　　　　　　　印　　张：17
版　　次：2021 年 4 月第 1 版　　　印　　次：2021 年 4 月第 1 次印刷
书　　号：ISBN 978-7-5194-5867-6

定　　价：95.00 元

前　言

在农村土地承包经营制度推行并激活农村发展 36 年之后，在城镇国有土地使用权规定改革①以激发城市建设 24 年之后，2014 年，在"嬗变"解释与"衰退"声音并存共生的同时，中国经济从"升级版"进入"新常态"。2018 年 7 月 6 日，美国开始对 340 亿美元的中国产品加征 25% 的关税，发动了迄今为止经济史上规模最大的贸易冲突。伴随着国内外形势的变化，我国经济逐渐转轨，从高速度向高质量发展转变。

2019 年 8 月 26 日，十三届全国人大常委会通过了关于修改《中华人民共和国土地管理法》的决定，并于 2020 年 1 月 1 日起施行。本次通过的土地管理法修正案，在农村三块地改革等多方面做出了创新性规定。

2020 年 3 月 12 日，国务院发布《关于授权和委托用地审批权的决定》，赋予省级人民政府更大用地自主权。要求在严格保护耕地、节约集约用地的前提下，进一步深化"放管服"改革，改革土地管理制度，永久基本农田的农用地转用审批和土地征收审批委托等改革措施，委托北京、上海、重庆等 8 省市启动首批试点。

从 GDP 年度增长率来看，从 2010 年的 10.4%，到 2011 年降至 9.3%、2012 年 7.7%、2013 年 7.7%、2014 年 7.3%、2015 年 6.9%、2016 年 6.7%、2017 年 6.8%、2018 年 6.6%、2019 年 6.1%。我国 GDP 增长率不断降低，渐趋平稳。

20 世纪 80 年代以来，根据中国国际经济交流中心张茉楠等学者的研究，在

---

① 1990 年，国务院颁布《中华人民共和国城镇国有土地使用权出让和转让暂行条例》（以下简称《条例》），《条例》规定：国家按照所有权与使用权分离的原则，实行城镇国有土地使用权出让、转让制度；土地使用者在其使用权使用年限内可以将土地转让、出租、抵押或者用于其他经济活动。《条例》对国有土地出让和转让的各个环节做出了具体规定，标志着中国城市土地有偿使用制度的正式确立。

新常态下，中国一方面需要接受经济数据的波动，另一方面需要尽快完成结构的优化升级①。从数据来看，2018 年我国人均 GDP 增长到 9462 美元，距离当年全球人均 GDP 的 1.137 万美元数值已然接近②。

综合来看，目前中国经济已经进入了新一轮的发展阶段。在这一阶段，一方面，需要着眼于供给侧改革和国内生产、生活、消费等经济侧的需求变化，积极鼓励技术创新、商业模式创新、制度创新，走自主发展道路；另一方面，还需要着眼于中日韩自贸区、依托"一带一路"等，推进全球贸易交往，为今后发展赢得广阔的战略空间。

当前，面对中美贸易冲突等新态势，中国的经济发展呈现出复杂情况。一方面全球情况多变、出口下滑、投资过度，另一方面消费模式和技术不断创新。面对变化多元的经济走势，该从哪一个切入点进行深入观察，引人深思。

有学者（巴曙松，2012）提出，土地周期是观察中国经济走势的关键③：在当前发展阶段，土地作为生产要素，一定意义上起到其他要素和资产价格的形成基础和定价标杆作用，土地市场的起伏波动将改变资产比价，从而通过资产链、产业链有规律地引导资金在不同资产、不同商品之间摊分并引致经济波动；若以季度和年度为计量单位，从历史数据观察，土地市场的发展程度与景气状况以及土地交易的量价关系是观察中国经济周期性波动的先行指标器④。

其中，以时间长度来衡量，土地大周期（以十年计）货币化与资本化、土地中周期（以五年计）土地财政、土地小周期（以季和年计）地价和出让金都成为观察中国经济发展进程的清晰线索。从 1978 年改革开放到 2012 年，中国土地制度和土地市场发生了巨大变化：农村承包制改革和城市国有土地使用权改革突破释放了土地作为资产的产出功能；房地产住房制度改革和分税制改革实现了存量土地资产货币化并完成了中央与地方之间一定意义上的财政分权；土地"招拍挂"等制度和加入 WTO 成为推动中国新一轮经济增长的重要动力。

简言之，土地事实上已经成为解读中国经济四十多年来发展的核心要素。土地市场的规模、价格、结构、景气动向和集约节约利用水平，在相当程度上

---

① 张茱楠. 中国经济增长由规模红利转向效率红利 [N]. 证券时报，2014 - 09 - 26（A08）.

② 美国 GDP 将首超 20 万亿美元，是中国人均 GDP 的约 6.2 倍 [EB/OL]. 中研网，2018 - 11 - 29.

③ 巴曙松. 土地周期是观察中国经济走势的关键 [EB/OL]. 观点地产网，2012 - 04 - 18.

④ 巴曙松. 中国经济仍然存在有力支撑 [EB/OL]. 全景网. 2012 - 03 - 12.

决定着中国经济的体量和质量；土地市场的效率如何，在相当程度上影响着中国经济市场的效率。而由于我国社会主义市场经济的发展定位，特大城市土地市场效率与政府调控效果，又成为解读近年来我国经济发展路径的透视镜。

另一方面，特大城市乃至超大城市发展正引领着我国新型城镇化进程。当前边界蔓延、交通拥堵等诸多"城市病"问题表明，土地问题是特大城市发展的先导问题和根源问题，亟待解决。2013 年中央经济工作会议提出：特大城市要注重调整供地结构。十八届三中全会提出"使市场在资源配置中起决定性作用和更好发挥政府作用"，强调"从严合理供给城市建设用地，提高城市土地利用率"，对特大城市土地市场发展和土地管理问题在新形势下提出了新要求。

中华人民共和国成立之初，主要通过征用（1953）或征购、收归国有（1954 年后）等方式管理国有土地使用权。1978 年以后实行农村家庭联产承包责任制和国有土地有偿使用制度改革，2001 年开始建立土地交易市场。市场机制促进了土地资源优化配置，也凸显出各种问题。2003 年国务院先后就"促进房地产市场持续健康发展"等问题拉开了政府土地宏观调控的序幕。

正是基于土地市场发展效率和我国特大城市土地政策宏观调控的现实意义，本研究以此为切入点进行思考和研究。

本书紧扣土地市场效率与政府调控效果这一主题，按照土地市场效率基础上的政策调控分析路径展开：一是思考我国城市土地资源配置的机制与效率问题的理论分析，重点进行了土地市场理论的探源分析和理论辨析；二是对于我国土地行政管理体制的变迁分析以及 2014—2018 年我国政府关于土地市场方面的多项调控政策分析。

结合我国经济发展背景和发展现实，课题组讨论认为当前我国的土地市场效率的根源在于土地供应效率，并进行了供给侧结构性改革背景下我国城市土地供应效率评价研究。

在此基础上，通过自然资源部全国土地市场动态监管监测系统数据，本书以指数测算为切入点，介绍了 CLI（China Land Index，简写为 CLI，中国土地市场指数，也称为中地指数）构建的编制原则、数据基础、测算方法、运行特征、波动特征以及与宏观经济运行的关系，测算了 2004—2018 年的 CLI 指数波动情况和土地市场发展趋势，比较分析了 2008—2018 年北京、上海、重庆三地的 CLI 指数测算数据，总结提出了三条提升特大城市土地市场效率与政府调控效果的路径，最终提出特大城市在市场效率和政策调控两方面的发展建议。

特别需要说明的是，按照本研究项目 2014 年 6 月获批时的研究方案，课题组把"特大城市"限定为北京、上海、重庆等地。但项目获批公示 5 个月后，

2014年11月国务院印发《关于调整城市规模划分标准的通知》，明确提出了目前我国城市等级5类划分方法以及新的城市规模划分标准：城区常住人口500万以上1000万以下的城市为特大城市，1000万以上的列为超大城市。由此，由于统计口径的变化，事实上本研究原拟针对的研究对象由"特大城市"大多演变为"超大城市"。

考虑到我们的研究目的，主要是针对北京、上海、重庆等地在我国土地管理政策和城市分级管理制度下，拥有一定自主权的一线城市（尤其是直辖市）进行研究；预计研究结果也较为适用于一线城市；尤其是2020年3月北京、上海、重庆等8省市启动首批试点建设用地审批权等动态；同时考虑2014年6月国家社科基金项目名称公告发布后不能轻易更改等主客观因素，经课题组讨论决定：在名称上继续沿用正式获批的国家社科基金项目题目《我国特大城市土地市场效率与政府调控效果研究》，在研究方案上继续按照原定计划执行，把北京、上海、重庆等地的土地市场发展作为研究对象。在具体名称上，对特大城市与超大城市的区别，在核心概念界定部分做出说明，但在本研究范围内暂不做严格区分。

本书测算土地数据，主要来自自然资源部土地市场动态监测与监管系统数据，包括建设用地供应总量、存量建设用地供应面积、建设用地出让面积和价款、招拍挂出让面积和价款、房地产用地供应面积和价款、工业用地供应面积和价款、保障性住房面积、居住用地面积；土地抵押登记数据监测网络系统数据，包括新增土地抵押量、抵押贷款总额。另外引用了国家统计局数据（如GDP、固定资产投资、房地产开发投资），中国人民银行数据（如人民币新增信贷规模），中国A股市场数据（如上证地产股指数）等方面的权威部门公开数据。

由于数据口径原因，截至2019年9月，只有北京、上海、重庆三地的数据较为完整齐全，为比较研究提供了方便；其余城市因数据难于获取暂时无法开展深入研究，只有继续保持密切关注。

本书的研究方法，对土地市场发展历程分析、宏观调控分析和对策建议等内容，采取国际借鉴、定性分析、案例比较、综合概括等方法，进行多角度、规范式、系统性论证；在土地市场效率指标体系构建时，采取主成分分析法、德尔菲法（Delphi method），数据处理分别采取线性回归、趋势外推、比例内插、中心化移动平均等方法，指数计算采取合成指数化等方法。预警灯计算根据 μ—σ 法则，结合特大城市GDP增速，划分区间并计算区间临界点；关联研究采用VAR模型协整分析、脉冲函数响应分析、Granger因果关系检验等数理分析方法；政策研究采取数据分析、政策归类、现实分析等方法。

　　由于数据口径和现实发展因素，本书中有关研究的时间序列不尽一致。如：土地市场调控宏观经济分析，考虑到全球金融危机因素，主要采用2004—2008年上半年之间的时间段进行针对性研究；城市土地供应效率时空演变特征和影响因素的分析，研究对象为2011—2015年内我国35个大中城市的土地供应效率；中国土地市场指数运行特征、政策关联分析、序列波动分析与宏观经济运行关系分析等，采用2004—2013年间数据进行深入研究；全国层面的土地指数与市场分析，采用2004—2018年间数据；京沪渝CLI指数实证分析，采用2008—2018年的统计数据。

目 录
CONTENTS

第一章

理论基础与研究思路

本部分内容旨在针对"特大城市""土地"和"土地市场效率"等核心概念进行界定,并进行相应的理论分析和文献综述,梳理土地的概念、特性与产权界定,归纳土地资源调控的基础理论,归纳土地的资源、资产和资本三重属性,为后续的我国土地属性变迁以及相应的土地市场效率实证研究和中国土地市场指数 CLI 的指数分析提供理论支撑。

第一节 核心概念与理论基础

本项目研究针对我国特大城市土地市场效率以及政府调控效果两项内容开展研究,并通过土地供应效率和我国土地市场指数的实证分析,最终提出针对特大城市进行土地政策调控的对策建议。因此,需要对特大城市、土地和土地效率等核心概念进行明确界定。

一、特大城市

特大城市,是按城市常住人口数量对城市规模划分的一种标准。联合国区域发展中心(UNCRD)将人口在百万以上的城市定义为特大城市。1980 年,中国首次参照联合国的标准规定城市人口(中心城区和近郊区非农业人口)达到100 万以上的城市为特大城市。

2014 年 11 月 20 日,国务院印发《关于调整城市规模划分标准的通知》,提出城市规模划分标准:其中城区常住人口 500 万以上 1000 万以下的城市为特大城市。从人口类型看,1980 版标准是指"市区非农业人口",2014 版标准指的是"城区常住人口";从人口数量规模看,1980 版标准是达到 100 万以上,2014版标准是 500 万以上 1000 万以下。根据新标准,2019 年北京、上海、重庆、天津、广州、深圳、武汉等地城区常住人口均超过 1000 万人,为超大城市。

因此，从严格意义上讲，特大城市概念应采用 2014 版《关于调整城市规模划分标准的通知》的划分标准，即城区常住人口在 500 万以上 1000 万以下的城市。

二、本研究"特大城市"使用界定

在本研究中，不完全按照 2014 版《关于调整城市规模划分标准的通知》的划分标准，而是参照联合国区域发展中心和我国土地市场政策调控管理的实际情况，把预定的北京、上海、重庆等地，仍然作为针对性研究对象——即本项目研究所指的"特大城市"，事实上是北京、上海等超大城市。

做出这一界定，主要是基于以下三个方面的考虑：

1. 按项目获批研究方案执行

本研究项目 2014 年 6 月获批时所提交的研究方案，考虑了联合国区域发展中心将人口在百万以上的城市定义为特大城市以及 2013 年"国家中长期新型城镇化规划"划分标准为市区常住人口规模超过 500 万的具体规定，并据此把"特大城市"限定为我国十大 3 位区号区域中心城市，即北京、上海、重庆等地。

但项目获批公示 5 个月后，2014 年 11 月国务院印发《关于调整城市规模划分标准的通知》，提出了新的城市规模划分标准：城区常住人口 500 万以上 1000 万以下的城市为特大城市，1000 万以上的列为超大城市。由此，由于统计口径的变化，事实上本研究原拟针对的研究对象已经由"特大城市"大多演变为"超大城市"。

但是，在客观对象上，考虑到我们的研究目的，是针对北京、上海、重庆等地在我国土地管理政策和城市分级管理制度下，拥有一定自主权的超大城市（尤其是北京、上海、重庆等直辖市）进行研究，预计研究结果也较为适用于超大城市。

从土地使用和土地政策调控的角度看，目前的超大城市具有一定的改革试点权限，而一般性的特大城市并没有，也无法开展深入研究。如 2020 年 3 月 12 日国务院发布的《关于授权和委托用地审批权的决定》就委托北京、上海、重庆等 8 省市启动首批试点。

2. 按项目公告研究名称进行

在主观流程上，我们考虑 2014 年 6 月国家社科基金项目名称公告发布后不能轻易更改；同时，课题组参与原国土资源部（现自然资源部）中国土地市场指数研究的合作重点是针对北京等一线城市，而不是类似河南南阳等地常住人口也已经超过 1000 万的城市，重要原因之一是南阳等城市当地的土地政策调控弹性较低，必须服从国家的行政管理，并且对区域辐射和城市群发展的效应相对较弱。

3. 按项目研究数据获取可能性界定

本项目研究原拟深入研究我国特大城市土地市场效率与政府调控效果，但由于数据口径原因，截至 2019 年 9 月，只有北京、上海、重庆三地的数据较为完整齐全，为比较研究提供了方便；其余城市因数据难于获取的原因暂时无法开展深入研究，只有继续保持密切关注。

所幸之处，一是京沪渝三地由于发展历史、区位因素和土地改革状况等原因，分别代表了三类土地供应效率和政策调控模式，也使得具体分析具有了较大的客观现实意义；二是本书中国家层面的 CLI 中地指数方面的分析占据了不少内容，有关研究结论也从全局的角度，为我国超大城市和特大城市土地市场效率的提升和土地政策的宏观调控提出了理论见解和发展建议。

综合以上主客观因素考虑，经课题组讨论决定：在名称上继续沿用正式获批的国家社科基金项目题目《我国特大城市土地市场效率与政府调控效果研究》，在研究方案上继续按照原定计划执行，在研究对象上继续针对北京、上海、重庆等一线城市，即课题申报时的"特大城市"、课题获批 5 个月之后统计口径变为"超大城市"、事实上是我国最值得研究的和代表土地政策调控方向的一线城市，进行针对性研究，以期为我国其他超大城市、特大城市的土地市场发展和政策调控提供参考借鉴。

三、土地的含义特性与产权

下面从土地市场发展和土地政策调控的角度，分别从土地的含义范围、三重特性和产权归属等方面进行分析。

（一）土地的含义

土地是大自然的产物，马歇尔（A. Marshall）认为："土地是指大自然为了帮助人类，在陆地、海上、空气、光和热各方面所赠予的物质和力量。"[1] 美国土地经济学家伊利（R. T. Ely）和莫尔豪斯（E. W. Morehouse）认为："经济学家所使用的土地这个词，指的是自然的各种力量或自然资源。它的意义不仅是指土地表面，因为它还包含地面上下的东西。水的本身就被看成是土地。"[2]

---

① 马歇尔. 经济学原理（上卷）［M］. 朱志泰，译. 北京：商务印书馆，1964：157.
② 伊利，莫尔豪斯. 土地经济学原理［M］. 滕维藻，译. 北京：商务印书馆，1982：19.

也有学者认为，土地的概念以及构成要素，需要根据生产力发展的状况和具体研究的问题来定义。周诚（2003）按照自然土地的空间跨幅，从土地经济学角度，将土地概念从狭义到广义进行了界定①：1. 农用土地——指土壤覆盖之地，即可用于作物栽培之地；2. 农用土地加上一切可承载物体的土地——陆地中的坚硬部分，即可承载各种固定物体之地；3. 陆地中的坚硬部分，加上内陆水域、滩涂——整个地球表面的陆地部分即可承载物体、从事养殖、水运之地；4. 整个地球表面。

与本书中研究最密切相关的有两种：

（1）按照所有权分类。根据《中华人民共和国土地管理法》规定，根据所有权分为国家所有和集体所有两类。城市市区的土地属于国家所有。农村和城市郊区的土地，除由法律规定属于国家所有的以外，属于农民集体所有；宅基地和自留地、自留山，属于农民集体所有。

（2）按照用途分类。根据原国土资源部组织修订的国家标准《土地利用现状分类》（GB/T 21010—2017），我国土地分成农业用地、建设用地和未利用地三大类。将土地利用类型划分为耕地、园地、林地、草地、商服用地、工矿仓储用地、住宅用地、公共管理与公共服务用地、特殊用地、交通运输用地、水域及水利设施用地、其他用地 12 个一级类、72 个二级类。

本研究所指的土地，以《中华人民共和国土地管理法》和《土地利用现状分类》（GB/T 21010—2017）的各项规定为依据，并同时考虑土地作为自然经济综合体的综合属性，即自然资源、资产和资本的经济属性。

作为人类社会生存和发展的基础，土地是一切生产和经营活动不可缺少的基本要素。土地既是一种自然资源，又因具有收益性和稀缺性而成为资产。在现代市场经济条件下，土地特别是经过开发的建设用地，一旦进入市场交易、抵押和证券市场，就具备了资本属性，集实物形态和价值形态于一身，能够创造利润和增值，土地作为价值形态的资本作用越来越突出和明显。因此，现代的土地，已经成为集资源、资产、资本这三种性质于一体的生产和运行要素，在根源上参与宏观经济的持续运转。

（二）土地的特性

土地的特性包括两个方面，即自然特性和经济特性。土地的自然特性主要反映其自然资源属性，经济特性则是其资产和资本属性的反映。总体看，在当

---

① 周诚. 土地经济学原理 [M]. 北京：商务印书馆，2003：2 - 3.

前的社会主义市场经济条件下，土地具有资源、资产和资本三位一体的综合属性。

1. 土地的自然特性

土地的自然特性是土地自然属性的反映，其主要表现是①：

土地位置固定性。通常情况下，土地不能移动、不能互换、不能搬迁。即使通过占补平衡进行调整，也只是土地作用的异地呈现。

土地面积有限性。从数十年甚至近百年时间尺度的意义上讲，土地面积是近乎永恒的。土地的有限性是普遍存在的。填海造田通过填平区域海洋面积而扩大了陆地面积，也只是拓展了土地的使用面积，并没有增加土地的既有总面积。

土地利用永久性。作为地球土壤，只要地球不毁灭，土地就不会消失。作为生产资料，土地不会在生产和使用过程中因有形或无形的磨损而失去使用价值和增值价值，可以视为永久使用。

土地质量差异性。由于土壤、气候、水文、地貌等自然形状和性质不同，单位土地投入同样的劳动会表现出不同的生产力，从而导致土地质量的差异性。同时，同一块土地，如果派以不同的用途，质量差异也会变化。

2. 土地的经济特性

土地作为一种生产要素，在开发利用中也有其特殊商品的经济属性。

土地具有商品属性。土地是一种特殊商品：一是土地所凝结的人类社会劳动超越时间与空间，具有累积性和传递性；二是指土地产权在商品经济社会本身作为一种要素性的特殊商品而存在。

土地供给的有限性。由于土地资源的稀缺性、位置固定性及质量的差异性，土地经济供给有限。特别是由于区位因素，特大城市土地供给的有限性往往成为制约经济发展的先行条件。

土地价格具有级差性。土地质量的差异及土地位置的固定性，如距离商业中心远近、公共交通设施状况等一段时间内不可改变，城市交通设施的完善和调整优势又使土地开发利用过程中产生的经济效益也存在差异，从而使得不同的土地因收益不同在转让过程中价格也存在差异。

---

① 张振华．试论土地的特性和土地价格决定的特殊性［J］．阴山学刊，1995（3）：83－87．

土地利用的相互依赖性与外部性①。土地利用高度依赖于公共服务设施条件、相邻土地利用、地区总体经济活力。

首先，土地利用需有足够的公共设施，即使是农用，也需具备较好的道路设施。若作居住用途，则必须有供电、通信等基础设施与之配套。随着密集居住区的发展，自来水、排水系统必不可少；教育、公安、消防等政府职能以及各种社会服务逐步完善。

其次，土地利用还受到附近地区土地利用的影响。一块空地邻近迅速发展的居住或商业区，则该块土地的利用潜力就会不断增加，土地价值也会不断上升；相反，地价也会受到相邻地块不协调利用的不利影响。

土地利用的外部性是指土地利用对相邻土地的占用者造成的影响。这种影响可能是有利的，如土地利用的互补互助；也可能是不利的，甚至会产生较高的社会公共成本。土地利用的相互依赖性及外部性要求政府必须对土地利用加以管制与指导，即通过土地政策进行宏观调控。

土地用途的可转换性。土地利用用途具有转换性。土地经由开发改变为各种农用地或建设用地。在一定条件下，农用地可转换为非农用地、非农用地中工业与居住用地转换为商业用地。另外，虽然土地固定不可移动，但可通过改变土地用途来调整具体地段某种类型土地的供求状况。通常情况下，调整土地利用功能和类型，是城市建设不断扩大的重要途径。

土地产权的可分离性。由于土地位置的固定性、利用的永续性及产权的商品性、交易的大额性，土地产权的分离既是一种必然，也有其现实的可能。土地所有权人可将其土地提供给他人使用而不转移所有权，即土地所有权与土地其他权属于不同单位或个人所有。土地产权的可分离性一方面要求政府制定完善的土地法规，另一方面使租赁成为土地市场的主要交易形式。

我国实行土地资源社会主义公有制，在此基础上按照所有权和使用权分离的原则设计土地市场。因此我国土地市场实际上是土地使用权市场，其核心是国有土地的有偿有期限使用制度，即土地使用权的出让、转让、抵押、租赁等活动。

3. 土地的三重属性

我国实行土地社会主义公有制制度，土地属于国家和农民集体经济组织所有。其中，城市地区土地属于国家所有，农村地区和城市郊区除由法律规定属

---

① 段正梁. 关于土地科学中土地概念的一些思考 [J]. 中国土地科学，2000 (4)：18 - 21.

国家所有外，其余属于农民集体所有。

农民集体所有的土地一般为农业生产用地和宅基地。城市市区土地属于国家所有，政府部门根据用地申请和征地方案，审批通过后进行土地划拨，土地使用者具有划拨土地的无偿、无限期使用权。因此，在我国尤其是特大城市和超大城市，土地资源分配以行政方式实现，各土地使用者之间不能擅自转让土地使用权。这一方面在相当程度上保证了城市规划的实施；但同时也需要根据市场的发展，通过土地政策的宏观调控来提升土地利用效率。

土地作为重要的生产要素和人类生产生活的物质基础，与金融资本、劳动力资本和技术信息等生产要素具有密切联系，从而具有资源、资产和资本的三重属性。

其一，土地资源。在市场经济条件下，土地资源通过供给人类以生产资料和生活资料，而呈现出超越于自然属性的明显特征①：

土地资源具有生产性。区别于土壤资源，土地可以生产出人类某种需要的植物产品和动物产品，即具有生产资源的提供能力。

土地资源具有稀缺性。土地面积的限定使得不同用途的土地资源数量稀缺，也使得不同地区的土地资源相对稀缺。

土地资源的可选择性。地尽其用，使得人类在土地利用过程中不断提升土地资源的利用效率和统筹能力。一般来说，土地资源趋向于被配置为收益最高的利用方式。有效需求发生变化，土地用途随之转移。在城市建设过程中，随着面积扩大，越来越多的道路和农田变成商业中心区，成为资源集中地。

其二，土地资产。一般认为，资产是指某一主体所拥有和控制的能带来一定收益的各种财产和权益的总称。它可以表现为具体的实物财产，也可以是某项权利，资产所有者可以凭借这种权利获得超额利润。对于企业来讲，资产的价值形态就是资本，反过来说，资产是资本的实物或者权益形态。

土地资产是从土地的经济属性方面对土地内涵的一种界定，是指某一主体如企业所拥有的作为生产要素或者生产资料参与生产经营活动、能为拥有者带来收益的土地实物及土地权利。

土地能作为一种资产，是因为土地资源具有生产性、可选择性和相对稀缺性，能为土地所有者带来收益，具有使用价值。土地资产是土地资源经济属性的具体表现形式。

---

① 叶艳妹. 对土地资源本质属性及其与土地资产关系的认识［J］. 中国土地科学, 1996 (S1)：52－54.

　　其三，土地资本。对于土地资本，马克思所做的解释是："资本能够固定在土地上，即投入土地，其中有的是比较短期的，如化学性质的改良、施肥等；有的是比较长期的，如修排水渠、建设灌溉工程、平整土地、建造经营建筑物等。我把这样投入土地的资本，称为土地资本。"①

　　据此，可以从以下几个方面来理解土地资本：

　　首先，土地资本是人类在开发、利用土地过程中所投入的物化劳动和活劳动，其功能在于改善土地素质，提高土地的生产率或变更土地的用途，实现土地资源的优化利用。

　　其次，土地资本能够与土地物质相结合形成固定资产，这是由其价值转移方式决定的。马克思指出："为改良土壤而投下的物质……其中一部分会在物质上加入产品，同时也就把它的价值转移到产品中去；另一部分则保持它原有的使用价值，把它的价值固定在这种形式上，它继续作为生产资料存在，因而取得固定资本的形式。"②

　　土地资本可以分为两类，一类是为了改变土地的物理性质或化学性质而投入的资本，如农用土地的改良、施肥、垦荒，城市用地的土地平整、地基构筑等；另一类则表现为以土地物质为依托而形成的生产资料，如因建设灌溉工程，兴建道路、桥梁、供电供水管道以及排渍、交通等基础设施而投入的土地资本。

　　土地资本作为资本的特殊形态之一，具有其自身的运动规律和特点。与土地资源、资产相联系，土地资本必须以土地为物质载体，才能发挥土地资本的职能，体现土地的商品价值，从而体现出依附性；当对同一块土地进行新投资以提高土地利用率时，以前的投资很可能仍然发挥作用，从而使新投入的土地资本在价值上增大，而各阶段的投资也可以带来连续收益，从而体现出土地资本的价值积累性；土地资本由于需要进行价值补偿与实物更新，从而还具有补偿性与收益性。

　　土地资本是通过土地资源转化而来的。土地资源转化为土地资本的标志，一是地租、二是利润。地租和利润是土地所有权和资本所有权在经济上的实现形式。地租体现了土地的租赁关系，表现为土地所有权的收益；利润体现了投资关系，表现为资本所有权的收益。

---

①　马克思．资本论：第三卷［M］．中共中央马克思恩格斯列宁斯大林著作编译局，译．北京：人民出版社，1975：698.

②　马克思．资本论：第二卷［M］．中共中央马克思恩格斯列宁斯大林著作编译局，译．北京：人民出版社，1975：179.

从生产的角度看，土地资源是潜在的生产要素，而土地资本才是现实的生产要素。从资本增值的过程看，土地资源表现为农业企业的成本性要素，土地资本则是处于支配地位的增值性要素。从运动的角度看，土地资源具有空间固定性，即使在价值形态上也缺乏流动性；而土地资本则必须处于不断的运动之中，并且只有在运动过程中，资本价值才能实现其增值。

从收益分割上的差别来看，一般来说土地资源的收益归土地所有者所有，而作为土地资本，其收益分别表现为地租和利润。从社会经济生活中的作用看，土地资源虽是人类生存之本、衣食之源，但它是生产力中的被动性要素；而土地资本则是社会经济生活中的能动性要素，它不仅有利于土地资源的开发和利用，实现土地资本的扩张；而且推动农业、工业的发展，促进第一、二、三产业的优化配置，促进产业结构的调整和升级。

（三）土地的产权

城市土地资源、资产和资本经由土地市场的有效需求和商品交换而呈现出利用价值。土地发挥市场经济发展要素的作用过程，和土地产权密不可分。

由于土地供给的稀缺性、不可迁移性、可重复使用性、土地上的一系列权利可分割性，土地本身不能给当事人创造出收益，作为发展的要素和载体，内含于土地之上的一系列权利才是市场关注的焦点和源泉。因此，下面从产权的角度来分析我国城市土地问题①。

1. 土地产权的定义

土地产权是指存在于土地之中的排他性完全权利。它包括物权中的自物权（拥有该物的所有权）和他物权（对该物无所有权）。自物权有土地所有权，他物权有土地使用权、土地租赁权、土地抵押权、土地继承权、地役权等多项权利。

2. 土地产权的内容

物权法是一个社会财产归属和利用的制度安排，其核心是所有权。物权是直接支配物并享受其利益的财产权，其基本内容可用图 1 - 1 说明②。

土地所有权。《经济大辞典·农业经济卷》把土地所有权定义为：土地所有者在法律规定的范围内自由使用和处理土地的权利③。

---

① 郑勇. 我国城市土地市场化研究 [D]. 宁夏：宁夏大学，2004.

② 梁兴辉. 城市成长经济的实现 [J]. 天中学刊，2004（4）：39 - 42.

③ 联合国人类居住中心. 城市化的世界——全球人类住区报告 1996 [M]. 沈建国，于立，董立，等译. 北京：中国建筑工业出版社，1999.

```
                              国有土地所有权
                              （完全支配权）
                     自物权
                              集体土地所有权
                              （限制支配）

                                  役权
                                  耕作权
                                  垦拓权
                     用益物权      地上权即土地
                                  有偿出让使用权
  土地产权                         租赁权
  权利束                          空间权

                                  抵押权
                                  典权
                     担保物权      质权
                     他物权        留置权

                     相邻关系权
```

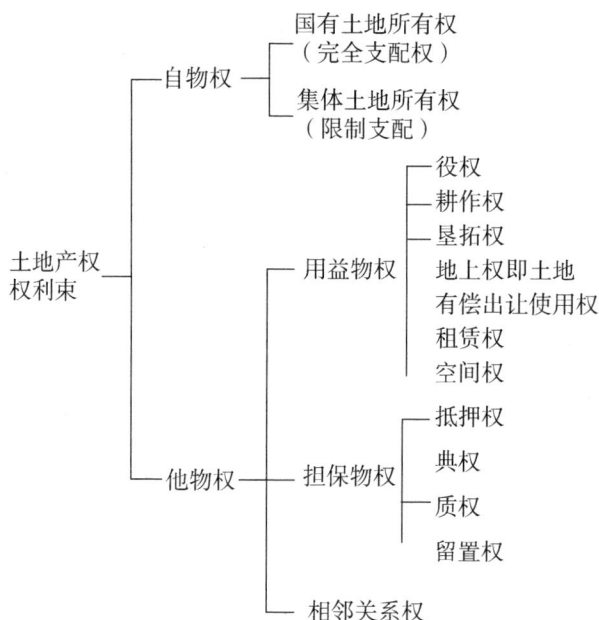

图 1 - 1　土地产权权利束示意图

马克思指出："土地所有权的前提是，一些人垄断一定量的土地，把它作为排斥其他一切人的、只服从自己意志的领域。"[1] 马克思认为，土地所有权可以分解为两个方面。其一，法律意义上的土地所有权，即土地所有者把土地当作自己的财产，土地所有者对土地实行垄断及支配的权利。这种权利是法律赋予的，受法律的保护。其二，经济意义上的土地所有权。土地所有者凭借其对土地的垄断从而收取一定的地租，地租是土地所有权在经济上的实现形式。二者缺一不可，任何一方面的丧失，都会使土地所有权不完全。

土地使用权。土地使用权是依法对一定土地加以利用并取得收益的权利，是土地使用权的法律形式。

土地使用权有狭义与广义之分。狭义的土地使用权是指依法对土地的实际使用，包括在土地所有权之内，与土地占有权、收益权和处分权是并列关系。广义的土地使用权是指独立于所有权之外的含有土地占有权、狭义的土地使用权、部分收益权和不完全处分权的集合。

目前中国实行的土地使用权的出让和转让制度中的"土地使用权"就是广义的土地使用权。取得广义土地使用权者即为土地使用权人。由于土地使用权

---

① 陈岩松，王巍. 关于城市经营的研究与思考［J］. 城市规划，2002（2）：80 - 85.

是一种物权，因此土地使用权可以买卖、抵押和继承。同时，土地使用权也可以租赁，故它又带有债权的性质。

土地租赁权。所谓租赁权是指："承租人有占有租赁物而为使用收益之权能。"① 设定土地租赁权是指土地所有权人和土地使用权人通过契约将土地占有权、狭义的土地使用权和部分收益权转让给他人。这时该他人就成为土地租赁权人，即承租人。土地租赁权人不拥有对土地的部分处分权，承租人对土地的使用条件是依土地出租人的意志而定的。

土地抵押权。土地抵押权是土地受押人对于土地抵押人不转移占有并继续使用收益而提供担保的土地，在债务不能履行时可将土地拍卖的价款作为受清偿的担保物权。土地受押人称为土地抵押权人。设定土地抵押权时，作为标的物的土地并不发生转移，它仍为土地抵押人占有使用，只以代表经济价值的某项权利（如所有权、使用权）做担保。

除以上几种土地产权之外，土地产权还包括土地典权、土地继承权、土地开发权、土地赠予权和土地留置权等。目前，世界各国土地产权的设置情况，见表1-1所示。

表1-1 部分国家（地区）土地权利种类

国家（地区）／土地权利	法国	德国	瑞士	荷兰	日本	韩国	中国大陆地区	中国台湾地区
所有权	√	√	√	√	√	√	√	√
用益权	√	√	√	√				
使用权	√						√	
居住权	√							
地役权	√	√	√	√	√	√		√
质权								
抵押权	√	√	√	√	√		√	√
留置权								
先取特权	√			√				
地上权		√			√	√		√
先买权		√						

———————————

① 郭利卫，刘炜. 对城市土地经营若干问题的探讨 [J]. 经济问题，2003 (2)：30-31.

国家（地区） 土地权利	法国	德国	瑞士	荷兰	日本	韩国	中国大陆地区	中国台湾地区
土地负担		√	√					
占有权					√	√		
永小作权					√			
入会权					√			
永佃权				√				√
耕作权								√
典权								√
租赁权					√	√	√	√

从上表可以看出：各国（地区）对土地产权的设置有一定差异。除中国大陆外，均在自物权的所有权上设定他物权，包括用益物权和担保物权，土地产权体系设定的前提是土地所有权可以在市场上进行流通，有的还增设了债权性质的租赁权。

除此之外，各种土地产权还得到了进一步细分。在市场经济条件下，进入市场交易的可以是土地产权中的单项独立权利，也可以是若干土地产权的组合。产权权利束的细分随市场化的程度发生变化。如美国为了保护耕地设立了土地发展权，政府首先购买某一土地的土地发展权，如果有使用者想改变该土地的使用性质，必须向政府购买土地发展权[①]。

四、土地市场供应效率及表征指标

众所周知，我国土地所有权分为国家所有和集体所有两类，城市土地一级市场是地方政府与土地使用者之间进行的土地使用权交易市场，属于垄断市场，地方政府是唯一的合法国有土地使用权供给者，具有土地供给方的垄断地位。

因此，我国土地市场主要可以视为是土地一级市场的交易活动，而包括我国特大城市在内的土地市场效率，也可以界定为土地市场的供应效率。应该从土地市场供应这一关键切入点进行效率分析、指标分析、指数分析和实证研究。

土地供应的本质是土地资源在不同市场主体之间的分配。在新古典话语体

---

① 郑勇. 我国城市土地市场化研究［D］. 宁夏：宁夏大学，2004.

系下，假定世界是一个无摩擦的世界，交易费用为零，私有产权清晰，由此在价格机制的作用下，最终资源配置会达到帕累托最优状态，此时资源配置效率达到最优。但是现实世界中，交易费用是广泛存在的，因此应该从土地产权配置与交易费用角度进行土地市场供应效率的分析。

科斯先假定了一个不显示的交易费用为零的世界作为参照，提出了科斯第一定理，主要包含两部分内容：第一，外部性问题的解决不一定需要政府介入，当市场交易费用为零时，产权制度的初始界定变得不重要，双方可以通过自由谈判达到福利最大化；第二，权利界定是市场交易的一个必须前奏，在交易费用为零时，初始产权的配置方式不重要，然而初始产权分配的存在是交易达成的一个必要条件。后续经济学家提出了科斯第一定理的反论，即科斯第二定理与科斯第三定理，二者主要表达了以下三个方面的含义：第一，一旦交易成本大于零，产权配置就是重要的；第二，不同产权方式的界定，会带来相应的交易成本；第三，通过优化产权制度安排，进而降低由此带来的交易成本，是提升福利水平的重要途径。（罗必良，2017）①

在科斯范式下，产权制度结构是极其重要的，由于存在交易成本，就必须要通过产权制度的安排，将权利配置给那些能够最富有生产性地使用它们的人（科斯，1992）②，通过合理的产权界定降低交易成本，最终提高资源配置效率。由此，可以发现科斯在提出交易成本的概念后，却将交易成本外生给定，越过了交易本身，直接关注了产权制度安排。然而，由于路径依赖的存在，即使随着环境条件的不断发展、学习机制的推进，人们逐步发现原有的产权结构存在较高的交易成本，却仍然面临改变产权结构的不稳定性预期、发现更优产权结构的成本等诸多困境，因此节省交易成本显然不应该过度依赖于产权主体及其权利边界的经常性调整（罗必良，2017）。并且，受知识不完全和法律成本的约束，完全界定产权所包含的权利面临着高昂的交易成本，由此现实中产权界定并不是完全的，从而存在法定界定之外的剩余权利（哈特，1998），在提高交易效率水平的过程中，不仅要注重法定权利的界定，同时需要注意经济权利的保障实施（Barzel，2015）③。因此，在提高资源配置效率的过程中，产权界定与

---

① 罗必良. 科斯定理：反思与拓展——兼论中国农地流转制度改革与选择［J］. 经济研究，2017，52（11）：178－193.

② 罗纳德·H. 科斯. 论生产的制度结构［M］. 盛洪，陈郁，等译，上海：上海三联书店，1994.

③ 法定权利指国家所承认的属于特定主体的资产，即行为主体依法对财产进行占有、使用、处置和收益分配的权利；经济权利是指主体可以如何处置资产各种属性的权利。

产权实施尤其是产权交易均是不可或缺的。

结合我国土地交易市场，由于土地的基本特性，存在较高的交易成本以及外部性问题，主要体现在以下几个方面：

1. 土地资源的不可或缺性导致的市场失灵。土地是一种特殊商品，土地资源作为基本的生产要素，具有承载功能、生育或生产功能，是人类活动开展的前提，另外土地作为资产，具有资产保值增值的作用。土地资源的配置不但要考虑效率问题，而且要考虑公平问题，包括代际公平和代内公平。然而，效率问题在市场中可以得到解决，公平问题却不能很好地得到解决。市场对"效率"追逐的结果往往导致对"公平"的忽略。

2. 土地资源的不可再生性导致的市场失灵。土地资源具有不可再生性，自然供给总量有限。在特定时间和范围内，土地资源用一块则少一块，呈现出典型的耗竭性特征。虽然人类可以对土地资源进行改造、改良，但是不能对其进行生产、制造。土地供应的自然供给弹性为零，与现实中日益增长的土地需求之间存在尖锐的矛盾。由于市场无法通过无限扩大供给来满足市场需求，因而土地资源主要由市场价格机制来配置，功能也将受到很大限制。在资源极其稀缺的情况下，较高的土地价格既可能导致较少的土地消费，同时可能导致更无序的开发。

3. 土地资源的不可移动性导致的市场失灵。土地资源具有不可移动性、整体性和区域性。在某一区域内，组成土地资源的各要素之间存在相互依存、相互制约的关系，从而形成了一个不可分割的有机整体。土地的开发利用与周围地块紧密相关，土地价格水平受区位条件影响巨大。

4. 土地的外部性导致的市场失灵。外部性问题在经济活动中随处可见，根源在于个人边际成本和社会边际成本之间的非一致性。外部性分为正外部性和负外部性。正外部性如城市绿地能改善周围地区的空气质量和环境状况，但这种土地利用方式与市场"经济人"自利本性相悖，致使公共性土地资源产品的市场供给往往不足，难以满足社会需求，市场供求失衡。相反，强调个人边际成本而忽视社会边际成本的负外部性却有鼓励过多供给的作用，如化工厂建造成周边住宅区环境质量下降。

5. 土地市场交易的信息不对称导致的市场失灵。由于土地交易对象比较复杂，购地者进出土地市场需要具备较多与土地相关的法律知识，获取相关知识和信息的成本较高，难度较大。在土地市场中，土地价值量比较大，购地者不可能经常参与土地交易，土地交易具有个别性。另外，土地交易信息也不是完全公开的，土地市场信息传递不畅提高了搜寻成本。

重新梳理和拓展科斯定理后便不难得到启示：面对一个存在不对称信息、大量不确定性和频繁外部冲击的现实世界，效率起决定作用的因素往往是不一样的（王振坡等，2015）①。

结合我国城市土地配置制度来看，地方政府通过以下三个方面推动效率的提升：

第一，土地产权的细化与交易空间扩展。我国实行土地公有制，对于城市土地资源而言，所有权归国家所有（地方政府行使代理权力），地方政府作为土地唯一供应者向土地交易市场供给土地资源，由此形成了土地使用权的一级交易市场和二级交易市场。从产权配置上讲，一级市场是对土地产权体系做使用权与所有权的细分，二级市场则是进一步对使用权相关的财产权利进行细分，从而为企业家发展更多的交易空间提供产权基础，充分发挥企业家才能。

第二，通过交易过程的分工降低交易成本，产业链的发展是从一体化向外包演变的过程（庞春，2010）②。从纵向上看，随着生产专业化带来的产业链环节增加所形成的产业链延长；从横向上看，随着服务外包市场的发展，创新链、资金链等服务产业链链条与生产产业链链条对接，支撑各交易环节的发展（江曼琦，梅林，2018）③，在城市土地交易市场发展过程中，应当以发展土地交易服务活动降低土地交易成本，通过分工经济的改进提升交易效率。

基于上述产权配置与交易费用的思想，本研究正是基于我国土地市场交易过程中直接实现土地产权配置的制度——土地使用权出让、转让制度，进行界定与表征的。

我国城市土地一级市场是地方政府与土地使用者之间进行的土地使用权交易市场，属于垄断市场，地方政府是唯一的合法国有土地使用权供给者，具有土地供给方的垄断地位。当前，土地一级市场的土地使用权配置方式包括：土地使用权划拨、土地使用权出让、国有土地租赁、土地使用权作价出资或入股。其中，土地使用权划拨与土地使用权出让是地方政府主要的配置方式，四种配置方式的定义如下表1-2所示。

① 王振坡，梅林，詹卉. 产权、市场及其绩效：我国农村土地制度变革探讨 [J]. 农业经济问题，2015，36（4）：44-50+111.
② 庞春. 一体化、外包与经济演进：超边际—新兴古典一般均衡分析 [J]. 经济研究，2010，45（3）：114-128.
③ 江曼琦，梅林. 产业"链"簇关系辨析与协同发展策略研究 [J]. 河北经贸大学学报，2018，39（1）：73-82.

表1-2　我国城市建设用地配置方式比较

市场类型	让渡方式		内容	产权让渡主体
土地一级交易市场	土地使用权出让	招标出让	市、县人民政府土地行政主管部门（以下简称出让人）发布招标公告，邀请特定或者不特定的公民、法人和其他组织参加国有土地使用权投标，根据投标结果确定土地使用者的行为	政府→土地使用者
		拍卖出让	指出让人发布拍卖公告，由竞买人在指定时间、地点进行公开竞价，根据出价结果确定土地使用者的行为	
		挂牌出让	出让人发布挂牌公告，按公告规定的期限将拟出让宗地的交易条件在指定的土地交易场所挂牌公布，接受竞买人的报价申请并更新挂牌价格，根据挂牌期限截止时的出价结果确定土地使用者的行为	
		协议出让	国家以协议方式将国有土地使用权在一定年限内出让给土地使用者，由土地使用者向国家支付土地使用权出让金的行为	
	划拨土地使用权		土地使用者通过各种方式依法无偿取得的土地使用权	
	国有土地租赁		国家将国有土地出租给使用者使用，由使用者与县级以上人民政府国土资源管理部门签订一定年期的土地租赁合同，并支付租金的行为	
	土地使用权作价出资或入股		国家以一定年期的国有土地使用权作价，作为出资投入改组后的新设企业，改土地使用权由新设企业持有，可以依照土地管理法律、法规关于出让土地使用权的规定转让、出租、抵押 国家根据需要，可以将一定年期的国有土地使用权作价后授权给经国务院批准设立的国家控股公司、作为国家授权投资机构的国有独资公司和集团公司经营管理	
	土地使用权终止		土地使用权因土地使用权出让合同规定的使用年限届满、提前收回及土地灭失等原因而终止	土地使用者→政府

由此，本研究将从总量层面的建设用地供给以及不同出让方式层面的建设用地供给两个方面衡量土地市场供应效率的投入要素，将土地供应与政府调控有机结合。

从产出要素来看，党的十八大报告提出"促进生产空间集约高效、生活空间宜居适度、生态空间山清水秀"的要求，为城市国土空间利用优化提出了方向。其中，生产空间主要是用于生产经营活动的场所，以承载工业生产和服务功能为主，主要涉及工业、物流仓储和商业商务服务用地。生产空间效率的高低主要依赖于生产空间上所承载的产业质量，不同的产业不仅在其产出效率上存在差别，而且经济增长所依赖的生产要素的贡献也存在差别。生活空间与承载和保障人居有关，是以提供人类居住、消费、休闲和娱乐等为主导功能的场所，不仅涉及城市居住用地，还涉及公共管理与公共服务用地和商业用地。生态空间是为城市提供生态产品和生态服务的区域，是保障城市生态安全、提升居民生活质量不可或缺的组成部分，主要涉及森林、草原、湿地、河流、湖泊、滩涂、岸线等国土空间。"三生空间"既相互独立，又相互关联，具有共生融合、制约效应。生产空间的集约高效发展，为生活质量和生态服务功能的提升提供了更多的发展空间和发展模式的选择，是实现生活空间宜居和生态空间山清水秀的经济保障支持。宜居适度的生活空间既需要足够的生产空间为其提供就业场所和经济产出支持，也需要山清水秀的生态空间提供丰富多彩的生态产品来满足人们对物质和精神生活的要求。生态空间提供的生态服务自我调节能力约束了生产、生活空间的发展规模和方向。

在本研究中，为综合体现"三生空间"的发展状况，以城市经济总产值、第二产业产值、第三产业产值、土地出让价款反映了城市生产空间与生活空间的发展情况，其中，第三产业既涉及生产空间，又涉及生活空间；土地出让价款，属于政府性基金收入，并专项用于支持特定基础设施建设和社会事业发展的收入，其用途具备极强的公共属性，与生活空间发展紧密相关。绿地面积则是从生态空间角度出发，将生态约束条件纳入产出要素体系中。

综上，本研究构建如表1-3所示的表征土地市场供应效率的投入产出指标体系。

表1-3 投入产出指标体系

输入指标	输出指标
划拨面积（X_1，hm^2）	地区生产总值（Y_1，亿元）
协议出让面积（X_2，hm^2）	第二产业产值（Y_2，亿元）
招拍挂出让面积（X_3，hm^2）	第三产业产值（Y_3，亿元）
增量土地面积（X_4，hm^2）	绿地面积（Y_4，hm^2）
固定资产投资（X_5，亿元）	土地出让成交价款（Y_5，亿元）

注：指标数据均应为市辖区数据，价格指标均应经过消除价格影响处理

本研究第三章（我国城市土地供应效率时空演变特征）和第四章（我国城市土地供应效率影响因素分析），根据上述土地市场供应效率的分析及其表征指标，进行实证分析研究。

五、土地资源配置基础理论

土地资源配置理论是土地作为经济要素和参与市场经济发展的理论基础，也对我国特大城市的土地政策参与市场调控起到理论参考作用。综合而言，土地资源配置理论主要包括资源市场配置理论、资源计划配置理论、城市土地配置理论等方面。

（一）资源市场配置理论

资源稀缺性的客观事实使得经济发展必须尽可能优化配置资源。在新古典经济学家看来：在所有的资源配置方式中，市场机制是最有效的，尤其是完全竞争性的市场最能有效地引导社会资源的最优配置。亚当·斯密指出：在经济自由条件下，受人的利欲牵引，经济系统自然存在一种自由调节机制，引导经济资源的优化配置。

完全竞争理论确实给西方世界带来了长时期的繁荣，但1929年发生的经济危机也暴露出新古典完全竞争市场理论的失灵之处。凯恩斯和其他一些经济学家对新古典完全竞争模型理论提出了批评，认为完全竞争模型具有明显的封闭性和机械性，具有一定的抽象虚构性，帕累托资源配置效率最大化不具有现实存在性。凯恩斯进而提出：市场参数不完全具有弹性，市场的自发作用并不能保证资源的使用达到最优状态，国家必须干预经济生活以使资源有效配置。凯

恩斯理论是对新古典经济学市场配置资源理论的一次重要修改①。

20世纪60年代，以科斯为代表的新制度经济学诞生。新制度经济学研究的中心问题依然是市场机制如何有效配置稀缺资源以提高经济效率。新制度经济学以交易成本为基本分析工具，把市场视为制度的集合，把制度变量引入新古典的理论分析框架。新制度经济学修正了新古典"经济人"的行为假设，放弃了"市场完全性"的基本假设，并逻辑分析推导出：市场制度的运转并非"自由商品"，同样也是要付出成本的，即市场"交易费用"为正，从而修正了古典经济学暗含的理论基石之一——"市场交易费用为零②"。新制度经济学运用交易成本理论重构了资源配置理论，完成了对市场配置资源理论的新拓展。

交易费用和交易成本，是我国城市土地市场发展的重要考量因素。在分析土地供应效率和土地政策调控时，均需要重点考虑土地市场各方面参与者的交易动机、利润倾向、市场动态和资源均衡。

（二）资源计划配置理论

马克思、恩格斯认为：仅依靠市场的价格和供求变动自发配置资源，必然要以无数次的市场波动和经济运行的紊乱即周期性的经济危机为代价，也就必然地会造成社会资源的巨大损失和浪费。

在此基础上，马克思、恩格斯指出：在未来社会中，只有对社会资源实行"有意识的社会调节"即计划调节，才能避免资本主义生产的无政府状态和周期性的经济危机所造成的资源浪费，使社会资源得到更合理、更有效的配置。

资源计划配置理论是我国特大城市土地市场政策调控的重要理论基础之一。这一理论，为我国具有一定政策自主权和试点改革权的城市进行土地政策参与宏观调控指出了方向，即通过政府有意识地计划调节，避免周期性的资源浪费，并有效配置社会资源。

（三）城市土地配置理论

土地有效配置问题一直受到西方经济学家的普遍关注③。17世纪后期，英国古典政治经济学创始人威廉·配第在《赋税论》中首次提出：地租是土地上生产的农作物所得的剩余收入。马克思揭示了地租的性质和来源，"地租来自社

---

① BARLOWE R. Land Resource Economics：The Economics of Real Estate ［M］. New Jersey：Prentice - Hall, Inc. 1986.

② AIMIN CHEN. Urbanization and disparities in China：challenges of growth and development ［J］. China Economic Review, 2002, 13（4）：407 - 411.

③ 刘伟. 我国城市土地资源配置机制研究 ［D］. 哈尔滨：哈尔滨工业大学, 2006.

会，而不是来自土壤"。马克思认为：资本主义级差地租产生的条件是优越的自然条件，产生的原因是土地有限而产生的资本主义经营垄断；绝对地租产生的条件是农业资本有机构成低于社会平均资本有机构成，产生的原因是土地所有权的垄断。

萨缪尔森（P. A. Samuelson）从土地收益或市场供求的角度认为：地租是为使用土地所付出的代价，土地供给数量是固定的，地租量完全取决于土地需求者之间的竞争[1]。阿朗索（Alonso）通过比较利益原则基础上的圈层说与级差地租理论分析，提出了城市内不同用地的竞标地租理论，对城市土地如何在区位上进行合理布局即合理配置问题进行了深入研究[2]。

Jackson L、King T、Quigley、JM 研究了住宅价格与土地位置间的关系；Palumbo George and Hutton Patricia 对城市中心区土地配置机制进行了研究；Sidney Plotkin 结合土地产权对土地配置的效益进行了研究[3]。

综合来看，国外相关研究大多将市场经济体制作为外生变量，与我国正实行计划体制向市场体制转轨的国情不尽一致，但其分析方法对如何成功实现城市土地配置机制转轨及未来土地如何在市场机制下实现优化配置具有一定的借鉴意义。

我国学者对资源配置的方式、费用、效率与产权的关系等各个方面也进行了相关研究。如关于市场配置机制与产权制度的关系（孔径源）[4]，关于资源配置方式的理性选择（夏兴园，万东铖）[5]，关于两种资源配置机制过程中的配置费用（俞忠英）[6]，关于两种资源配置机制效率的实证研究（周叔莲，郭克莎），等等。

围绕如何形成规范的土地市场、实现土地配置机制向市场的成功转轨，土地经济学界从各个层面、各个角度进行了探讨：如何提高土地市场化配置的效

① FERGUSON C A, AKRAM M K. Protecting farm land near cities: Trade – offs with affordable housing in Hawaii [J]. Pergamon, 1992, 9 (4): 5 –9.

② ALONSO W. Location and Land Use: Toward a General Theory of Land Rent [M]. Harvard University Press, 1964.

③ BARLOWE R. Land Resource Economics: The Economics of Real Estate [M]. New Jersey: Prentice – Hall, Inc. 1986.

④ 孔径源. 关于市场配置机制与产权制度的关系 [J]. 土地使用制度改革, 2001 (4): 22 – 24.

⑤ 夏兴园, 万东铖. 我国资源配置方式的理性选择 [J]. 经济研究, 1997 (1): 66 –71.

⑥ 俞忠英. 关于两种资源配置机制过程中的配置费用 [J]. 中国土地, 2001 (12): 12 – 16.

率（袁绪亚）；土地灰色市场对土地公开或合法市场的冲击（高波）；土地税收的改革（谭术魁，刘文海）；土地资源配置过程中的寻租问题（李颖，张成勇）①；产权对土地资源配置效率的影响（沈守愚，钟甫宁，茹英杰，张小铁，高波）；地租对土地资源配置效率的影响（李国荣）；土地资源两种配置机制的有机结合（周诚）以及如何实现土地资源配置的市场化（初玉岗）等。

近年来，土地资源错配问题成为研究热点，有学者提出 2000—2016 年中国土地资源部门错配效率损失从 3.29% 下降到 0.56%（张俊峰，张安录）②；有学者认为土地资源错配是制约我国经济高质量发展的重要因素，主要通过抑制产业结构升级、加剧生态环境污染和促进房价快速上涨等渠道阻碍我国经济高质量发展③；也有学者从经济发展质量角度论述土地资源配置问题，提出政府对工业用地价格的负向扭曲会降低本地区企业的全要素生产率（张莉，程可为，赵敬陶）④ 等。

上述研究，对于我国特大城市的土地资源配置优化、土地市场效率提升和土地政策参与宏观调控，具有相当的指导意义。

第二节　土地效率与政策调控文献综述

本部分在针对土地市场供应效率和土地政策宏观调控进行文献综述的基础上，提出项目的研究思路和内容安排。

一、土地供应效率研究文献综述

目前，对于土地市场效率或供应效率的研究，并不是很多。

自 1987 年深圳出让我国第一宗国有土地使用权以来，我国土地供应市场不断完善，相关研究也不断深入，对城市土地供应效率评价的相关研究也在近几年开始兴起。

---

① 李颖，张成勇. 土地资源配置中的"寻租"现象解析 [J]. 南方经济，1997（2）：14-15.

② 张俊峰，张安录. 中国土地资源错配效率损失与纠正策略 [J]. 华南农业大学学报（社会科学版），2020，19（1）：55-65.

③ 李勇刚. 土地资源错配阻碍了经济高质量发展吗？——基于中国 35 个大中城市的实证研究 [J]. 南京社会科学，2019（10）：35-42.

④ 张莉，程可为，赵敬陶. 土地资源配置和经济发展质量——工业用地成本与全要素生产率 [J]. 财贸经济，2019，40（10）：126-141.

当前对土地供应效率的评价主要有三种思路：一是侧重于对土地供应制度执行效果进行评价；二是对土地供应政策实施过程的投入产出进行分析；三是从供给侧的角度分析我国土地供应效率。

在城市土地供应效率研究方面，大部分学者采用综合评价法，从土地的结构效应、公平效应和经济效应等多个角度进行分析，通过构建多指标评价体系来对我国城市土地供应机制绩效进行研究。萨仁高娃、宋戈（2010）从土地的结构配置效应、经济效应和公平配置效应三个方面对武汉市的城市土地供应配置绩效进行评价，认为其土地数量配置中的工业用地占比较大，由土地供给改革带来的经济效益还有待提高，空间配置也比较不合理。李灿与张凤荣（2013）等从经济效益、社会效应和生态安全三方面选取指标构建土地利用绩效评价框架，采用 TOPSIS 模型评价了北京市顺义区土地利用绩效状态，并运用灰色关联方法分析了影响土地利用绩效的重点因素。李涛、廖和平（2014）以重庆市都市发达经济区为例，从城市土地供应配置的合理性、供应执行力以及供应效益三方面来构建相应的政策绩效评价指标体系，在对重庆市的城市土地供应政策绩效进行评价的基础上探索城市土地供应政策对土地利用效果的作用机制。原伟鹏与刘新平（2016）等从城市土地供应政策的结构效益、经济效益和公平效益三视角出发，运用主成分分析模型构建阜康市城市土地供给政策综合绩效评价体系并进行实证分析。

也有部分学者运用数据包络分析法对我国城市土地供应效率进行测度与评价。齐锡晶、戴子龙（2009）运用数据包络分析法中的 CCR 模型对沈阳市土地供应的总体效率以及空间结构、用途结构等效率进行评价。陈递宁（2011）运用 DEA 模型对西安市高新区 2004—2009 年建设用地供应效率进行分析，研究结果表明，西安高新区在 2004 年和 2006 年中，建设用地供应以及建设用地结构上存在冗余，产出相对不足。仇兵奎、胡玲（2013）利用 DEA 模型对不同城市政府间土地储备决策绩效进行定量分析，最后提出从明确土地储备制度的功能定位、加强土地储备和出让管理方面优化中国城市政府土地储备决策绩效[①]。顾媛媛（2014）运用 DEA 模型对 34 个大中城市的土地储备供应决策效率进行评价，并分析了 2003—2009 年 34 个大中城市土地储备供应决策效率的变化趋势，认为规模效率的提高是引起 2003—2009 年土地储备供应决策效率改善的重要原因。王良健、韩向华（2014）基于 DEA—Tobit 两阶段分析框架对中国 30 个省

---

① 仇兵奎，胡玲. 基于 DEA 模型的城市政府土地储备决策绩效分析 [J]. 中国土地科学，2013，27（7）：28 – 33.

份的土地供应绩效进行研究，认为我国土地供应综合效率均值逐年下降主要是由纯技术效率低下引起的，并且土地供应绩效在各省份之间存在显著的差异。

有学者从供给侧角度研究土地供应效率，沈晓艳、黄贤金（2017）研究发现，土地供给数量在当年与住房空置存在负向关系，而在三年后则为显著正向关系，土地供应价格则始终呈负向关系[①]；樊丽如、李富忠（2017）提出了供给侧改革视角下土地制度改革的路径选择[②]；杨先花、梅林、张杰（2017）对2015年我国京津冀、长三角及珠三角城市群土地供应效率进行评估，认为京津冀与珠三角城市群土地供应效率与"经济+区位"因素呈正相关[③]；等等。

综合来看，国内关于我国城市土地供应效率的研究，研究方法多为综合评价法、数据包络分析法等方法。综合评价法确定相关指标的权重时主观性较强，数据包络分析法相对客观。但利用数据包络分析法对城市土地供应效率进行研究的已有文献主要有以下缺点：一是多采用传统的CCR和BCC模型进行研究，只能对相关效率进行静态分析，使得研究结果与决策单元的真实效率值之间存在一定的差距；二是已有文献多表现为城市土地供应效率简单的投入冗余与产出不足分析，缺乏不同时间不同维度的土地供应效率影响因素的定量研究。

由于我国土地供应多以城市为单位进行，单个城市容易造成研究对象太过单一；而以省份为研究对象，又会使得研究过于宽泛，研究结果缺乏针对性，难以准确反映城市层面的土地供应效率。综上所述，无论是从研究框架、研究对象还是研究方法来看，现有文献缺乏对新背景下土地供应效率的评估及影响因素的分析。本研究基于新经济地理理论，以我国35个大中城市的面板数据为研究对象，采用相对客观的DEA—Malmquist模型对我国城市土地供应效率进行测度，并应用固定效应模型与Tobit模型定量研究土地供应效率的影响因素。

二、土地政策参与宏观调控文献综述

土地政策参与宏观调控是我国土地管理的典型特色，也是当前我国社会经济发展中的一个重大理论和实践创新。多年来众多学者针对土地政策参与宏观调控的法律制度、传导机制、目标工具、微观机理等方面进行了深入研究。

---

① 沈晓艳，黄贤金. 基于土地供应侧的中国商品住宅空置效应分析——以35个大中城市为例［J］. 现代城市研究，2017（10）：12－17.

② 樊丽如，李富忠. 供给侧改革视角下的土地制度问题探析［J］. 湖北农业科学，2017，56（19）：3765－3767，3772.

③ 杨先花，梅林，张杰. 我国三大城市群的城市土地供应效率评价［J］. 兰州财经大学学报，2017，33（4）：7－14.

较早针对土地政策参与宏观调控进行的研究，多集中在探讨对于宏观调控影响的政策体系和政策工具，如孙习稳（2007）探讨了土地政策与相关宏观调控政策的协调配合机制，提出要构建以土地供应为核心的土地政策参与宏观调控体系；张素兰、严金明（2007）研究了土地利用规划视角下土地政策参与宏观调控的作用机制，提出应着重搞好全国主体功能区规划与土地利用总体规划在土地政策方面的衔接①；甘藏春（2008）提出构建中国特色的土地政策参与宏观调控体系；丰雷（2010）提出土地宏观调控的政策工具有供地政策、土地规划、土地税收、土地价格、土地制度改革以及土地行政手段等②。

近期对于土地政策参与宏观调控的研究，则注重机理机制的探讨，如金丽国、黄凌翔（2014）认为土地政策调控应在满足微观个体选择的基础上着眼于产业结构升级和区域协调发展③；范静媛（2015）研究土地改策参与宏观调控机制及政策选择④；郑萍（2015）认为在我国现行的土地公有制的制度前提下，政府对土地供给总量和供给结构的控制更具有制度优势⑤；李鹏程（2018）提出以高层政治领导人为代表的政策企业家在政策之窗开启时促成了宏观调控政策的变迁⑥；等等。

综合来看，对于土地政策参与宏观调控的效率效果问题，学者研究较少。可见文献如魏思辰（2011）研究提出 1997—2008 年全国范围囤地管制和保障性住房政策的调控效率较高⑦；齐美玲（2012）从土地政策总体绩效、区域绩效以及政策绩效这三个层次对 2003—2008 年以来土地政策参与宏观调控的绩效进行了评价研究⑧；刘殿雄（2014）进行了 CLI 中国土地市场指数与有限的宏观

① 张素兰，严金明. 土地利用规划视角下土地政策参与宏观调控的作用机制 [J]. 经济体制改革，2009（4）：56 – 59.
② 丰雷. 土地宏观调控的政策体系设计——基于中国实践的分析 [J]. 经济问题探索，2010（9）：99 – 104.
③ 金丽国，黄凌翔. 土地政策参与宏观调控的微观机理探析 [J]. 科技管理研究，2014，34（9）：171 – 175.
④ 范静媛. 土地改策参与宏观调控机制及政策选择研究 [D]. 哈尔滨：哈尔滨商业大学，2015.
⑤ 郑萍. 土地供给参与宏观调控的法律制度研究 [D]. 沈阳：辽宁大学，2015.
⑥ 李鹏程. 中国政策变迁的多源流分析——基于土地政策参与宏观调控的经验研究 [D]. 厦门：厦门大学，2018.
⑦ 魏思辰. 城市土地市场调控效率研究 [D]. 天津：天津大学，2011.
⑧ 齐美玲. 土地政策参与宏观调控的绩效评价研究 [D]. 哈尔滨：东北农业大学，2012.

经济变量的实证研究①。但结合土地市场供应效率进行城市土地政策参与宏观调控的相关研究文献较少。

当前我国土地政策对于市场的宏观调控进行了多轮实践，近期逐步呈现出"引导预期、城市调控、精准施策"的发展动态。其中，北京、上海、重庆等地的土地政策参与宏观调控，具有典型意义和研究价值。

第三节　分析逻辑与研究思路

由于城市规模和区划的不断调整，加上城市统计口径与划分标准的变化，我国城市一般处于扩张发展状态，即如果区位、人口、环境等条件许可，将基本会先后经历小城市、Ⅰ型小城市、Ⅱ型小城市、中等城市、大城市、Ⅰ型大城市、Ⅱ型大城市、特大城市、超大城市等发展历程。部分城市近几年也逐步提出了收缩城市的发展理念，但鉴于城市产业集聚效应、我国差异巨大的地理环境和事实上已经形成的城市群，特大城市、超大城市的发展还是越来越具有向心力。

因此，研究我国特大城市的土地市场效率和政府调控效果，需要基于发展的观点，从基础性、全国性、普适性的角度入手，先研究我国大中城市的土地市场效率，进而结合较为合适的技术手段和分析工具，对特大城市的土地市场效率与政府调控效果，进行针对性的深入分析研究。

结合上述考虑，本研究提出以下分析逻辑和研究思路。

一、研究分析逻辑

本书研究的逻辑线索和思路是：概念界定与理论分析——基础研究（我国35个大中城市土地供应效率测算分析）——工具研究（中国土地市场指数构建与测算分析）——多案例研究（京沪渝特大城市 CLI 测算分析）——特大城市土地效率与调控效果提升对策与发展建议。如下图 1-2 所示。

在研究内容方面，主要分为五个部分：

第一部分，理论分析：概念界定、土地属性理论探源与土地属性变迁分析。

进行概念界定和理论文献分析，探讨现代市场经济体系下土地蕴含的资源、

---

① 刘殿雄. 土地政策参与宏观调控的指数验证分析 [D]. 北京：首都经济贸易大学，2014. 该论文为笔者指导的研究生撰写的学术论文。

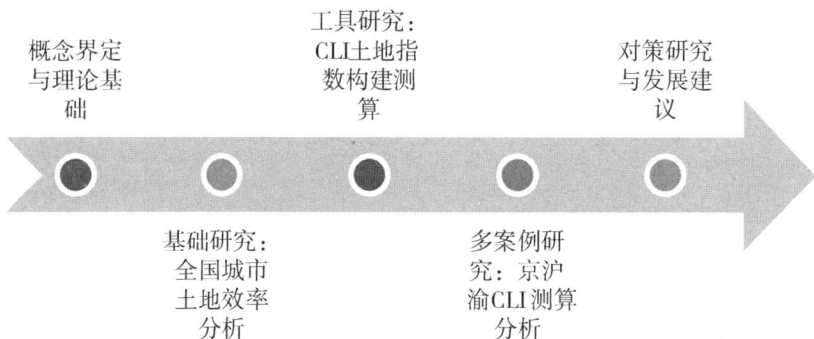

图1-2　项目研究逻辑线示意图

资产、资本"三位一体"属性的变迁历程。

第二部分，基础研究：全国大中城市土地供应效率测算。

主要通过DEA—Malmquist方法、固定效应模型与Tobit模型对我国35个大中城市2011—2015年的城市土地供应效率进行实证分析。应用DEA—Malmquist方法与固定效应模型对城市土地供应效率及影响因素展开定量分析①。

第三部分，工具研究：中国土地市场指数构建与测算分析。

叙述CLI中国土地市场指数编制的指标体系、基期确定、权重分析和测算方法，进行中地指数运行特征与政策关联分析，重点进行CLI综合指数与宏观经济运行关系实证研究。

第四部分，特大城市多案例研究：京沪渝特大城市CLI测算分析。

在充分考虑数据统计口径的基础上，遴选京沪渝三个特大城市进行CLI指数分析。首先分别对北京、上海、重庆的CLI综合指数和规模、价格、结构、集约、景气等分指数进行深入分析和趋势判断；进行京沪渝CLI三地总指数走势比较分析和波动态势分析，以深入剖析三市总体发展动态，发现特大城市土地市场效率和政策调控水平提升的不同路径。

第五部分，政策建议：土地效率与调控效果分析及提升对策。

根据前述分析，凝练我国土地市场的供应效率变化和调控效果情况，并进行指数分析基础上的我国特大城市如北京、上海、重庆等地的土地市场效率与政府调控效果研判。

总结近年来我国土地市场效率和政策效果的变化情况，提出提升特大城市

---

① 该研究部分成果由研究生汇集而成硕士学位论文。详见：杨先花. 供给侧结构性改革背景下我国城市土地供应效率评价研究［D］. 北京：首都经济贸易大学，2018.

土地市场效率与政府调控效果的发展建议。

二、研究思路示意图

按照理论分析和政策分析双线并进，通过理论分析、实证研究和指数解析等演进过程构建研究的具体思路，绘出研究思路示意图。如下图 1 - 3 所示。

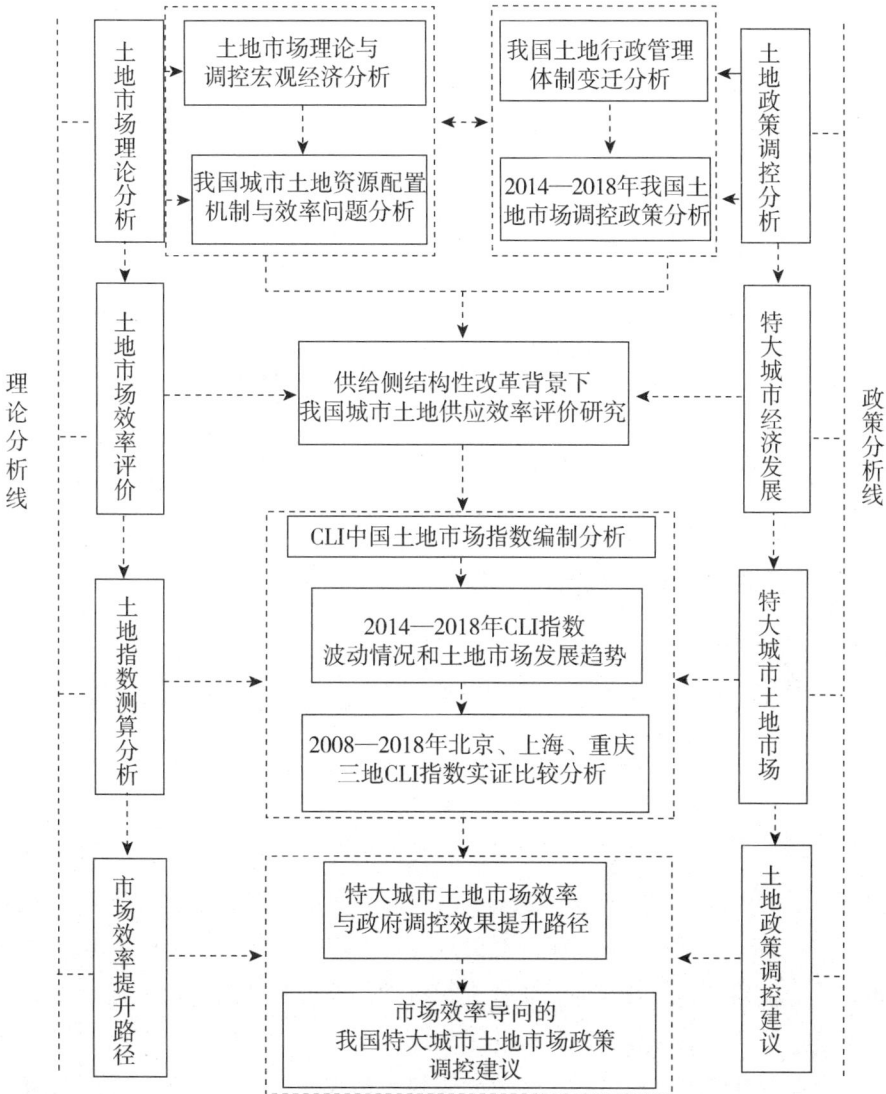

```
┌──────────────────────────────────────────────────────────────────┐
│  土地   →  土地市场理论与      我国土地行政管理   ←  土地         │
│  市场      调控宏观经济分析    体制变迁分析          政策         │
│  理论                                                调控         │
│  分析      我国城市土地资源配置  2014—2018年我国土    分析         │
│  析        机制与效率问题分析   地市场调控政策分析                │
│                                                                  │
│  理论     土地                                       政策         │
│  分析     市场                供给侧结构性改革背景下   分析         │
│  析线     效率   →           我国城市土地供应效率评价研究  特大  析线  │
│           评价                                       城市        │
│                                                      经济        │
│                     CLI中国土地市场指数编制分析       发展        │
│           土地                                                   │
│           指数                2014—2018年CLI指数                  │
│           测算                波动情况和土地市场发展趋势  特大     │
│           分析                                       城市        │
│                               2008—2018年北京、上海、重庆  土地    │
│                               三地CLI指数实证比较分析   市场      │
│                                                                  │
│           市场                特大城市土地市场效率                │
│           效率   →           与政府调控效果提升路径   土地        │
│           提升                                       政策        │
│           路径                市场效率导向的          调控        │
│                               我国特大城市土地市场政策  建议      │
│                               调控建议                           │
└──────────────────────────────────────────────────────────────────┘
```

图 1 - 3　项目研究分析思路框架示意图

第二章

我国土地属性变迁分析

千百年来，我国的土地属性经历了从自然经济到商品经济再到市场经济的演变历程。目前，在社会主义市场经济环境中，土地在不同领域呈现出土地资源、土地资产、土地资本立体三重属性。

第一节　我国土地产权制度演变过程

泱泱五千年，中国曾作为农业大国，经历了从自然经济到商品经济再到市场经济的发展历程。在历史的长河里，土地往往在其中扮演着关键角色。

一、中国古代土地制度的演变过程

中国是一个农业大国，土地对于社会经济的发展来说十分重要。中国古代社会历朝历代都对土地制度十分重视，也都建立了自己的土地制度，下面整理相关专家的研究成果，扼要介绍[①]。

（一）奴隶社会制度下的"井田制"

原始社会土地公有。进入奴隶社会以后，以私有制为基础，以王为代表的整个奴隶主阶级开始占据所有土地。在人口相对稀少的情况下，为提高农业生产力，井田制开始建立。通过计口授田，奴隶主按照一定制度，将其领地内的土地，授予隶属于自己的成年劳动者进行耕种，即按照劳动力数量进行土地分配。奴隶主得到封地，对土地只有使用权而无所有权，可以世袭但不能转让或买卖。土地所有权属于王。王可以把诸侯的领地收回并再行分封。在商、周奴隶社会，这种土地称为"公田"。

---

① 王红蕾. 析中国古代土地制度之演变 [J]. 发展，1996（8）：32－33.

井田制构成了奴隶社会基本生活资料来源的基础制度，对奴隶社会的发展和兴盛起到了重要作用。但是，客观上由于西周以后社会生产力不断提高，"土地小狭、民人众"，计口授田逐渐很难实行；主观上由于奴隶主之间为争夺土地频发战争，"篡弑取国者为王公，囲夺成家者为雄继"，地租和公田收入也越来越不足以支撑军费和日常开支。因此，井田制到我国春秋时期开始逐步瓦解。

特别是到了奴隶社会后期，为增加收入、扩大势力，奴隶主不断驱使农业奴隶开辟井田以外的荒地，这些荒地称为"私田"。私田最初不需要缴税，属于私有财产。后来私田逐渐增多而公田开始荒废。面对形势变化，许多诸侯国开始允许买卖土地，逐渐产生了封建土地制度。

（二）战国及秦汉的封建土地制度

战国时期，鲁国最早开始实行封建土地制度。公元前594年，鲁国开始实行"初税亩"政策，即承认土地私有，不论公田、私田，一律按照土地面积征税。这一政策含有重大的社会变革意义，表明地主阶级开始出现在历史舞台。

相比之下，秦国商鞅变法废除井田，废除世袭特权、奖励军功，重农抑商，从法律上支持封建土地制度发展。班固因此在《汉书·食货志》记载"秦用商鞅之法，改帝王之制，除井田，民得买卖"。公元前221年，秦统一六国，建立中国历史上第一个中央集权的封建主义国家。其时土地制度大部分仍承袭战国旧制，国家、皇室和封建地主大量占地。后令"黔首自实田"，即命令地主主动申报土地数额和面积，开始从法律意义上承认私有土地。

西汉"汉承秦制"。官地已垦称农田，未垦称草田，《汉书·宣帝记》载"假郡国贫民田"。都"赋"与或"假"与贫民耕种，收取"假税"。"假"是租借之意，"假税"即田租。汉代屯田制对后世影响深远，即招募农民或利用士兵垦种国有土地，实行民屯或军屯制，以发展农业、开发边疆、抵御匈奴。

屯田制发展到后来，汉代以皇帝为首的地主阶级占有了大量土地，汉武帝时淮南王等王室子女曾"侵夺民田宅"。一般官僚、地主和商人也都大量兼并土地。许多农民被迫耕种豪田，缴纳高地租，忍受地主的残酷剥削和奴役。为巩固封建秩序、舒缓阶级矛盾，汉代董仲舒曾提出限田说。

（三）隋唐及宋的"均田制"

社会变革使汉代屯田制难以为继。隋唐先后实行了均田制。把土地分为露、麻、桑及宅地四种类型。前两类土地所有权属国家，不得买卖；后两类土地则可作为祖业传给子孙，并允许自由买卖。均田制激发了农民耕种和储蓄私有财产的积极性，推进了唐朝前期的社会经济发展，但唐朝后期土地兼并日益严重。

宋朝初立，采取"不抑兼并"政策，豪强地主占有大量土地，享有免税免役特权，坐享高额地租收入。大量农民不得不租借田地耕种，契约租佃关系逐渐普遍，开始出现以租佃契约为基础的定租制。

租佃契约一般都写明田主、租田人和中人姓名、土地亩数以及每年应缴租额。定租制即地主规定佃户每年交纳固定数额的实物。定租制下，契约按亩规定固定地租量，丰年不增，灾年不减。佃农可以通过改进生产、增加劳动来提高产量，从而把超出地租量的收成归个人，因此对农民的生产积极性有一定的激发作用。

（四）明清开始出现土地永佃权

明初百废待兴，"明太祖即帝位，遣周铸等百六十四人，核浙西田亩，定其赋税，复命户部核实天下土田"。洪武二十六年（公元1393年），通过各州县编造土地登记簿册，便于封建政府控制土地和征发赋税。朱元璋明令鼓励垦荒，所垦荒土地归垦荒人所有，进而推行募民垦荒政策。这些制度对农业恢复发展起到了积极作用，自耕农数量持续增加，全国耕种土地数量不断扩大。但后期仍一如既往地发生了严重的土地兼并情况。

清朝顺治元年（公元1644年）颁布圈地令，规定"凡近京各州县民人无主荒田及明国皇亲、驸马、公、侯、伯、太监待死于寇乱者，或本主已死而子弟存者"均分给土地。所圈土地，无论有无旧主，田地尽归新人。许多农民弃地流亡。后期，直隶、山西、河南、陕西等地王公贵戚的部分庄田，或已荒废或仍由农民耕种，称为"更名田"，属耕种农户所有，一定程度上促进了农业的恢复发展。

明清时代，开始出现土地永佃权，即佃农在按租约交租的前提下，拥有永久租种某块土地的权利。地主可以出卖转让土地，但不影响佃农继续租种。这样一来就使得土地的所有权和耕作权相分离。佃农可以长期使用，也可以抵押和典当。可以通过改良土壤和耕种技艺来提高土地肥沃程度和收成，个人和家庭收入继而得到提升。

综上所述，尽管中国五千年世事变迁，但朝代更替的表象之下，其实是土地耕种面积多少、土地占有权利和使用权利的更迭以及土地经济发展的内涵演变。无论哪一朝代，开国时无不是大赦天下、宽松耕种，随着农耕经济的恢复和发展，土地兼并加剧，豪强林立，之后争权夺地，开始新一轮的王朝演绎。

二、新中国成立后土地产权制度发展历史沿革

土地产权制度不仅是农业发展面临的首要问题，也是我国作为农业大国必须面对的首要问题。自新中国成立以来，土地产权制度先后经历了租佃经营、个体经营、集体经营、家庭承包四个主要发展阶段。而当前，在社会主义市场经济体制下，农民工进城参加工业建设，农业现代化、企业化、集约化要求不断增大①。

（一）新中国成立之初——地主所有、租佃经营

新中国成立初期，中国四亿五千万人口中还有三亿多农业人口地区没有实行土地改革。当时，地主所有、租佃经营的封建土地产权制度仍然占据主要地位。地主占有土地和主要生产资料，并通过出租土地或雇用佃农实行封建剥削；农民租种地主土地并缴纳地租；佃农向地主出卖劳动力。这种"地主所有、租佃经营"的土地产权制度，是典型的封建主义性质的经济制度。

（二）土地改革——农民所有、个体经营

新中国成立后，为消除封建剥削土地所有制，实行农民土地所有制，借以解放农村生产力，发展农业生产，1950 年冬至 1952 年春，按照《中华人民共和国土地改革法》，逐步完成了对三亿多无地或少地农业人口地区的土地改革，逐步建立了"农民所有、个体经营"的土地产权制度。1952 年年底，除了西藏、新疆等少数民族地区和台湾地区以外，全国土改基本完成。包括老解放区在内的全国三亿多无地、少地的农民无偿获得了七亿亩土地和大量生产资料，我国延续了几千年的封建地主土地所有制被彻底消灭。全国土改实现了"耕者有其田"，使农民真正成为农村人民政权的主人，调动了农民生产的积极性，促进了农业和整个国民经济的恢复和发展。

（三）互助合作——集体所有、集体经营

在农民个体经济发展的基础上，为进一步推动社会化大生产，1951 年 12 月《中共中央关于农业生产互助合作的决议草案》开始布置对农业进行社会主义改造。至 1956 年年底，合作社已发展为 766 万个，入社农户 117829 万户，占全国农户总数的 96.3%，至此，我国土地"集体所有、集体经营"的产权制度基本形成，社会主义性质的土地所有制开始确立。与此同时，快速农业合作化运动暴露了新中国成立初期落后的生产力水平状况与社会化大生产不协调、不匹配、不适应的深刻问题。高度集中的社会主义农业经济体制与当时缺乏机械机器耕作的低级生产力水平极不相称，严重束缚生产力的发展，亟须进一步调整改革。

---

① 胡慧远．我国土地产权制度的历史沿革与发展趋势论析［J］．武汉冶金管理干部学院学报，2006（4）：15–17.

（四）联产承包——集体所有、家庭承包

1978年秋，安徽发生特大旱灾，为抵御旱灾，安徽省政府决定在肥西县山南区实行包产到户以激发人们的种田积极性，结果大旱之年取得丰收。1978年12月，十一届三中全会通过了《关于加快农业发展若干问题的决议（草案）》，提出加强劳动组织，建立严格的生产责任制，肯定了包工到组、联产计酬等形式。1979年9月，十一届四中全会正式通过《关于加快农业发展若干问题的决议》，农村经济体制改革全面铺开。1984年，实行包干到户的生产队占全国生产队总数的99.1%，成为我国农业生产的主要组织。集体所有、家庭承包成为新的土地产权制度形式。

以家庭联产承包责任制为主体的土地产权制度，建立在土地公有制基础上，集体和农户保持着发包与承包的关系，其实质是社会主义集体经济的生产责任制，农业生产实行分户经营、自负盈亏，农民获得了生产和分配的自主权。1984年，我国粮食产量突破4亿吨大关，平均每人占有粮食395公斤，第一次达到世界平均水平，基本解决了11亿人的温饱问题，创造了以世界7%的耕地养活占世界22%人口的奇迹。

（五）规模经济——集体所有、股份合作

家庭联产承包责任制适应了当时我国社会生产力和经济发展水平，因而极大地激发了农民耕种土地的积极性。但这一变革也致使土地零碎分割，经营规模小，再生产只能维持低水平，不利于规模经济的社会化大生产。随着社会主义市场经济体制的建立，农业小生产与规模大市场二元对立日益严重，现实矛盾迫使农村土地产权制度进行新改革。

实践出真知。从20世纪80年代初开始，广东南海市开始探索农业股份合作制形式：对土地经营管理先后实行了有偿承包、投标承包和股份合作等形式。具体做法是：将土地作价、折股；在留出部分公股后，将其余股份按综合因素分给社员个人；社员个人的股权可以参加分配，但不能继承、转让或抵押，社员人口增减、户籍关系进出，股份也要相应增减；土地股份产权界定到人后，土地的经营使用权重新收归集体，根据不同条件实行家庭自愿承包、公开投包、农民联合承包等多种经营方式，使土地相对集中，实行规模经营。

（六）土地入市——三项改革、城乡统筹

2014年12月《关于农村土地征收、集体经营性建设用地入市、宅基地制度改革试点工作的意见》审议通过。2015年2月27日《关于授权国务院在北京市大兴区等三十三个试点县（市、区）行政区域暂时调整实施有关法律规定的决定》审议通过，授权期限截至 2017 年 12 月 31 日。随后原国土资源部正式启动农村土地征收、集体经营性建设用地入市、宅基地制度改革试点工作。截至2018 年 12 月，集体经营性建设用地已入市地块 1 万余宗，面积 9 万余亩，总价款约 257 亿元，收取调节金 28.6 亿元，办理集体经营性建设用地 228 宗，抵押贷款 38.6 亿元。

改革充分发挥了市场在土地资源配置中的决定性作用，有力地推动了城乡统一的建设用地市场建设。集体经营性建设用地入市进一步显化了集体土地价值。但同时也存在改革推进不够平衡，样本分布不够均衡，平衡国家、集体、个人三者之间收益的有效办法还不够多等现实问题。2019 年 8 月 26 日《中华人民共和国土地管理法》修正案通过，对于征地制度、集体经营性建设用地入市和宅基地制度进行了新的改革。

第二节　市场经济下我国土地"三位一体"属性

在现代社会主义市场经济条件下，各种生产要素都可以作为商品进行交换和买卖。土地作为重要的生产要素，社会属性不断变化，也逐渐成为我国经济发展进程中的重要商品。这一商品，具有土地的自然属性、商品属性和衍生的资本属性。尤其是 2003 年我国开始土地政策参与宏观经济调控之后，土地的三位一体属性日益显化。

一、土地属性三位一体内在转化

在当前的社会主义市场经济条件下，土地因其资源特性而天然具备资源属性，因其交易功能而产生了商品属性，因其投入而带来的收益和增值功能而具备了资本属性。而这三种属性，存在着土地资源、资产、资本三种属性、三位一体的内在转化机制。

首先，土地作为资源，是永恒的、第一位的，是人类社会发展所需要的不可替代的物质基础和生活资料来源，因而也是土地资产和土地资本的基础。

人类从事生产、生活活动就需要有一定范围的土地空间。争夺土地的生存空间，是人类历史永恒的战争主题。从原始时代、农耕文明到工业文明再到信息时代，土地供给人类基本的生活和生产资料，承担着四通八达的交通与电信设施，展示着奇山怪石、飞流瀑布与奇花异草的生物多样性。土地的这些资源功能可以概括为土地的养育功能、承载功能、美学功能等。

其次，土地具有资源、资产和资本的三重特性功能。土地资产功能是指土地可以作为财产使用，业主将其占用的土地资源作为其财产的权利。土地拥有者可以将其拥有的土地或土地产权视作财产变卖获取收益，而他人取得土地这种财产则需要付出一定的经济代价或成本。土地的使用可为土地使用者带来一定的经济效益①。同时，针对土地资源进行的土壤改良、土地平整、排灌设施修建、建筑物设置等投入，既扩大了资产收益，也因其投入收益和土地增值而具备了资本功能，可以借由土地资本进行资产抵押、资金往来等资本活动。

土地资源、土地资产、土地资本等内在属性，都属于土地自身或衍生的特性，在不同条件和环境下展示不同或多种面貌，也会进行内在转化。

（一）土地资源转化为土地资产

原始社会地广人稀，土地没有得到充分利用，因而一般不存在土地的资源、资产和资本属性问题。土地从资源转化为资产，是相对于人类需求土地出现稀缺而占有土地，并把土地视为财产时发生的。土地资源是人类生产和生活的物质基础，当人类对它的需求越来越大时，土地资源出现了稀缺现象，因而被一部分人当作财产而占有。从这个意义上说，土地资产是指具有明确的权属关系和排他性，并具有经济价值的土地资源。

（二）土地资产转化为土地资本

当土地资产被投入市场，为所有者带来预期收益并产生增值，土地资产就转化为土地资本，表现为土地权属关系上的转让、出租或自己投入使用。

改革开放以前，我国土地一直是无偿、无限期、无流动使用，这一阶段的土地使用仅仅呈现为自然资源属性。1987 年开始推行土地有偿使用后，土地作为特殊商品进入市场，土地产权人则通过地租资本化使土地具有价格：一方面体现其固有的使用价值，另一方面显化了土地应有的交换价值，完成了土地仅仅具有资源属性向资源、资产双重属性的蜕变。

土地资产需要把土地使用权经过物化劳动获取盈利并转化为土地资本。国家实行严格的土地用途管制以后，土地使用权转让市场逐步发育成为地产市场的重要组成部分，通过土地交易来进行用途调整、用地结构优化和效益提高，土地资本开始展现属性并实现其利润最大化。

目前，已有多位学者对土地资本化进行研究。如提出资本化是指任何把资

---

① 段正梁. 关于土地科学中土地概念的一些思考［J］. 中国土地科学，2000（4）：18 - 21.

产凭其收益转换成资产的现期市场交换价值的过程（张跃进，2003）；城市土地资产资本化实质是土地使用权流动的市场化（杨继瑞，2003）；土地资本化就是土地资源转变成可以运动并增值的土地资本（何晓星，王守军，2004）；等等。此外，杨帅、温铁军（2010），叶剑平、赵燕军（2013），贾海刚、刘凤梅（2014），杨宜勇（2018）等学者也多有关注和论述。

从某种意义上讲，土地资本①，可以认为是凭借土地所有权或使用权而享有对土地收益的索取权。它具有资本的一般特性：增值性、运动性、收益性。从我国的现代化、工业化、城市化等经济发展的过程来看，主要依赖土地资源和产业资本的交易与结合，这实际上就是土地资源在市场交易中实现资本化的过程。

在我国，土地资本化的主要推动力量来自地方政府。分税制使地方政府面临城市发展所蕴含的内在财政压力，必须通过政府可控，或规划或招拍挂等方式，把土地这一生产资料转化为地方政府财政收入的来源。于是，土地资本化有偿使用就成了地方政府的必然选择。土地有偿转让收入某种程度上已成为地方政府预算外收入的主要来源。数据显示，2018年全国土地出让金收入为6.5万亿元，占地方财政总收入的39.9%，比2017年上升3.6个百分点。

二、我国土地属性三位一体转化途径

由于我国现阶段实行的是城市土地国家所有制和农村土地集体所有制，土地资源向土地资本转化的途径和形式也呈现出多样化②。我国现阶段土地资源向土地资本转化的形式，一般有三类：计划经济的行政划拨形式；市场经济中土地使用权的买卖、租赁形式；国有事业单位的公益服务性质所决定的半计划、半市场的土地征用形式。

（一）行政划拨无偿使用土地资源

计划经济时期，土地资源属于国家所有，国有企事业单位的用地，一般实行行政划拨、无偿使用形式。划拨后的土地，成为政府机关、国有企业和集体单位赖以发展的基础性资本。行政划拨无偿使用的土地资源，短时期内助力国家建立了完整的工业经济框架和土地使用布局，但也存在大量浪费土地的现实

① 注：本书所研究的土地资本一般是指国有土地资本，对于集体土地只是考虑其转化为国有土地时的相关问题，集体土地本身的资本化问题不涉及。另外，本书研究的国有土地一般仅限于城市国有土地。
② 王代敬．论我国土地资源开发的资本化之路［J］．开发研究，2005（1）：59-63.

问题。十一届三中全会以来确定的家庭联产承包责任制,使土地资源在集体土地范围内开始由家庭灵活使用,极大地解放了农业生产力,促进了农业、工业和国民经济的迅速发展。

(二)运用市场机制征用或转让经营性土地资产

自改革开放以来,随着农村商品经济发展和城市化进程,市场配置资源的功能逐渐显现,土地资源向土地资产和土地资本的转化逐步加快。土地作为社会生产的资源要素,越来越市场化,按照价值规律和市场机制的要求,实现土地资源同其他生产要素的优化配置与组合,就必须充分发挥土地资本的能动作用。

运用市场机制征用或转让土地资产,也是在当前我国社会主义市场经济体制下,使市场要素资源配置进一步流动的必要条件。1992—1999年的国企改制中,5万多国有企业显化的土地资本达5000多亿元,有力地支持了国企的改革和发展①。2018年全国土地使用权出让收入65096亿元,同比增长25%。

(三)计划和市场相结合征用公益性土地资产

教育、科技、文化、卫生、体育等事业单位属于国有的公益性事业单位,为全社会提供公共产品和公益服务。其土地资源的征用,既要体现公益性服务的计划分配形式,保证满足土地资源需求,也要利用市场原则和市场机制的作用,实现土地资源的充分、合理、高效使用。应充分利用市场配置资源的基础作用,特别是市场对土地资源的配置作用,健康有序地实现土地资源向土地资本的转化。

(四)农村土地开发市场化、资本化路径

如前所述,应在社会主义制度的基础上,通过集体土地资源向集体土地资本的转化,把农民的土地承包权变为土地股份分红权,确保农民的土地收益权。在现有的农村家庭联产承包责任制的基础上,通过地票、土地股份制或土地银行以及"公司加农户"等模式,实现土地在集约利用基础上的规模经营,或根据我国最新土地管理法的探索性规定,在农民自愿基础上实现土地使用权的流转和转包以及其他各种形式的转化,从而实现土地的集约化经营或非农化经营。

---

① 齐援军. 我国土地管理制度改革的回顾与前瞻 [J]. 经济研究参考, 2004 (13): 18 – 29.

第三章

我国城市土地供应效率时空演变特征

众所周知，我国土地市场分为一级市场和二级市场。而土地供给则是土地市场的源头所在。研究土地市场效率，就我国而言，目前其实质意义在于研究土地的供应效率，即在我国土地公有基础上土地的供应效率。本章和下一章内容，主要研究我国土地供应效率的时空演变特征和影响因素。

土地作为供给侧结构性改革的一个重要生产要素，构成"供给侧改革"的重要组成部分。土地供应作为土地利用的基础和前提，是实现土地资源合理配置、提高土地利用效率的重要途径。当前我国正处于城镇化加速阶段，土地供需矛盾日益突出。土地城镇化与人口城镇化失衡问题凸显。本章旨在从时间和空间维度系统深入剖析我国土地供应效率特征，寻求我国城市土地供应效率改进方向和目标，以期实现"以存量换增量"的集约节约型发展道路①。

第一节 评价方法与指标体系构建

一、DEA—Malmquist 模型

效率测度包括参数方法和非参数方法两类：参数方法通过构建特定生产函数描述投入产出关系，进而基于投入产出数据进行回归，测算相应参数，最终得到效率数据，常见的有通过 LP、OP 方法计算全要素生产率（TFP）；相比参数方法，非参数方法最大的优势在于无须考虑生产函数形式，能够避免主观设定生产函数带来的测算误差，常见的非参数估计方法有随机边界分析（SFA）、

---

① 杨先花. 供给侧结构性改革背景下我国城市土地供应效率评价研究 ［D］. 北京：首都经济贸易大学，2018. 杨先花为本项目课题组成员，此部分内容为该项目部分研究成果。

数据包络分析（DEA）等。

关于效率的测算方法可以划分为前沿方法与非前沿方法（Massimo，et al，2008），当前研究中针对微观数据主要运用 LP、OP 方法（王永进、张国锋，2016），对数据质量要求较高，田友春等（2017）通过对不同全要素生产率方法的比较后认为对于宏观分行业面板数据，数据包络分析（DEA）更为适用。本研究立足于对城市整体土地市场与政府调控关系的分析，因此采用 DEA 方法对土地市场供应效率进行测算。城市土地供应涉及城市发展的众多方面，其效率测度需要综合考虑多种投入产出指标。

基于已有研究以及测度对象特点，本文采用从要素投入产出效率视角，综合运用 DEA—Malmquist 模型对我国 35 个大中城市土地供应效率进行评价分析。

（一）产出导向型 DEA 模型

数据包络分析法（DEA）适用于综合分析多投入、多产出情况，对决策单元（DMU）进行绩效评价的非参数估计方法。DEA 方法可进行多投入和多产出情况下的规模收益分析，通过适当地选用模型以及界定投入产出指标，模型的适应范围会变得相当广泛。另外，通过 DEA 方法便于确定规模无效单位需要改进的方向，利用 DEA 方法建立标杆，各 DMU 可直接与标杆相比较，便于各个 DMU 确定需要改进的方向。

从模型上来看，假设存在 n 个 DMU，为度量第 i 个 DMU 的效率，可通过构建如下目标最大化的线性规划模型，进而对参数进行求解：

$$Max \quad \theta$$
$$s.t. \begin{cases} \sum_{j=1}^{n} \alpha_j y_j \geqslant \theta y_i \\ \sum_{j=1}^{n} \alpha_j x_j \geqslant x_i \\ \alpha_j \geqslant 0 \\ j = 1,2,\ldots,n \end{cases} \tag{1}$$

其中，x 和 y 分别表示决策单元的投入要素和产出水平。从上述模型的约束条件可知，该模型满足规模报酬不变（CRS）假设前提，被称为 CCR—DEA 模型。CCR 模型所表示的经济含义为各决策单元是相对有效的，当 $\theta = 1$ 并且各不等式取等号时，模型达到最优解，即在原投入要素 X 的水平上，整个 DMU 系统达到产出水平最大化。另外，当 $\theta = 1$ 并且各不等式不取等号时，整个 DMU 系统达到最优，可通过减少投入达到相同水平产出，或者投入不变获取更高产出水平；当 $\theta < 1$ 时，整个系统可以通过在原有投入要素水平按 θ 的比例减少，而

保持原有产出水平不变。

CCR 模型的 CRS 假设前提意味着只有按照一定比例增加投入要素，即可获取同等比例的产出。现实中，受技术水平等条件的限制，往往不满足这一条件。Banker 等人通过优化 CCR 模型，添加了凸性条件，将模型限定为规模报酬可变（VRS）模型，模型形式如下：

$$Max \quad \theta$$

$$s.t. \begin{cases} \sum_{j=1}^{n} \alpha_j y_j \geqslant \theta y_i \\ \sum_{j=1}^{n} \alpha_j x_j \geqslant x_i \\ \sum_{j=1}^{n} \alpha_j = 1, \alpha_j \geqslant 0 \\ j = 1, 2, \ldots, n \end{cases} \tag{2}$$

上述模型被称为 BCC—DEA 模型，与 CCR 模型一样，通过求解上述线型规划模型可以得到任一 DMU 的技术效率 θ，并且满足 $0 \leqslant \theta \leqslant 1$ 的约束条件。当 $\theta = 1$ 时，通常认为该 DMU 是技术有效的。

（二）Malmquist 模型

为深入分析我国城市土地供应效率的动态变化特征，采用 Malmquist 生产力指数对效率的变化情况进行刻画。Malmquist 指数方法最早由 Sten 提出，用以分析消费的动态变化特征。

首先，用距离函数 $D_i^t(x', y')$ 表示 Malmquist 指数，具体如下：

$$M_i^t = D_i^t(x^{t+1}, y^{t+1}) / D_i^t(x^t, y^t) \tag{3}$$

上式表示在 t 时期的技术条件下，决策单元从 t 时期到 t+1 时期的效率变化情况。Fare（1994）通过构造距离函数几何平均数的方法，避免了前沿方法中参考系选择的随意性问题，具体如下：

$$M_0(x^{t+1}, y^{t+1}, x^t, y^t) = \left[\frac{D_0^t(x^{t+1}, y^{t+1})}{D_0^t(x^t, y^t)} \cdot \frac{D_0^{t+1}(x^{t+1}, y^{t+1})}{D_0^{t+1}(x^t, y^t)} \right]^{1/2} \tag{4}$$

上式中距离函数意义与式（3）中一致。另外，式（4）中 M 指数可以被分解为相对技术效率变化和技术进步的变化，即 EC 和 TC。EC 表示 CRS 条件并且要素自由处置条件下相对效率变化指数，反映了被测度的 DMU 在特定时期产出水平对最大的潜在产出水平的追赶。TC 表示 VRS 条件下技术边界的移动。并且，在 VRS 条件下，由于技术水平的变动，EC 可进一步分解为纯技术效率变化 PEC 和规模效率变化 SEC，具体分解如下：

$$M_0(x^{t+1}, y^{t+1}, x^t, y^t) = \frac{D_0^t(x^{t+1}, y^{t+1})}{D_0^t(x^t, y^t)} \times \left[\frac{D_0^t(x^{t+1}, y^{t+1})}{D_0^{t+1}(x^t, y^t)} \cdot \frac{D_0^t(x^t, y^t)}{D_0^{t+1}(x^t, y^t)} \right]^{1/2}$$

$$= PEC \times SEC \times TC \tag{5}$$

当其中任意一个效率值大于 1 时，即可看作生产效率提升的某一方面源泉，反之，则是生产效率降低的某一方面原因，需要改善。具体来说，当 PEC > 1 时，说明一个区域的制度管理水平得到了提高，对创新 TFP 提高起到促进作用。同时，制度管理水平属于非技术创新要素，也同样可以看作区域创新水平和创新能力的重要体现。SEC > 1 时，说明该地区实现了规模经济。为得到具体的效率值，需要对式（5）中的距离函数进行求解，对于每个距离函数，分别构造线性规划问题如式（6）~（9）所示：

$$\left[D_0^t(x^{q,t}, y^{q,t}) \right] - 1 = \max \theta^q$$

$$s.t. \begin{cases} \theta^q y_m^{q,t} \leqslant \sum_{q=1}^{Q} z^{q,t} y_m^{q,t} \\ x_m^{q,t} \geqslant \sum_{q=1}^{Q} z^{q,t} x_n^{q,t} \\ z^{q,t} \geqslant 0 \end{cases} \tag{6}$$

$$\left[D_0^t(x^{q,t}, y^{q,t}) \right] - 1 = \max \theta^q$$

$$s.t. \begin{cases} \theta^q y_m^{q,t} \leqslant \sum_{q=1}^{Q} z^{q,t+1} y_m^{q,t+1} \\ x_m^{q,t} \geqslant \sum_{q=1}^{Q} z^{q,t+1} x_n^{q,t+1} \\ z^{q,t+1} \geqslant 0 \end{cases} \tag{7}$$

$$\left[D_0^t(x^{q,t+1}, y^{q,t+1}) \right] - 1 = \max \theta^q$$

$$s.t. \begin{cases} \theta^q y_m^{q,t+1} \leqslant \sum_{q=1}^{Q} z^{q,t} y_m^{q,t} \\ x_m^{q,t+1} \geqslant \sum_{q=1}^{Q} z^{q,t} x_n^{q,t} \\ z^{q,t} \geqslant 0 \end{cases} \tag{8}$$

$$\left[D_0^t(x^{q,t+1}, y^{q,t+1}) \right] - 1 = \max \theta^q$$

$$s.t. \begin{cases} \theta^q y_m^{q,t+1} \leqslant \sum_{q=1}^{Q} z^{q,t+1} y_m^{q,t+1} \\ x_m^{q,t+1} \geqslant \sum_{q=1}^{Q} z^{q,t+1} x_n^{q,t+1} \\ z^{q,t+1} \geqslant 0 \end{cases} \tag{9}$$

第四章

我国城市土地供应效率影响因素分析

土地供应效率的时空演变，反映出土地供应存在规律性的影响因素。本部分内容基于城市土地供应效率影响因素回归模型和相对多样化指数方法，进行数量实证分析[①]。

第一节　模型与变量

在新经济地理（New Economic Geography，简称 NEG）框架下，集聚是影响产出规模和生产效率的重要因素，由上文的理论分析可以构建如下城市土地供应效率影响因素回归模型：

$$TE = \beta_0 + \beta_1 AR + \beta_2 TA + \theta X + \mu$$

其中，TE 表示城市土地供应综合技术效率，β_0 是常数项；μ 是截距项，随着区域的变化而改变。考虑计量模型设定，此处城市土地供应综合技术效率采用超效率 DEA 方法测度结果进行衡量，较之传统的 CCR 和 BCC 模型，超效率 DEA 模型计算的综合技术效率结果可以突破效率为 1 的技术前沿面，即综合技术效率水平大于 1，实现处于前沿面样本效率的比较，投入产出指标体系与上文相同。

AR（Agglomeration Recognition）表示产业集聚度，分别由第二产业集聚度和第三产业集聚度衡量。集聚又分为专业化集聚和多样化集聚[②]。其中，产业专业化集聚指数 SP，通常选用地区专业化指数衡量城市产业的专业化水平，即

---

① 杨先花. 供给侧结构性改革背景下我国城市土地供应效率评价研究［D］. 北京：首都经济贸易大学，2018. 杨先花为本项目课题组成员，此部分内容为项目部分研究成果。

② 钟顺昌，任媛. 产业专业化、多样化与城市化发展——基于空间计量的实证研究［J］. 山西财经大学学报，2017，39（3）：58－73.

选择城市 i 中就业人数最多的 k 行业作为该城市的专业化行业，用该行业就业人数占城市总就业人数的份额作为专业化指数：

$$SP_i = Max_i（s_{ik}）$$

其中，SP_i 表示城市 i 的专业化指数，其值越大，表示该城市专业化程度越高；s_{ik} 表示 i 地区 k 产业在 i 区域内的就业比重。

产业多样化集聚指数 DIV。本文选择 Duranton（2000）研究所采用的相对多样化指数来衡量某地区的多样化水平，以各行业的就业份额为经济指标进行计算①。该方法是以赫芬达尔指数（HHI）为基础衍生而来，常用其倒数进行衡量，计算公式为：

$$DIV_i = \frac{1}{HHI_i} = \frac{1}{\sum_{k=1}^{n} s_{ik}^2} \tag{1}$$

其中，DIV_i 表示地区 i 的产业多样化集聚指数，该值越大，说明该城市的产业种类越多且越均衡，$1 \leqslant DIV_i \leqslant n$。

TA（Transit Accessibility）表示城市通达性。借鉴 Hering and Poncet（2008），赵增耀、夏斌（2012），席强敏等（2016）学者的研究方法②③④，按照城市发展程度不同，本文分别选取距离五大中心城市的平均距离（DIS）以及地理中心度（GC）综合衡量。其中地理中心度的计算公式为：

$$GC = \ln \sum j \neq r d_{rj} - 1$$

其中，d_{rj} 表示城市 r 与城市 j 之间的欧式直线地理距离。从地理角度上看，地理中心度表示的是某城市与其他各城市的地理相对位置；从经济意义上看，地理中心度反映了城市的地理区位条件。由威廉·阿朗索的竞标地租理论可知：地理中心度与土地价格高度相关，而土地价格又会影响土地供应计划，另外考虑到地理中心度是反映城市的相对地理位置，显然这一工具变量是外生的。综上考虑，本文认为选取地理中心度作为土地供应效率的工具变量是可行的。

综合考虑数据可得性和城市效率影响因素的研究，引入其他控制变量 X 有：

---

① DURANTON G. Diversity and Specialisation in Cities：Why，Where and When Does it Matter？[J]．Urban Studies，2000，37（3）：533 – 555.

② HERING L，PONCET S．Market Access Impact on Individual Wage：Evidence from China [J]．Working Papers，2006，92（1）．

③ 赵增耀，夏斌．市场潜能、地理溢出与工业集聚——基于非线性空间门槛效应的经验分析 [J]．中国工业经济，2012（11）：71 – 83.

④ 席强敏，陈曦，李国平．中国生产性服务业市场潜能与空间分布——基于面板工具模型的实证研究 [J]．地理科学，2016，36（1）：1 – 9.

基础设施水平，引入市辖区年末移动电话数表示信息基础设施，引入每万人拥有公共汽车数量表示交通基础设施；另外，引入市辖区医院、卫生院床位数表示城市卫生基础设施；最后，城市规模，用年平均人口表示。

综合以上考虑和面板模型特征，最终回归模型如下式所示：

$$TE_{it} = \beta(\ln DIS_{it}, GC_{it}, \ln SPI_{it}, \ln SPS_{it}, \ln DIVI_{it},$$
$$\ln DIVS_{it}, \ln PHONE_{it}, \ln BUS_{it}, \ln HOSPITAL) \tag{2}$$

其中，i 代表各地级及以上城市（$i = 1, 2, \cdots, 35$），t 代表年份（$t = 2011, \cdots, 2015$）。

所有变量说明如表 4 - 1 所示。本文所涉及的城市经济指标数据均来源于国家统计局的《中国城市统计年鉴》（2012—2016 年），土地数据来自原国土资源部的《中国国土资源统计年鉴》，所有价格指标均已相应平减至 2011 年价格水平。

表 4 - 1　我国城市土地供应效率影响因素指标体系

变量类型	一级指标	二级指标	说明
被解释变量	城市土地供应效率	城市土地供应效率（TE）	由 Super Efficiency—DEA 计算所得
	城市通达性（TA）	i 城市到国家五大中心城市距离的平均值（DIS）	根据城市的地理经纬度计算得出（KM），其中五大中心城市为北京、天津、上海、广州、重庆
		地理中心度（GC）	反映某城市到其他所有城市的平均地理距离
	产业集聚（AR）	专业化集聚（SP）	第二产业专业化集聚度（SPI）；第三产业专业化集聚度（SPS）
		多样化集聚（DIV）	第二产业多样化集聚度（DIVI）；第三产业多样化集聚度（DIVS）
	基础设施	信息基础设施（PHONE）	市辖区年末移动电话数（个/万人）
		交通基础设施（BUS）	市辖区每万人拥有公共汽车数量（辆）
		卫生基础设施（HOSPITAL）	市辖区医院、卫生院床位数（张/万人）
	城市规模	年平均人口（POP）	城市人口规模（万人）

注：数据均为市辖区数据

第二节　变量描述性统计

变量描述性统计包括描述性统计和核密度分析。

一、描述性统计

本文对距离五大中心城市距离、地理中心度两个地理指标进行了处理，将各城市数据乘以当年 GDP 价格指数，得出各城市每年的距离和地理中心度指数。对各变量进行描述性统计，得出各个变量最大值、最小值、均值、方差，结果如表 4 - 2 所示。

表 4 - 2　变量描述性统计分析表

变量	观测值	均值	标准差	最小值	最大值
TE	175	0.498	0.387	0.143	3.440
DIS	175	11.82	0.297	11.33	12.92
GC	175	− 55.17	17.78	− 142.1	− 27.18
SPS	175	0.169	0.0383	0.121	0.411
SPI	175	0.605	0.136	0.286	0.892
DIVS	175	9.840	1.047	4.956	11.42
DIVI	175	2.085	0.492	1.250	3.930
PHONE	175	28626	13578	5627	101656
BUS	175	17.06	14.77	4.110	110.5
HOSPITAL	175	87.28	21.31	13.65	161.1
POP	175	444.3	376.0	91.40	2127

二、核密度分析

根据不同区域城市分布情况，画出我国四大板块城市土地供应综合技术效率和密度分布图，如图 4 - 1 所示。整体上来看，从"东北—中部—西部—东部"地区的区域顺序来看，核密度曲线图呈现出一定程度的右移趋势，供应效率均值逐渐变大，这与大城市企业生产的集聚效应有关；四大板块城市均未呈现出明显的左断尾特征，即四大板块均存在低效城市；中部地区和东北地区呈现明显的"右断尾"特征，高效率城市占比不高，中等效率城市较为集中；西部地区与东部地区呈现"右拖尾"特征，说明高效率城市占比更高。

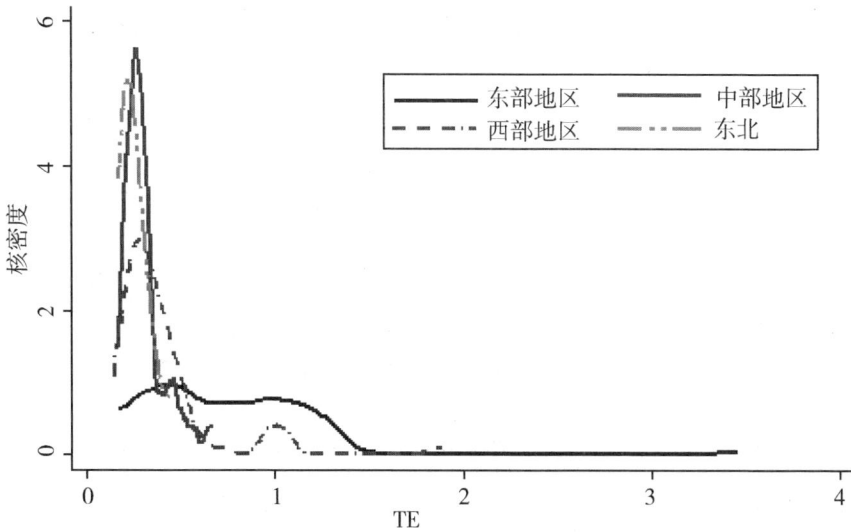

图4-1 核密度估计图

第三节　实证结果及讨论

一、基准回归结果

分析内容包括全样本回归、分样本回归和城市规模的调节效应分析。

（一）全样本回归

主要回归结果见表4-3，列出了随机效应模型、控制城市固定效应模型，以及同时控制时间和城市双固定效应模型，并通过 Hausman 检验，选择固定效应结果，随机效应实证结果亦可作为参考。

从双固定效应模型结果来看，城市到五大中心城市的平均距离以及到所有地级市的平均距离的系数均显著为正。首先，城市与五大中心城市距离增加1%，则城市土地供应效率增加0.105个单位，表明整体而言距离五大中心城市越远，城市土地供应效率越高。相应地，城市地理中心度回归系数显著为0.0323，即城市地理中心度每提高1个单位，则城市土地供应效率增加0.0323

个单位。

综合这两个指标的结果，反映了城市地理区位是影响城市土地供应效率的重要因素。由经典韦伯区位工业论和新经济地理模型可知，运输成本是企业区位选择的重要考量因素，地理中心度越高，则城市离原材料生产地、市场平均距离越近，运费越低，此时企业更易入驻生产，进而提高经济产出，并提高土地供应效率。然而，从城市与五大中心城市的距离来看，与地理中心度呈现出相反的状况，距离中心城市越远，效率越高，这与大城市带来的虹吸效应有关。国家中心城市无论在经济规模、基础设施建设、市场规模等方面均具有不可比拟的优势，企业和居民均遵从"由脚投票"的原则进行自由流动，由此国家中心城市产生了较大的虹吸效应，对于周边地区的虹吸效应更为明显。

由第二、第三产业的专业化指数和多样化指数的结果可知，产业集聚模式同样是城市土地供应效率的重要影响因素，并且不同的产业之间呈现出一定的差异性。整体而言，由专业化集聚带来的"马歇尔外部性"对城市土地供应效率的影响要比多样化带来的"雅各布斯外部性"更为显著。

从专业化指数回归结果看，第二、第三产业均表现出显著的正向影响。第二产业专业化指数的双固定效应模型结果虽不显著，但是结合随机效应模型和城市固定效应模型结果，仍可认为第二产业专业化程度与城市土地供应效率是正相关的。其中，第三产业专业化程度每提高 1 单位，城市土地供应效率提高0.419 个单位；第二产业专业化程度每提高 1 单位，城市土地供应效率提高0.0755 个单位。从多样化指数结果来看，第二产业或者第三产业的多样化指数均不显著。其中，第三产业多样化指数三个模型均显示为正，第二产业多样化指数则均显示为负，说明第三产业多样化集聚对于提高我国城市土地供应效率存在一定程度的推动作用，而第二产业的多样化集聚则起到相反作用，抑制我国城市土地供应效率的提升。综上分析，整体而言，第三产业的专业化集聚是当前提高我国城市土地供应效率的主要因素。

从基础设施控制变量结果来看，各类基础设施指标均显示出对城市土地供应效率的负向影响，其中信息基础设施与卫生基础设施呈现出显著的负相关性。表明总体而言，当前我国城市基础设施存在供给过剩的问题，这与通过土地开发扩大建成区面积的"土地城镇化"发展模式有关，盲目大修大建，造成基础设施供应效率低下，从供给侧进行结构性改革，实现基础服务设施精准供给，是提高城市土地供应效率的重要举措。

表 4 - 3　城市土地供应效率影响因素实证结果（总样本）

VARIABLES	（M1）随机效应	（M2）城市固定效应	（M3）双固定效应
LNDIS	0.995 **	1.855 ***	0.105 *
	(0.427)	(0.585)	(1.296)
GC	0.0182 **	0.0341 ***	0.0323 ***
	(0.00709)	(0.00966)	(0.00991)
SPS	0.259 **	0.187 *	0.419 *
	(1.660)	(1.877)	(1.935)
SPI	0.479 *	0.105 *	0.0755
	(0.677)	(0.909)	(0.910)
DIVS	0.0273	0.0407	0.0586
	(0.0663)	(0.0798)	(0.0833)
DIVI	- 0.0540	- 0.0459	- 0.106
	(0.213)	(0.342)	(0.343)
LNPHONE	- 0.195 **	- 0.203 *	- 0.137 *
	(0.0971)	(0.110)	(0.136)
LNBUS	- 0.205	- 0.0382	- 0.0119
	(0.128)	(0.208)	(0.209)
LNHOSPITAL	- 0.170 **	- 0.0518 *	- 0.0164 *
	(0.126)	(0.150)	(0.151)
Constant	- 8.784 *	- 17.54 ***	4.244 *
	(4.570)	(6.306)	(14.77)
Observations	175	175	175
R—squared	0.510	0.656	0.591
Number of city	35	35	35

注：表中圆括号内为标准误，＊、＊＊、＊＊＊分别表示在10%、5%、1%水平上显著。

（二）分样本回归

为进一步分析不同因素对城市土地供应效率的影响差异，分别对四大板块样本进行回归，结果如表 4 - 4 中（M4）～（M7）所示。从（M4）结果看，东部地区城市区位因素影响均不显著，不过均呈现出一定的正向关系，这与企业发展程度有关。当企业发展较为成熟时，运输成本已不是企业区位选择主要考虑的因素，此时企业区位选择主要考虑政策引导、市场潜能等其他主观因素的大小。例如，张国锋等（2017）研究指出由于政策群分效应的存在，大城市集聚了大量中等效率企业，而高效率企业与低效率企业会选择小城市。

产业集聚模式方面，东部地区表现出明显的差异。无论是第二产业还是第三产业的专业化集聚指数系数均不显著，分别为1.144和1.346。多样化发展是东部地区城市土地供应效率提升的重要力量，并且其中工业的多样化发展是主要因素。第二产业和第三产业的多样化集聚指数均显著为正，在当前发展水平下：第二产业多样化指数每提升1个单位，城市土地供应效率相应增加0.230个单位；第三产业多样化指数每提升1个单位，城市土地供应效率相应提高0.0064个单位。东部地区基础设施变量均不显著，不过均表现出正相关性，说明随着城市发展水平提高，基础公共服务供应效率会相应提升。

表 4 - 4　城市土地供应效率影响因素实证结果（按区域）

VARIABLES	（M4）东部地区	（M5）中部地区	（M6）西部地区	（M7）东北地区	（M8）城市规模
LNDIS	0.794	- 1.310*	3.900***	3.961***	1.946***
	(1.894)	(2.158)	(1.098)	(0.763)	(0.601)
GC	0.0103	- 0.0277*	0.0564***	0.0512***	0.0341***
	(0.0366)	(0.0499)	(0.0137)	(0.0111)	(0.00959)
SPS	1.346	0.182*	2.223	- 0.713	-
	(5.310)	(1.751)	(2.465)	(2.378)	
SPI	1.144	1.415	0.388*	- 0.646	-
	(3.133)	(0.986)	(1.319)	(0.509)	
DIVS	0.00635*	0.0601	0.152	0.0747	-
	(0.224)	(0.0556)	(0.109)	(0.103)	
DIVI	0.230*	0.202*	- 0.166	0.0832	-
	(1.282)	(0.382)	(0.394)	(0.246)	
LNPHONE	0.120	0.0696	- 0.490***	- 0.0639	- 0.196*
	(0.261)	(0.162)	(0.175)	(0.0544)	(0.108)
LNBUS	0.0133	- 0.148	- 0.126	- 0.0295	- 0.0511

VARIABLES	（M4） 东部地区	（M5） 中部地区	（M6） 西部地区	（M7） 东北地区	（M8） 城市规模
	（0.632）	（0.187）	（0.249）	（0.202）	（0.210）
LNHOSPITAL	0.0450	0.0949	−0.573	0.128	−0.0818
	（0.310）	（0.210）	（0.388）	（0.130）	（0.157）
LNPOP * SPI	−	−	−	−	−0.0383*
					（0.156）
LNPOP * SPS	−	−	−	−	−0.124*
					（0.326）
LNPOP * DIVI	−	−	−	−	−0.0301
					（0.0583）
LNPOP * DIVS	−	−	−	−	0.000318
					（0.0138）
Constant	−7.938	12.96	−36.70***	46.17***	−17.48***
	（20.76）	（21.62）	（10.76）	（8.885）	（6.126）
Observations	70	30	55	20	175
R—squared	0.625	0.425	0.594	0.944	0.455
Number of city	14	6	11	4	35

注：表中圆括号内为标准误，*、＊＊、＊＊＊分别表示在10%、5%、1%水平上显著。

从（M5）回归结果看，城市地理区位方面，中部地区城市与东部地区城市呈现截然相反的情况，LNDIS与GC均呈现负相关，并且在10%的显著性水平上显著，说明中部地区城市距离中心城市越近，城市土地供应效率则越高。这与东部地区呈现的情况内在机制应当是一样的，中部地区与东部地区距离较近，在中部崛起战略下，中部地区城市享受着诸如税收优惠等政策福利，东部城市相应表现出一定的群分效应，高效率企业在不考虑运输费用的情况下，向周边中部地区城市迁移，以此提高了中部地区土地供应效率，因此对于中部地区而言，越靠近东部地区效率越高。产业集聚模式方面，中部地区表现出一定的行业差异，第二产业与第三产业的专业化与多样化发展均表现出与城市土地供应效率的正相关关系。具体而言，对于第二产业，多样化指数系数显著为正，提升其多样化集聚程度，是提升城市土地供应效率的重要途径，第二产业多样化指数每提升1%，城市土地供应效率相应提高0.202个单位。对于第三产业而言，专业化指数系数显著为正，每提升1%，城市土地供应效率则相应提高0.182个单位。

从（M6）结果来看，西部地区城市地理区位两个指标均表现出显著的正向关系，距离五大中心城市距离每提高1%，则城市土地供应效率提高3.9个单位，地理中心度每提高1个单位，能提高0.0564个单位的城市土地供应效率，说明西部城市受大城市虹吸效应比溢出效应更加明显。产业集聚模式方面，第二产业的专业化指数在10%的显著性水平上显著为正，第二产业专业化指数每提高1个单位，城市土地供应效率相应提高0.388个单位。第二产业的多样化指数表现出一定的负相关关系，说明第二产业的多样化集聚在一定程度上抑制了城市土地供应效率的提升。第三产业的专业化指数和多样化指数均具有一定的正向影响，但是并不显著。

从（M7）结果来看，东北地区城市地理区位两个指标均表现出显著的正向关系，距离五大中心城市距离每提高1%，则城市土地供应效率提高3.961个单位，地理中心度每提高1个单位，能提高0.0512个单位的城市土地供应效率，说明东北地区与西部地区城市类似，受大城市虹吸效应比溢出效应更加明显。与西部地区不同的是，产业集聚模式方面，第二产业与第三产业的专业化与多样化指数系数均不显著，但是表现出一定的差异性，第二产业和第三产业的专业化指数均显示为负相关，而二者多样化指数显示为正相关，说明对于东北地区城市而言，多样化集聚是提高城市土地供应效率的重要措施。

（三）城市规模的调节效应

为进一步验证四大板块各因素对城市土地供应效率影响机制的差异，参照孙祥栋等（2016）的研究结论，采用城市规模为调节变量，构造城市规模与集聚模式的交叉项，重点分析不同城市规模下集聚模式对于城市土地供应效率的影响差异，结果如（M8）所示。总体而言，与前文结论一致，城市地理区位指标均表现出显著正相关性，此处不多讨论。从四个交叉项的回归结果来看，城市规模与第三产业专业化指数交叉项、城市规模与第二产业专业化指数交叉项均显著为负，说明城市规模对于专业化集聚模式的影响具有显著的调节作用，由表4-3中（M1）～（M3）可知，两类产业的专业化指数均表现出正相关，因此，随着城市规模的扩大，由专业化集聚所带来的城市土地供应效率提升效应会减弱。城市规模与多样化指数交叉项并不显著，但呈现出一定差异，城市规模与第二产业多样化指数交叉项同城市土地供应效率呈现负相关关系，城市规模与第三产业多样化指数交叉项回归系数则为正，与城市土地供应效率呈现正相关。将表 4-3 中（M1）～（M3）结果相结合分析，发现城市规模越大，多样化集聚越能提升城市土地供应效率。

二、稳健性分析

前文实证过程中城市土地供应效率均采用超效率 DEA 方法计算，能够突破效率最大值为 1 的前沿面。为进一步验证回归的稳健性，本文将采用基于 CCR 的 DEA 方法计算的城市效率作为被解释变量。基于 CCR 得出的效率值具有上限为 1 的约束条件，进而采取 Tobit 模型进行估计，衡量不同城市土地供应效率提升的路径，结果如表 4-5 中（M9）～（M13）所示。

基于（M9）发现，全样本回归结果中：（1）城市区位方面，城市到五大中心城市的平均距离以及到所有地级市的平均距离的系数均显著为正，城市到五大中心城市距离每增加 1%，则城市土地供应效率增加 0.717 个单位，城市地理中心度每提高 1 个单位，则城市土地供应效率增加 0.0163 个单位；（2）城市产业集聚模式方面，第三产业专业化指数显著为正，其每提升 1 个单位，城市土地供应效率提高 0.857 个单位，第三产业多样化指数、第二产业专业化指数和第二产业多样化指数均不显著，并且第二产业多样化指数表现为负相关，整体而言城市土地供应效率提升的主要途径为第三产业的专业化集聚。

基于（M10）～（M13）结果可知，四大板块之间的城市土地供应效率表现明显的差异性。（1）城市区位方面：中部地区城市效率提升偏向于接近大市场，受大城市溢出效应明显，距离大城市越近，城市土地供应效率越高；东部地区、西部地区、东北地区城市土地供应效率提升来源则是偏向于地理中心，实现交通运输成本和市场的重心区位选择。（2）聚集模式方面：东部地区城市土地供应效率提升主要来源于第三产业的集聚经济；中部地区则主要来源于第二产业的集聚和第三产业的多样化集聚；对于西部地区而言，产业集聚模式对城市土地供应效率影响并不显著，不过第二产业的多样化发展表现出一定的抑制作用；东北地区城市土地供应效率则主要来源于第二产业多样化集聚，第二产业和第三产业的专业化发展均对城市土地供应效率提升具有一定的抑制作用。

综上，由 DEA—TOBIT 模型计算所得的实证结论与基准回归结论从显著性和作用路径方面均保持基本一致，说明原有模型具有稳健性。

表4-5 基于 Tobit—DEA 模型的稳健性分析

	（M9）	（M10）	（M11）	（M12）	（M13）
VARIABLES	全样本	东部地区	中部地区	西部地区	东北地区
LNDIS	0.717**	0.344	-0.933**	1.506**	0.589
	(0.325)	(0.904)	(0.437)	(0.697)	(0.361)
GC	0.0163***	0.0137	-0.0173*	0.0219**	0.00333
	(0.00536)	(0.0180)	(0.00901)	(0.00966)	(0.00637)
SPS	0.857*	8.544*	0.327	1.771	-1.868
	(1.136)	(4.376)	(1.060)	(1.859)	(1.422)
SPI	0.148	1.668	1.235***	0.534	-0.672
	(0.485)	(1.461)	(0.446)	(0.872)	(0.413)
DIVS	0.0696	0.206*	0.0607*	0.130	0.00930
	(0.0468)	(0.121)	(0.0360)	(0.0803)	(0.0303)
DIV1	-0.00878	0.592	0.251**	-0.0757	0.396**
	(0.169)	(0.597)	(0.119)	(0.185)	(0.184)
LNPHONE	-0.170***	-0.0947	-0.0138	-0.416***	-0.177***
	(0.0635)	(0.127)	(0.0801)	(0.109)	(0.0514)
LNBUS	0.186*	0.545**	-0.0552	0.310*	0.0215
	(0.109)	(0.239)	(0.116)	(0.177)	(0.146)
LNHOSPITAL	-0.169**	0.215	0.225**	-0.409*	-0.0874
	(0.0857)	(0.131)	(0.107)	(0.239)	(0.136)
Constant	-6.022*	-7.708	8.989**	-12.46*	7.617**
	(3.460)	(9.930)	(4.328)	(7.148)	(3.620)
Observations	175	70	30	55	20
Number of city	35	14	6	11	4

注：所列固定效应模型均控制时间和地区，表中圆括号内为标准误，*、**、***分别表示在10%、5%、1%水平上显著。

三、主要研究结论

通过前面两章内容的分析，可以得出如下主要研究结论：

（1）DEA—Malmquist 模型测算的结果显示，2011—2015 年我国 35 个大中

城市土地供应综合技术效率整体上呈左偏分布，即大多数城市综合效率处于较高水平，但此期间我国土地供应效率并没有取得明显的增长，甚至个别地区城市效率出现明显下降。分区域看，经济水平发达地区拥有更高的土地供应效率，东部地区城市土地供应综合效率最高，东北次之，其次是中部地区，西部最低，其中，中部和东北地区城市的土地供应效率下降明显，大连市下降幅度最大。

（2）从技术效率的分解上看，我国城市土地供应效率的下降同时受纯技术效率和规模效率推动，且效率下降的主要原因是纯技术效率的下降，"十二五"期间我国城市土地供应纯技术效率下降 6.5%，规模效率下降 1.2%。纯技术效率水平代表着各城市的城市土地供应管理水平，说明优化城市土地管理水平是未来提升我国土地供应效率的主要着力点。分区域看，中部地区纯技术效率水平最低，说明其土地管理水平最低，西部地区规模效率最低，说明其土地粗放利用情况严重，亟须优化土地供应结构。东北地区规模效率在四大板块中最高，说明东北地区土地供应规模最为合理。

（3）从规模报酬上看，我国大多数城市处于规模报酬递增阶段。分区域看，东部地区处于规模报酬不变的城市占 57.14%，中部地区处于规模报酬递增和不变的城市各占 50.00%，西部地区处于规模报酬递增的城市占 72.73%，东北地区处于规模报酬递减的城市占比为 50.00%。这说明：对东、中部地区而言，可适当增加土地供应量以获取更高的土地产出，提升土地供应效率；对西部地区而言，在当前供应结构状态下增加规模的时候，亦需要提高自身土地管理水平；对东北地区而言，虽然其规模效率最高，然而大多数城市处于规模报酬递减的状态，说明东北地区城市土地供应效率的提升需要通过优化土地供应比例实现。

（4）利用 Malmquist 方法对 2011—2015 年我国 35 个大中城市土地供应效率的变化情况分析发现，我国城市土地供应 TFP（M 指数）变化率为 0.7%，有微弱上升，其中技术效率增长率为 −7.6%，技术进步增长率为 9.1%，技术进步为我国城市土地供应 TFP 的增长贡献了主要力量。产业结构的优化升级可理解为城市土地供应的技术进步，其对城市土地供应效率的提升发挥了重要作用。分区域看，东、中、西、东北的 M 指数依次递减，反映了经济发展水平越高，城市规模越大，城市土地供应 TFP 增长越快。

（5）基于 DEA 模型松弛变量的分析发现，不同城市均存在不同程度的投入冗余和产出不足。其中，绿地面积产出不足最为明显，表明当前我国生态文明建设水平有待提高。划拨土地和增量土地面积投入冗余率最高，这是由于地方政府一味追求土地城镇化速度，导致道路、广场等公共资源浪费严重，在供给侧结构性改革背景下，提高公共资源精准供给能力显得尤为重要。分区域看，东部地区的划拨土地和固定资产投资冗余均高于其他地区，如何精准控制东部地区城市的公共资源投入规模，考验着城市管理者的土地管理水平。中部地区增量土地冗余量最高，应控制土地增量供应，将着力点放在挖掘存量方面。

（6）对土地供应效率影响因素的回归分析发现，城市通达性（距离五大中心城市的距离与地理中心度）、产业集聚模式和基础设施水平均在不同程度上影响土地供应效率，且城市规模对城市地理区位、专业化集聚模式的影响具有显著的调节作用。

第五章

我国城市土地政策参与宏观调控变迁纪实

国家正式提出进行土地政策参与宏观调控始于 2003 年，从房地产市场肇始。截至 2018 年，先后经历了促进发展、调控降温、紧急救市、全面加码直到精准微调五个阶段，政策日益细化、调控逐渐精准。

第一节　土地政策参与宏观调控历程

自 2003 年算起，土地政策参与宏观调控已历经十余年，成败得失众说纷纭。原国土资源部组织有关专家对土地参与宏观调控问题进行了深入调研，梳理了我国土地政策参与宏观调控的全历程①。

一、十年政策调控，形成政策体系

2003 年国家正式提出，从土地政策参与房地产市场、稳定住房价格作为重点开始，运用土地政策参与宏观调控。迄今逐步形成较为完整的土地政策调控体系。

2003 年 6 月 5 日，中国人民银行发布《关于进一步加强房地产信贷业务管理的通知》，收紧地产信贷。这被认为是土地政策参与宏观调控的肇始，拉开了宏观调控的序幕。该项政策至今仍对我国土地市场发展和土地政策调整具有深远影响。同年 7 月 18 日，国务院办公厅发出《关于暂停审批各类开发区的紧急通知》，提出"一律暂停审批新设立和扩建各类开发区"，土地调控全面启动。

---

① 参见中国土地矿产法律事务中心课题组．土地政策参与宏观调控的实践历程［J］．中国土地，2007（6）：53－56. 本文作者作为该课题组成员之一，参与了有关著述，后汇集而成专著《土地宏观调控创新理论与实践》，由时任原国土资源部副部长甘藏春主编，中国财政经济出版社 2009 年 6 月出版。

2004 年 3 月 18 日，原国土资源部和监察部联合发出《关于继续开展经营性土地使用权招标拍卖挂牌出让情况执法监察工作的通知》，全面推行经营性用地招拍挂出让制度，严肃查处违法违规批地用地行为。要求各地在 2004 年 8 月 31 日前将历史遗留问题处理完毕，即影响深远的"8·31 大限"。10 月，国务院印发《关于深化改革严格土地管理的决定》，系统提出了严格执法，加强土地利用总体规划、城市总体规划、村庄和集镇规划实施管理；完善征地补偿和安置制度；健全土地节约利用和收益分配机制；建立完善耕地保护和土地管理的责任制度，明确土地管理的权力和责任等深化改革严格土地管理的各项措施，被认为是土地参与新一轮宏观调控的标志性文件。

2005 年，土地政策以总体调控为基础，先后出台"国八条""新国八条""七部委意见"等文件，在"稳定房价"、从严控制建设用地等方面发挥了重要作用。

2006 年，调控政策从总量到结构转变。先后提出住房供应结构、税收、信贷、土地、廉租房和经济适用房建设六项措施，称为"国六条"；随后国务院办公厅转发《关于调整住房供应结构稳定住房价格的意见》，出台了涉及税收、信贷、土地等政策，对"国六条"做了细化，即"九部委意见"。

8 月，国务院发布《关于加强土地调控有关问题的通知》，这是继 2004 年《国务院关于深化改革严格土地管理的决定》出台后，中央政府在土地管理和调控政策上的又一次重大调整。

2010 年 1 月，住房和城乡建设部提出要继续综合运用土地、信贷、税收等手段，加强和改善对房地产市场的调控。同时，要对不符合调控要求的地方性房地产政策及时进行清理和调整，采取针对性措施，遏制房价过快上涨，促进房地产市场健康发展。

2011 年 1 月，国务院召开会议要求进一步调控房地产市场，各地要确定价格控制目标并向社会公布，二套房房贷首付比例提高至 60%，拉开了限购、限外和限贷的序幕。截至同年 2 月 22 日晚，已有北京、上海、天津、青岛、南京、成都、南宁、太原、贵阳、哈尔滨、石家庄、武汉等 16 个城市出台了相关细则。

2012 年 1 月，国务院出台"国十一条"，严格二套房贷款管理，加大房地产贷款窗口指导。对二套房不再区分改善型和非改善型，一概执行 40% 首付。

2013 年 2 月 20 日，国务院召开常务会议提出五条调控措施即"国五条"，并在 3 月 1 日发布国五条细则《关于继续做好房地产市场调控工作通知》（国办发〔2013〕17 号），确定坚持房地产调控基调。7 月，国务院办公厅发布《国务院办公厅关于金融支持经济结构调整和转型升级的指导意见》（国办发〔2013〕67号），提出对房地产行业继续秉持"有保有压"原则，在防控融资风险的前提下，进一步落实差别化信贷政策，加大对居民首套住房的支持力度，同时抑制投资投机需求，促进市场需求结构合理回归。

2014年9月，中国人民银行发布《中国银行业监督管理委员会关于进一步做好住房金融服务工作的通知》，明确加大对保障性安居工程建设的金融支持，积极支持居民家庭合理的住房贷款需求，增强金融机构个人住房贷款投放能力，继续支持房地产开发企业的合理融资需求等政策，开始了在中国经济增速下降时、"新常态"下新的促进房地产市场发展的市场调控。

2015年至2018年，为贯彻"房住不炒"精神，国家各部委、各城市地方政府先后发布土地政策进行宏观调控，地产调控形成了从宏观到微观、从原则到具体操作层面、从方向调控到精准调控的框架式、条文性、精准化政策体系。

二、推进政策改革，调控影响显著

2003年以来，土地政策逐渐倾向于推进实体经济发展导向，以推进国民经济健康快速发展为目标①。从2003—2006年间实施宏观调控的政策来看，成效较为显著。

（一）保证发展用地需求，调控宏观经济过热

2003年以来，土地政策坚持"有保有压、区别对待"的原则，对不符合国家产业政策、发展规划和市场准入标准的项目不予供地。同期我国经济仍保持较快增长，建设用地供应的单位面积所创造的GDP明显提高。土地供应的适时调整既保证了经济发展的用地需求，提供了后期产业结构升级的现实需求，同时也对国民经济的平稳健康发展起到先行调节作用。

（二）控增盘存节约用地，市场配置土地资源

通过"控制增量、盘活存量、市场配置"，提高了节约集约用地水平，促进经济增长方式转变。2004年、2005年的土地供应中，存量土地得到有效利用，2005年存量用地供应量占供地总量的55.9%，改变了过去建设用地供应主要以新增建设用地为主的状况。

---

① 参见中国土地矿产法律事务中心课题组. 土地政策参与宏观调控的实践历程［J］. 中国土地，2007（6）：53-56. 本文作者作为该课题组成员之一，参与了有关著述。相关成果汇集而成专著《土地宏观调控创新理论与实践》，由时任原国土资源部副部长甘藏春主编，中国财政经济出版社2009年6月出版。文中部分内容摘自该书。

同期，招拍挂制度在全国得到了全面推行。2005年全国招拍挂出让土地面积占出让总面积比例达到历年最高水平。存量土地利用的提高和市场配置土地资源的推进，控制了城市建设规模任意扩张的趋势，发挥了价格杠杆的调节作用，推动了经济增长方式由过去占用大量土地资源为代价的粗放型模式向集约型模式转变。

（三）遏制地产投资增速，改善住房供应结构

2000—2002年全国房地产开发土地购置面积每年增长30%以上。经过调控，增幅明显回落。2003年房地产开发土地购置面积同比增长13.8%，2004年同比增长11.5%，2005年同比减少3.96%。自2004年开始，土地开发面积同比增幅呈现反向变动，土地购置面积增幅持续下降，表明房地产开发项目用地过快、实体经济发展需求用地被削弱的势头受到有效约束。

从商品房供地结构来看，2004年第一季度至2006年第三季度，普通住房供地所占比例基本保持在50%的平均水平，上下浮动大约5个百分点，经济适用房供地比例保持稳定。

三、政策调控作用明显，尚未达到预期效果

2003—2006年的土地调控表明政策作用明显，但对于深层次的土地市场发展问题、产业结构调整问题和宏观经济架构问题的影响和引导，还没有达到一定的预期效果。

（一）房地产供应结构不够均衡，部分地区价格上涨过快

在我国大部分特大城市，伴随着高端人群的聚集，也同样吸引着大量劳动力密集型企业并积聚了大量中低端服务人群。而这些人群的住房需求，往往得不到满足。2005年经济适用房开发投资同比下降6.8%，2006年一季度同比仅增长2.6%。另一方面，部分地区房价涨幅仍较大，北京、深圳等城市，新房价格同比上涨仍在两位数徘徊。其中北京以10.7%的涨幅名列首位。

同时，开发商囤积土地数量仍然较大。到2005年年底，全国大型房地产开发公司都囤积大量土地，个别开发商的土地囤积量高达1000 hm² 以上，且所囤积土地主要位于长三角、环渤海、珠三角等经济发达地区以及一些直辖市和省会城市。土地大量囤积，加大了土地供应结构调整的难度，直接影响房地产宏观调控效果。

（二）土地调控缺乏协调，仍以行政手段为主①

2003年以来国家开始注重综合运用信贷、土地、财税等多项政策，也取得了一定成效。但是在运用中，主次不分明甚至各部门之间对调控目标、重点、对象、手段等理解不一致、口径不统一、沟通协调不够等问题较多，造成执行困难甚至无序。对房地产行业和房地产市场的调控，从七部委增加到九部委，几乎用尽了所有调控工具②，但主次不明、对口不分、责任不清、缺乏战略规划协调。

同时，大量行政工具依然是调控主导手段，且具有明显计划特征，"重管制、轻引导"也是本轮宏观调控的一大特点。2003年清理整顿各类开发区的"一律暂停审批"，以及2004年"集中半年左右的时间"实施"三个暂停"等，都是带有明显指令特征的土地政策。

第二节 土地政策调控地产市场阶段简评

从2003年的"18号文"开始，到随后重磅出台的"8·31大限"和《关于深化改革严格土地管理的决定》，近十余年来，国务院先后10次常务会议专题研究房地产市场调控，住房与城市建设部、自然资源部等各部委单位、各城市发改委等单位也先后发出各项政策调控地产市场发展。2018年《北京市人民政府关于加快科技创新构建高精尖经济结构用地政策的意见》提出在19个重点区域中启动"弹性年期出让土地和土地年租制"，土地流转年限缩短到20年以内。2019年4月17日自然资源部办公厅下发通知，要求做好2019年住宅用地"五类"调控目标制定实施工作。多年来。土地政策林林总总，土地性质、流转、年限、用途等方面在不同城市发生了诸多变化。

综合来看，土地政策调控房地产市场十年历程，基本经历了从住房市场化到住房市场化与保障化、平稳化"三化叠加"的发展过程。可以归纳为五个阶段。

---

① 周柏春，孔凡瑜．土地政策：我国政府进行宏观调控的重要工具［J］．改革与战略，2010，26（7）：43-45.

② 周柏春，孔凡瑜．土地政策：我国政府进行宏观调控的重要工具［J］．改革与战略，2010，26（7）：43-45.

一、第一阶段：促进地产市场发展（2003—2004 年）

2003 年 7 月，国务院常务会议认为，"促进房地产市场持续健康发展，有利于扩大内需，促进消费，改善居民居住质量，提高人民群众生活水平"。会议提出完善供应政策、调整供应结构、增加普通商品住房供应、改革住房制度、发展住房信贷、调控土地供应。随后下发了《国务院关于促进房地产市场持续健康发展的通知》（国办发〔2003〕18 号）。

房地产市场调控就此开始。18 号文件提出房地产业关联度高，带动力强，已经成为国民经济的支柱产业。提出要坚持住房市场化的基本方向。2003 年 8 月，央行下发通知，对房地产企业和项目加大信贷支持。此后房地产市场快速发展。

二、第二阶段：土地政策调控降温（2005—2008 年）

2005 年 4 月国务院常务会议提出"目前房地产市场存在的主要问题是：房地产投资规模过大，商品房价格上涨过快，商品房结构不合理，房地产市场秩序比较混乱"。2006 年"国六条"出台，开始对地产市场进行降温调控。

数据显示，2005－2008 年，北京市新建住房均价从约 5000 元/平方米飙升至 15000 元/平方米，涨幅达 200%。随着国家政策的严厉调控，房价开始趋稳收敛。

三、第三阶段：积极鼓励住房消费（2008 年下半年—2009 年）

为应对全球金融危机，2008 年 12 月国务院常务会议指出，"进一步鼓励和支持住房消费，保持合理的房地产开发投资规模，促进房地产市场健康发展"。随后，二手房营业税减免、个人住房转让营业税免征时限由 2 年延长至 5 年等刺激政策相继出台，房地产市场在政策利好和市场需求下回暖发展。

金融危机状态下的地产市场，被视为刺激内需、促进我国经济发展的重要力量。这一轮调控契合了我国土地市场尚未完全释放的发展潜力，确实延宕了经济危机的发生，但也影响了我国实体经济转型升级的关键节点。

四、第四阶段：严格稳定市场发展（2010—2012 年）

2009 年 12 月至今，国务院先后多次布置房地产市场调控。从高度重视、稳定发展到支持自住需求、抑制投机投资性购房，一直严格调控地产市场。

2010 年开始，更加深入的框架性、方向性、引导性调控政策相继出台。"国十条"颁布限贷政策，二套房首付比例提高至不低于四成，房贷利率上浮10%，当时被称为史上最严厉的调控政策。一年后，以限购为主要内容的"新国八条"清单公布，全国36个城市先期纳入限购范围，此后限购范围越来越大。住房贷款的首付比例再次提高至50%。限购、限贷、限价三管齐下①。

2011年限购组合拳以来，70个大中城市房价快速上涨得到了一定程度的遏制，部分城市还出现了小幅下跌。虽然房价不断增高，但增长幅度随国家需求而随期调整，表明土地政策在新一轮地产市场调控中还是起到了较为显著的"稳定器"作用。

五、第五阶段：因城施策精准微调（2013—2018 年）

2013年国务院、央行、原国土资源部等部门先后发文，强调房地产市场调控坚持双向调控、"有保有压"原则，在防控融资风险的前提下，进一步落实差别化信贷政策，进一步区分区域性城市调控。

2014年9月，在经济发展"新常态"背景下，面对日益下滑的住宅市场，央行再次发文，全面放松首套房认定细则，开始新一轮土地市场调控。

2016年12月中央财经领导小组在中央经济工作会议上明确"房子是用来住的，不是用来炒的"定位，要合理运用金融、土地、财税、投资、立法等手段，加快建立符合国情、适应市场规律的基础性制度和房地产市场的长效机制。

2018年各地出台楼市调控政策累计300次左右，实施限售的城市约50个。调控地域不断增加，因城施策，查缺补漏，过热必究，强力度进行密集调控，房地产市场总体表现较为平稳。

第三节　2014—2018 年土地调控政策纪实

自2003年以来，国家出台了一系列房地产调控政策，除了1998年、2008年、2009年上半年、2014年、2015年、2016年3月25日前、2019年出台的鼓励购房、支持住房消费、促进稳定房地产市场政策措施外，2002年、2003年、2004年、2005年、2006年、2007年、2009年下半年、2010年、2013年、2016年3月25日后、2017年、2018年这些政策都旨在抑制房价过快上涨和投资投机过热，稳定房地产市场。

---

① 新华社评楼市调控：楼市十年九调 房价屡调屡高［EB/OL］. 中华网，2013-03-02.

综合来看，调控政策方向可以分为六个阶段：第一阶段是 2003 年三季度至 2008 年三季度，是控制房地产投资过快增长和房价过快上涨阶段。第二阶段是 2008 年四季度至 2009 年二季度，是鼓励住房消费和房地产开发投资阶段。第三阶段是 2009 年三季度至 2013 年，是遏制房价过快上涨与投资投机需求阶段。第四阶段是 2014 年一季度到 2016 年 3 月 25 日前，是鼓励住房消费和稳定房地产市场阶段。第五阶段是 2016 年 3 月 25 日后至 2018 年，是遏制房价过快上涨与投资投机需求阶段。第六阶段自 2019 年开始，是鼓励住房消费、稳定房价与市场及地价阶段①。

下面以年度为单位，纪实性综述 2014—2018 年土地政策调控的变化历程。

一、2014 年土地调控政策回顾

2014 年土地政策延续以往严格保护耕地、保障发展用地方向，在耕地保护、节约集约用地、支持实体经济发展等方面出台了一批深化、操作性强的政策②。

（一）耕地保护政策

2014 年年初，原国土资源部发布了《关于强化管控落实最严格耕地保护制度的通知》（国土资发〔2014〕18 号）。一是严控新增建设用地。二是划定永久保护基本农田。三是强化耕地数量和质量占补平衡。2014 年 6 月《高标准农田建设通则》正式实施。

（二）节约集约用地政策

1.《节约集约利用土地规定》在强化规模引导、改进计划管理、优化用地布局、盘活存量空间、健全用地标准、严格用地约束、完善市场配置、促进用地提效、加强内涵挖潜、盘活存量土地等方面都做出了明确规定。

2.《推进土地节约集约利用的指导意见》明确：一是建设用地总量得到严格控制；二是土地利用结构和布局不断优化；三是土地存量挖潜和综合整治取得明显进展；四是土地节约集约利用制度更加完善。

（三）土地利用规划计划政策

1. 部署"多规合一"试点。旨在强化政府空间管控能力，实现国土集约、高效、可持续利用，加快转变经济发展方式，促进经济社会与生态环境协调

---

① 谢逸枫. 2018 年中国楼市政策总结与 2019 年展望［EB/OL］. 深圳房地产信息网，2019 - 01 - 11.

② 唐健. 一年来土地政策回顾与展望［J］. 中国土地，2015（1）：15 - 20.

发展。

2. 部署城市开发边界划定试点。选择北京等14个城市开展划定城市开发边界试点工作。

3. 部署土地利用总体规划调整完善工作。优先划定永久基本农田，合理确定城市开发边界，引导城市串联式、组团式、卫星城式发展。

（四）不动产统一登记政策

国务院法制办颁布《不动产登记暂行条例》，明确了不动产统一登记的基本内容，规范了登记行为。为实现不动产登记机构、登记簿册、登记依据和信息平台"四统一"提供了直接的法律依据。

（五）支持产业和地方经济发展的用地政策

1. 原国土资源部出台《规范设施农用地管理进一步支持设施农业发展》的通知，从严格保护耕地、支持设施农业发展出发，将设施农用地划分为生产设施用地、附属设施用地以及配套设施用地三类。

2. 国办出台《关于支持铁路建设实施土地综合开发的意见》，支持盘活现有铁路用地，推动土地综合开发；鼓励新建铁路站场实施土地综合开发。

（六）房地产土地调控政策

2014年中央调整房地产调控政策，限购、限贷等行政调控手段逐步退出，更加注重完善住房、土地、财税、金融等各市场手段。原国土资源部根据市场供需情况，对供需紧张的热点城市严格落实"土地供应总量不低于前5年年均供应量"，对消化周期长、明显供过于求的城市调减房地产用地供应。同时统筹安排土地供应的结构、布局和时序，区域协调、远近兼顾、把握节奏。

二、2015年土地调控政策纪实

2015年土地政策在继续强化耕地保护和节约用地的前提下，更加注重服务社会经济发展，出台了一系列有关稳增长、调结构的用地政策。

（一）支持产业和经济发展的用地政策

1. 出台支持新产业新业态发展用地政策。9月，原国土资源部、发展改革委、科技部、工业和信息化部、住房城乡建设部、商务部下发《关于支持新产业新业态发展促进大众创业万众创新用地的意见》（国土资规〔2015〕5号），积极保障新产业发展用地、多种方式供应新产业用地、差别化保障新业态用地、鼓励盘活利用现有用地。

2. 出台支持快递业发展用地政策。10月，国务院印发了《关于促进快递业发展的若干意见》（国发〔2015〕61 号）。规定"各地区要在土地利用总体规划和年度用地计划中统筹安排快递专业类物流园区、快件集散中心等设施用地，研究将智能快件箱等快递服务设施纳入公共服务设施规划"。

3. 出台支持医疗卫生与养老服务业发展用地政策。11 月，国务院办公厅转发了卫生计生委等部门《关于推进医疗卫生与养老服务相结合的指导意见》（国办发〔2015〕84 号），明确对非营利性医养结合机构，可采取划拨方式，优先保障用地；对营利性医养结合机构，应当以租赁、出让等有偿方式保障用地。

4. 出台支持旅游业发展用地政策。11 月，原国土资源部、住房和城乡建设部、国家旅游局出台了《关于支持旅游业发展用地政策的意见》（国土资规〔2015〕10 号），有效落实旅游重点项目新增建设用地。建立有效的规划衔接机制，支持使用未利用地、废弃地、边远海岛等土地建设旅游项目，依法实行旅游业用地分类管理制度，多方式供应建设用地，加大旅游厕所用地保障力度。

5. 出台支持铁路建设、支持休闲农业发展、推进农垦改革发展、加快电动汽车充电基础设施建设等用地政策。

（二）不动产统一登记政策

2015 年 3 月 1 日，不动产统一登记制度正式实施。不动产登记是由不动产登记机构依法将土地、海域以及房屋、林木等定着物的权利归属和其他法定事项记载于不动产登记簿。在以往制度建设的基础上，重点在登记机构、登记簿册、登记依据和信息平台"四统一"的要求下，进一步完善了政策。一是推进市县级职责整合；二是启用统一的不动产登记簿证样式；三是《不动产权籍调查技术方案（试行）》颁布实施；四是推进不动产登记信息平台建设。

（三）房地产市场调控及保障性安居工程用地政策

2015 年 3 月 25 日，原国土资源部与住房城乡建设部联合下发了《关于优化2015 年住房及用地供应结构促进房地产市场平稳健康发展的通知》，规定了当前房地产开发用地及保障性安居工程用地政策。合理安排住房及用地供应规模和结构，统筹保障性安居工程建设用地政策。

（四）农村土地制度改革试点启动

党的十八届三中全会明确了农村土地制度改革的方向和任务。2014 年中央政治局常委会审议通过《关于农村土地征收、集体经营性建设用地入市、宅基地制度改革试点工作的意见》，2015 年 2 月，十二届全国人大常委会第 13 次会议通过了《关于授权北京市大兴区等 33 个试点县（市、区）行政区域暂时调整实施有关法律规定的决定》，使农村土地制度改革于法有据，获得了法律保障。

7月，原国土资源部审批通过了33个改革试点上报的改革方案，农村土地制度改革试点正式启动。完善土地征收制度、建立农村集体经营性建设用地入市制度、改革完善农村宅基地制度。完善宅基地权益保障和取得方式。

（五）加快农业现代化发展政策

12月31日，中共中央、国务院印发了《关于落实发展新理念加快农业现代化实现全面小康目标的若干意见》，提出了深化农村集体产权制度改革的系列要求。继续扩大农村承包地确权登记颁证整省推进试点。推进农村土地征收、集体经营性建设用地入市、宅基地制度改革试点。完善和拓展城乡建设用地增减挂钩试点。

三、2016年土地调控政策纪实

2016年原国土资源部印发了《国土资源"十三五"规划纲要》，并编制了《全国土地利用总体规划纲要（2006—2020年）调整方案》，继续推进土地供给侧结构性改革，服务稳增长需求[①]。

（一）运用新发展理念提升国土资源开发利用格局

一是明确了今后五年国土资源工作目标任务和管理格局。原国土资源部印发了《国土资源"十三五"规划纲要》，确定了"十三五"时期的耕地保有量、基本农田保护面积、高标准农田及新增建设用地总量数量目标，提出"十三五"期间我国新增建设用地总量较"十二五"要减少669万亩。二是开展了土地利用总体规划调整完善工作。编制了《全国土地利用总体规划纲要（2006—2020年）调整方案》，对全国及各省（区、市）耕地保有量等指标进行调整，并对土地利用结构和布局进行优化。三是探索了京津冀规划的协同发展。原国土资源部、国家发改委联合印发了《京津冀协同发展土地利用总体规划（2015—2020年）》，明确以空间格局优化统领京津冀协同发展各项土地利用任务，积极推动北京非首都功能疏解，重点保障区域交通一体化、生态环境保护和产业升级转移三个重点领域率先突破的用地需求。

（二）推进土地供给侧结构性改革服务稳增长需求

一是明确了"十三五"时期用地重点保障方向。确定要保障工业化、信息化、新型城镇化、现代农业化与基础设施、民生改善、新产业新业态、大众创

---

① 帅文波.2016'土地管理主要政策回顾暨2017'重点土地政策展望［J］.中国土地，2017（1）：8－13.

业万众创新项目的用地需求。二是出台产业用地政策指引，提供用地政策服务。三是土地供应有保有压，促进产业结构调整。四是降低实体经济企业用地成本。国务院发布《降低实体经济企业成本工作方案》，指定由原国土资源部牵头负责完善土地供应制度，降低企业用地成本。五是规范土地储备，提高供给质量。财政部联合原国土资源部等四部委下发《关于规范土地储备和资金管理等相关问题的通知》，从清理压缩机构、调整筹资方式、优化储备规模等多方面做出新规定，厘清土地储备职能，关紧土地储备贷款闸门，促使土地储备"供应池"去库存。

（三）创新耕地保护数量质量的管理政策

一是耕地占补平衡政策创新。原国土资源部《关于补足耕地数量与提升耕地质量相结合落实占补平衡的指导意见》，要求以补充耕地和提质改造耕地相结合的方式落实耕地占补平衡。二是着力推进永久基本农田划定工作。三是促进高标准基本农田建设规范化。高标准农田建设的另一项国家标准《高标准农田建设评价规范》，为高标准农田建设提供了统一的评价尺度和方法。四是土地整治政策由注重数量向更加注重质量转变。

（四）实现节约集约用地政策目标精准管理

一是原国土资源部、国家发改委联合发文，设定了"十三五"各地区单位国内生产总值建设用地使用面积下降目标，实施底线管控，释放土地资源利用空间和潜能。二是原国土资源部《关于深入推进城镇低效用地再开发的指导意见（试行）》，鼓励土地权利人和社会资本自主参与开发，调动各方参与改造开发城镇低效用地的积极性。三是原国土资源部隆重表彰了第三届国土资源节约集约模范县（市），通过此项创建活动，超过60%的参评县（市）将节约集约利用资源纳入地方经济社会发展评价指标和领导干部政绩考核体系，形成了推进节约集约的内生动力。

（五）深化农村土地制度改革试点工作

2016年3月，人民银行会同原国土资源部等相关部门联合印发了《农民住房财产权抵押贷款试点暂行办法》，规定了农民住房所有权及所占宅基地使用权可申请抵押贷款；4月，财政部、原国土资源部联合印发了《农村集体经营性建设用地土地增值收益调节金征收使用管理暂行办法》，对农村集体经营性建设用地土地增值收益管理做出规范；5月，中国银监会、原国土资源部联合印发了《农村集体经营性建设用地使用权抵押贷款管理暂行办法》，明确在试点地区，对符合规划、用途管制、依法取得的要求，以出让、租赁、作价出资（入股）

方式入市和具备入市条件的农村集体经营性建设用地使用权可以办理抵押贷款。

（六）探索土地政策助力新型城镇化和精准扶贫

4月，原国土资源部出台了《关于进一步做好新型城镇化建设土地服务保障工作的通知》，要求统筹各业各类用地，创新土地管理方式，维护进城农民土地权益，积极做好新型城镇化建设国土资源服务保障工作。随后，原国土资源部又联合国家发改委等部门发文，明确提出了2018年基本建立人地挂钩机制，2020年全面建立科学合理的人地挂钩机制政策体系。在推进精准扶贫方面，印发了《全国土地利用总体规划纲要（2006—2020年）调整方案》落实脱贫攻坚用地指标；编制了土地整治"十三五"规划，安排贫困地区土地整治项目和资金；出台了《关于用好用活增减挂钩政策积极支持扶贫开发及易地扶贫搬迁工作的通知》，要求按照"应保尽保"的要求，加大对扶贫开发及易地扶贫搬迁增减挂钩指标的支持力度。

（七）完善产权制度管理，服务保障民生

随着不动产统一登记工作的深入实施，原国土资源部相继印发了《不动产权证书和登记证明监制办法》《不动产登记操作规范（试行）》。对不动产登记的基本原则、程序、内容，各种登记的审核要点和登记资料的管理等进行全面细化规范，推动了不动产登记法治化、规范化和标准化建设。原国土资源部还制定了《建立和实施不动产统一登记制度专项督查方案》，指导各地推进工作并配合做好专项督查，确保2016年年底前所有市县停发旧证、颁发新证。

（八）完善土地生态安全管理政策

原国土资源部等九部委联合印发了《关于加强资源环境生态红线管控的指导意见》，建立资源环境生态红线管控制度；国家发改委联合原国土资源部等八部门发文，提出了耕地草原河湖休养生息的阶段性目标和政策措施。

四、2017年土地调控政策回顾

2017年以深化土地供给侧结构性改革为主线，以适度扩大总需求、加强预期引导为取向，制定实施了一系列土地政策，支持了经济平稳健康发展与社会和谐稳定①。

（一）促进土地要素高效利用

一是落实"放、管、服"的要求，改进和优化建设用地审批制度，加快形

---

① 唐健，靳相木. 一年来土地政策回顾与展望［J］. 中国土地，2018（1）：4-9.

成促进经济发展的新动能。二是合理安排年度建设用地计划，在"三去一降一补"中更大发挥土地政策的作用。三是推动差异化、多元化的产业用地政策创新，切实支持保障战略性新兴产业、现代服务业发展的用地需求。四是创新差别化的城市用地政策，全面推进城镇低效用地再开发。

（二）出台促进农村产业融合发展的土地政策

为落实 2017 年中央 1 号文件明确提出"探索建立农业农村发展用地保障机制"的要求，原国土资源部会同国家发展改革委联合印发了《关于深入推进农业供给侧结构性改革做好农村产业融合发展用地保障的通知》，保障农村产业融合发展的用地需求。在政策实施方面，国土资源管理部门实施的举措包括：加强土地利用规划和计划指标支持；因地制宜编制农村土地利用规划；规范设施农用地类型；鼓励土地复合利用，拓展土地使用功能。

（三）制定超常规的土地政策，支持贫困地区发展

原国土资源部出台《关于进一步运用增减挂钩政策支持脱贫攻坚的通知》和《关于支持深度贫困地区脱贫攻坚的支持意见》，重点在增减挂钩政策和光伏用地政策上支持贫困地区发展。

（四）适应新时代要求，推动耕地保护政策创新

一是完善耕地占补平衡政策体系及管理方式。2017 年年初，中央发布了《关于加强耕地保护和改进占补平衡的意见》和《关于改进管理方式切实落实耕地占补平衡的通知》，对耕地占补平衡政策体系及管理方式进行了改革和完善。二是扎实推进高标准农田建设。《关于扎实推进高标准农田建设的意见》提出按照集中连片、旱涝保收、稳产高产、生态友好的要求，加大投入力度，加快建设步伐，到 2020 年确保建成 8 亿亩、力争建成 10 亿亩高标准农田。

（五）加强土地管理和调控，落实房地产调控目标

增加租赁住房供应，缓解住房供需矛盾，构建购租并举的住房体系。强化住宅用地供应"五类"调控目标管理，编制并公布住宅用地供应 3 年滚动计划和中期规划，保证住宅用地供应平稳有序。允许符合条件的企事业单位，利用自有土地建设保障性住房。因城因地制宜，确定公租房、共有产权房、限价房、租赁房等保障性住房的用地比例和规模。

（六）土地制度改革与《土地管理法》修改取得进展

一是农村三项改革试点进入新阶段。2017 年 11 月，经全国人大常委会授权，农村土地制度三项改革试点工作将延期至 2018 年 12 月 31 日。同时，中央

全面深化改革领导小组第一次会议决定将宅基地制度改革试点扩大到 33 个试点地区。二是《土地管理法（修正案）》向社会公开征求意见。主要涉及完善土地征收制度、建立农村集体经营性建设用地入市制度、改革完善农村宅基地制度和完善与农村土地制度改革相配套的重点制度。三是部署开展建设用地二级市场试点。2017 年 1 月，原国土资源部在全国选择转让、出租、抵押等交易量较大且不动产登记工作基础较好的 34 个市县，开展建设用地二级市场试点。其中，6 个已开展集体经营性建设用地入市试点的县（区）同时开展国有和集体土地二级市场试点。

（七）完善土地及自然资源产权体系取得进展

一是扩大国有土地有偿使用范围。对公共服务项目，鼓励以出让、租赁方式供应土地，支持以建设用地使用权作价出资或者入股的方式供应土地。二是探索建立覆盖各类全民所有自然资源资产的有偿出让制度。完善和规范了国有土地资源、矿产资源、国有森林资源、国有草原资源、水资源、海域海岛资源等有偿使用制度。三是自然资源统一确权登记顶层设计初步形成。

五、2018 年土地调控政策回顾

2018 年全年房地产调控合计 450 次，刷新历史纪录，同比 2017 年上涨 75%。全国各地频繁升级调控政策，在"房子是用来住的，不是用来炒的"政策定位下，各地因城施策、差别调控，限购、限贷、限售、限签、限离、限价、限商办等政策接连出击。2018 年涉及十个方面的楼市政策调控：金融政策、税收政策、财政政策、住房政策、土地政策、法律政策、制度政策、管理政策、行政政策、人才与户籍政策①。

（一）金融政策调控

加强金融平台监管。针对 P2P 网贷、现金贷、首付贷、消费贷、装修贷等出台专门意见进行调控。

加大资金流向监管。打击违规资金进入楼市，严控股市、债市、基金、证券、信托计划、资管计划、保险、银行、理财、私募、券商、第三方理财机构、新三板上市公司的违规资金进入楼市；打击炒房、炒地，通过参与竞拍土地、项目开发等多种渠道使现金流入楼市。

---

① 谢逸枫. 2018 年中国楼市政策总结与 2019 年展望［EB/OL］. 深圳房地产信息网，2019－01－11.

控制房地产信贷规模、差别化信贷政策、定向收紧房贷利率。新增房贷规模收紧定向房贷首付与利率上调，收紧开发商银行信贷，收紧融资渠道［公司债、企业债券、中期票据、IPO、公开增发、定向增发、买壳上市、房地产投资信托、房地产资产券化、股权投资基金、互联网金融、海外发公司债、海外收购（借壳）］，银行禁止"配资拿地"等地产夹层融资，新增开发贷趋紧，拒绝给"五证不全"开发商提供贷款，暂缓存量信贷置换房贷等交叉融资手段。

货币政策稳健中性，限制新增货币供应速度、加大流动性投放、定向降准 0.5%～1.5%，6000 亿到 1.8 万亿流动性。货币政策的三个基本状态是稳健、从紧和宽松，还有适度从紧和适度宽松两个中间状态。其间，还进行了四次定向降准和一次定向降息。

（二）税收政策调控

收紧土地使用税减免权限。定向收紧契税、二手房转让营业税、增值税，北京、上海、广州、深圳无优惠政策。房产税试点全国停止扩大，上海、重庆的个人住宅开征房产税继续试点，全国开征与立法无时间表，重庆的房产税起征点上调。

（三）财政政策调控

积极财政政策，且财政政策要更加积极有效，预算安排要适应推进供给侧结构性改革、降低企业税费负担、保障民生兜底的需要。2018 年是供给侧结构性改革的深化之年，供给侧结构性改革中的五大任务即去产能、去库存、去杠杆、降成本、补短板需要在 2019 年取得实质性进展，离不开财政支持。

（四）住房政策调控

广州、深圳、南京、杭州、厦门、武汉、成都、沈阳、合肥、郑州、佛山、肇庆 12 个城市成为首批开展住房租赁试点的单位。北京、上海、深圳、成都、淮安、黄石 6 个城市成为共有产权住房试点单位。棚户住房开工 580 万套。

（五）土地政策调控

13 个城市土地竞拍摇号。13 个城市房企拿地自持。13 个城市试点集体建设用地建设租赁住房；集体建设经营用地建设共有产权房，北京三块地试点。限地价、限房价、限配建自住型商品房、竞配保障性住房建筑面积、竞自持、摇号，先后涉及 45 个城市。"租购并举"的限房价、竞自持。招标挂牌复合式出让（上海）、拍卖＋综合评标（重庆）、超过最高限价"从摇号"到"竞争保障性住房建筑面积"（南京）。

2018 年 12 月 27 日，北京市规划和自然资源委员会挂出《集体建设用地区级统筹大兴区瀛海镇 YZ00—0803—2003、2004、2005A、2005B、2008 地块使用权出让》等三则公告。公告显示，本次出让的三幅面积约 20 万平方米集体建设用地，指定用途是建共有产权房。虽然此前上海、武汉也在积极试水集体建设用地入市，但已有的尝试均为利用集体建设用地建设租赁住房，以及用于商业、工业等，尚未有共有产权房的尝试。北京市大兴区瀛海镇试水集体建设用地建设住宅性质的项目，在全国范围内尚属首例。

工业用地、商业用地、综合用地转住宅用地或租赁用地。耕地保护，截至 2016 年年末，全国耕地面积为 13495.66 万公顷（20.24 亿亩）。集体经营性建设用地入市、允许自愿退出宅基地、农村集体建设用地可入市交易、土地征收补偿提高、先补后征、土地确权应拥有"四证"、加快土地流转、土地两权抵押贷款试点。土地承包到期后再延长三十年。

宅基地试点范围拓展到 33 个试点地区。我国农村承包地确权登记颁证整省试点省份已达 28 个，确权面积 11.1 亿亩，占二轮家庭承包耕地账面面积的 82%。给土地承包权确权颁证，实际上为土地承包权出具了一个资产证书，有利于农户对土地承包权这一资产进行抵押、流转和买卖交易。将农村土地制度三项改革试点期限延长至 2018 年 12 月 31 日①。

差别化土地供应。房地产库存压力过大的城镇要减少乃至停止下达住房建设新增建用地指标。房价上涨压力大的城市要统筹存量和增量建设用地，综合考虑区域人口、就业、公共服务设施建设等因素，优化土地供应结构，相应增加年度住宅用地供应。

（六）法律政策

婚姻法涉及不动产修改。继承法涉及不动产修改。公积金条例修改。《住房租赁和销售管理条例（征求意见稿）》。《物业管理条例》修改。不动产统一登记条例修改。城市房地产管理法修改。

（七）管理政策

60 个城市加强市场监管。打击与整治违法违规中介。严厉打击租房租赁市场上的违法违规行为，大力整治"黑中介""黑二房东"。一房一价、明码标价。打击捂盘惜售、双合同。打击市场误导、欺诈、炒作行为，包括发布虚假

---

① 2018 年 12 月 25 日第十三届全国人民代表大会常委会会议对国务院提请审议的《关于再次延长授权国务院在北京市大兴区等三十三个试点县（市、区）行政区域暂时调整实施有关法律规定期限的决定（草案）》进行了分组审议，再次延长授权国务院在部分地方暂时调整实施有关法律规定的期限。

信息和广告，捏造或者散布谣言等行为。

（八）制度政策

短期制度：公积金制度、商品房价格与交易及销售制度改革、租赁制度、棚户制度、商品房制度、保障房制度、商品房预售款监管、集体土地等微改革。

长期制度：不动产登记制度、全国个人住房信息联网系统、户籍制度改革、土地制度改革、金融制度改革、财税制度改革、住房制度改革、法律制度改革、住房制度等方面，目前还没有明确信息发布。

（九）人才与户籍政策

50个城市发布人才吸引政策，30个城市放松户籍政策。

（十）行政政策

限购＋限贷（77个城市人才政策突破限购＋限贷政策）＋限售＋限企业买房＋限商办＋限价＋限签，限地价＋限售价＋限离＋限楼盘销售户型面积、限楼盘销售套数、限精装、限外资、限公证摇号买房。

第六章

构建中国土地市场指数体系

前面研究主要采取 DEA—Malmquist 方法、固定效应模型与 Tobit 模型对我国 35 个大中城市 2011—2015 年的城市土地供应效率进行了实证分析。分析表明两点：一是我国大多数城市土地供应效率处于较高水平，尤其是东中部地区的城市可适当增加土地供应量以获取更高的土地产出；二是我国城市土地供应效率提升的主要推动因素在于技术进步。经济发展水平越高，城市规模越大，城市土地供应 TFP 增长越快。

但上述分析主要是基于我国区域发展，而且仅从土地供应效率角度着眼，不够全面。为深入分析特大城市乃至我国的土地市场发展情况，以便在总结一般性、周期性发展规律的基础上有针对性地进行土地政策调控，有必要引入数量分析，即通过市场规模、交易价格、供应结构、利用集约和地产景气程度等指标来反映市场效率和调控效果，即 CLI（中地指数）分析。

使用指数来描述土地市场运行的状况，揭示土地经济的波动趋势与发展规律，借此对宏观经济走势进行预测、预警，是落实科学发展观与保障土地政策有效参与宏观调控的前提与基础。编制并测算中国土地市场指数对于我国土地市场的科学发展和动态监测具有重要意义。

2009 年 3 月至 2012 年 5 月，由原国土资源部法律事务中心、中国社会科学院城市所以及首都经济贸易大学等单位研究人员组成的中地指数（CLI）研究课题组①，经过大量调研、模拟测算和数据验证，构建了完整的中地指数指标体系，并以 2004 年 1 月为基期，针对 2004 年一季度至 2012 年一季度的季度成分指标，在消除价格影响因素的基础上，通过无量纲化和季度调整，绘出中地综合指数和 5 个分指数在近 8 年间的曲线走势图。该指数已由原国土资源部办公厅在 2012 年一季度向全社会公开发布，为我国土地利用和管理部门针对性、科学性、系统性地调控土地市场提供了重要的科学参考依据。

---

① CLI 研究课题组主要成员即为本研究课题组研究人员。

鉴于 2013 年国务院、中国人民银行、原国土资源部等政府管理部门先后发文，强调房地产市场调控坚持双向调控、"有保有压"原则，在防控融资风险的前提下，进一步落实差别化信贷政策，进一步区分区域性城市调控，而 2014 年我国经济进入"新常态"背景，因此本部分以 2013 年数据点为分界点，以 2004—2013 年间的数据为例，进行 CLI（中地指数）的介绍和分析，之后再根据我国重点城市发展动态，延展分析数据至 2018 年。

第一节　中地指数（CLI）编制原则

中国土地指数（CLI，China Land Index）是一种基于指标的综合指数。在构建 CLI 指标体系时，首先需要考虑指数的构建基础、编制原则、指标筛选、计算方法、经济分析等方面的具体内容。

编制指数必须以科学的经济理论为基础，以正确的经济模型为指导，在指数一般编制原理的基础上，结合我国土地市场发展的具体情况进行编制、模拟和匡算。

自 2009 年起，中地指数研究课题组根据国家土地利用的实际情况和经济发展的动态趋势，系统梳理了土地"三位一体"属性、我国土地运行与宏观经济的关系、土地政策及土地市场参与宏观调控的方式等理论成果和实际发展动向，积累了大量科学认识和理论资料，提出了比较完善的土地宏观调控政策体系与制度。经过多年对土地参与宏观调控的研究，课题组不仅探索了土地市场运行的基本规律和特点，而且初步掌握了在宏观经济发展中，土地所发挥的作用、与其他要素的关系以及对宏观经济运行和发展的影响，掌握了科学的分析方法，如投入产出模型、资本投入与土地投入的协调模型、土地投入与货币信贷的相关性分析等。

一、数据基础

原国土资源部法律事务中心（现自然资源部不动产登记中心）从 2004 年起，逐年分季度汇集了全国各省（自治区、直辖市）及重点城市的土地市场运行数据和相关的国民经济数据。这为我们编制土地市场指数提供了数据方面的基础。应该说，该中心所收集和提供的全国土地市场数据是国内相对真实、系统、全面、完整，因而也是相对权威的统计数据和分析材料。

二、编制原则

根据编制指数的一般原理和土地指数的特点，我们坚持以下原则：

1. 科学性。指导思想正确，方法科学实用。建立在真实的统计数据或典型调查的基础上；母指标体系结构科学合理、层次分明，子指标体系相互独立，充分反映母指标的主要特征。

2. 敏感性。对土地市场与宏观经济波动的反映比较灵敏。

3. 稳定性。对所选指标变化幅度进行不同状态划分后，划分的标准能够保持相对稳定。

4. 可操作性。选择现行核算制度中可以取得的指标，少而精，提炼出核心指数。

第二节 中地指数（CLI）构建与测算方法

为应对金融危机的冲击，世界各国政府和研究机构有意识地采取各种手段和方法，包括编制各种经济指数，揭示经济发展进程，引导经济发展方向。

随着社会主义市场经济体制的逐步完善，全球经济危机影响的日益加深，土地要素与土地市场在我国经济发展的过程中起着越来越重要的作用。透过土地市场指数这样一盏灵敏的信号灯，对我国宏观经济运行状态和调控方向进行把脉，为我国和世界的投资者、建设者和决策者们指明方向，价值斐然。

同时，通过发布土地市场指数的方式，来表征和衡量我国土地资源利用的集约程度、土地市场的运行态势及景气指数，对于我国宏观经济的稳定和快速发展具有重要的理论和实践意义。

一、指标体系构建

土地市场是国民经济体系的重要组成部分，是基本的要素市场之一，是连接微观经济体与宏观经济体，连接劳动力市场、资本市场、生产资料市场、消费品市场的重要纽带。它具有时空两个方面的属性与特征。

（一）指标体系构建的要求

1. 总体要求

编制和发布土地市场指数，一方面有利于政府决策部门综合各种因素，科学判断我国土地市场的运行状况、波动趋势与发展规律，定量分析土地要素参与宏观经济运行的方向、力度和作用，对土地市场走势进行预测、预警，为实现土地政策有效参与宏观调控提供基础和工具。另一方面，编制和发布中地指数，有利于引导社会资本的流动与投资行为，调控土地资本化的速度，加强对市场预期的引导，促进土地要素同其他生产要素市场运行相互协调和耦合，实现效益最大化。

因此，所编制的土地市场指数应既能服务于政府，也能服务于企业，更能直接服务于社会公众，这是指标体系构建的总体要求。

2. 基本要求①

其一，反映土地供应对国家经济发展总量的影响。土地供应对 GDP，既能发挥积极的促进和保障作用，又存在约束和抑制功能。土地市场的发展与国民经济发展存在平行推进和交叉并进的现象，经常处于不规则的波动状态。土地市场指数的编制，应能充分反映这一特点。

其二，侧面反映宏观经济运行质量。土地供应结构、城市用地结构、产业结构三者之间的关系非常密切。土地供应结构对国家调整和优化经济结构，特别是产业结构和地区结构，转变经济发展方式，发挥了先导和促进的作用。供应结构指数和利用集约指数通过土地市场的质量变化来反映土地要素对经济结构调整和生产方式转变产生的积极影响，进而反映宏观经济运行质量变化。

其三，反映土地成本对宏观经济相关行业和产品价格的影响。土地价格是国家价格体系中的重要基础性价格，在一定程度上影响着其他相关产品和服务的价格。所以，土地价格对国民经济以及企业和个人都会产生一定影响，同时关系国家的土地收入和政府财政状况。因此，关于价格指标的选取、指数的计算和分析，应集中反映国民经济运行中土地价格的地位作用、形成机制和波动趋势及其产生的影响。

其四，对房地产业的发展及其调控方向具有一定的指示作用。房地产是国民经济的重要产业，房地产业以土地为基础和依托，房地产建设规模建立在土地交易规模之上。在工业化、城市化进入快速发展时期，城市经济发展在很大程度上有赖于基础设施投资和房地产业发展，指数应能反映土地供应规模和出让价格水平等房地产市场的运行状况。

（二）成分指标筛选及阐释

1. 成分指标的分类。我国宏观经济指标体系主要由经济增长、投资、出口、

---

① CLI 研究课题组. 中国土地市场指数 CLI 分析报告［R］.（2011－06－14）.

消费、货币利率、物价指数、失业率等经济类指标所构成，它们与土地市场指数之间的相关关系、相互作用程度不相一致。

根据我国现行的 SNA（国民经济核算体系），能够反映土地市场运行特征，并构成土地市场指数的成分指标主要有：土地市场驱动指标、土地市场特征指标和土地市场引致指标。

深入研究土地市场指数与宏观经济的关系，建立以土地市场景气指数为核心的土地调控指标体系。一方面可以通过建立土地账户，在资产负债表中增列土地资产等内容，将城市建设用地的实物量和价值量指标，包括土地交易额指标等纳入国民经济的核算体系，另一方面，可以根据土地资源、土地要素、土地资产和土地资本对宏微观经济发展的影响，构建更好的宏观调控指标与宏观调控工具，为土地政策更好地参与宏观调控创造条件。

2. 成分指标的筛选。成分指标的筛选综合考虑了土地市场发展的规模、价格、结构、集约以及经济发展景气程度等方面的影响因素。指标体系的筛选和架构经历了一系列过程，具体说明如下：

第一轮：确定基础数据集。

经课题组沟通讨论，筛选出基础数据集，包括五大类共 41 个子指标。分列如下表 6 - 1 所示：

表 6 - 1　第一轮筛选成分指标基础数据集子指标列表

A. 土地供应指标	B. 土地市场指标	C. 与土地相关的经济运行指标	D. 与土地相关的宏观经济指标	E. 其他政策指标
①土地供应量 ②工业（仓储）土地供应量 ③商服土地供应量 ④住宅土地供应量	①土地购置面积 ②地价指数 ③土地购置费 ④实际开发面积 ⑤闲置限制土地面积 ⑥出让面积 ⑦出让成交价款 ⑧出让面积中规划建筑面积 ⑨招拍挂出让面积 ⑩招拍挂成交价款 ⑪招拍挂规划建筑面积 ⑫土地总交易面积 ⑬土地总交易价款	①发电量(售电量) ②制造业经理人采购指数 ③固定资产投资总额 ④批发零售贸易销售总额 ⑤贷款发放总额 ⑥抵押地价折扣率 ⑦抵押土地面积 ⑧抵押土地贷款额 ⑨房地产开发贷款总额	①GDP ②工业增加值 ③三产增加值 ④财政预算外收入 ⑤城镇居民平均可支配收入 ⑥房价水平（指数）、房租水平（指数） ⑦PPI ⑧CPI ⑨大学毕业生就业率 ⑩农民工就业人数	①一年期贷款利率 ②二年期贷款利率 ③三年期贷款利率 ④准备金水平 ⑤汇率

第二轮：调整基础数据集，提出土地指数框架体系。

经反复讨论，课题组对基础数据集进行了调整。去除地价指数、经理人采购指数、GDP、PPI 等社会已发布指数。增加国际原油价格、NDF 市场汇率等直观反映宏观经济运行的指标。

初步提出土地指数框架体系。该体系包括市场指数、运行指数、景气指数和政策指数四个方面，可通过该土地指数体系，揭示我国土地市场的运行态势和土地要素对于宏观经济的影响程度，如下表6-2所示：

表6-2　第二轮筛选成分指标及第一套土地指数框架体系

市场指数	运行指数	景气指数	政策指数
土地市场指标	土地经济运行指标	土地宏观经济指标	土地政策指标
①土地供应量 ②土地交易次数 ③土地总交易价款 ④35个城市土地价格 ⑤土地市场流拍次数 ⑥土地溢价幅度 ⑦有偿划拨建设用地交易额 ⑧土地税费	①全社会用电量 ②固定资产投资总额 ③批发零售贸易业商品销售总额 ④贷款发放总额 ⑤房地产竣工面积 ⑥产成品库存（PMI）	①工业增加值 ②三产增加值 ③居民消费＋政府消费 ④固定资本形成总额 ⑤货物和服务的净出口（出口减进口后的差额） ⑥城镇居民平均可支配收入 ⑦房价水平 ⑧国际原油价格	①工业（仓储）土地供应量 ②商服土地供应量 ③住宅土地供应量 ④存款准备金 ⑤税收总额 ⑥NDF市场汇率

第三轮：集思广益，调整土地指数框架体系。

经专家评测和初步数据模拟后一致认为，土地指数以承载反映土地市场本身运行的趋势为宜。对于土地市场影响我国宏观经济发展的态势情况，在考虑关联程度的基础上，可以辟出专题进行深入研究。随后，专家组从土地市场运行本身的特点出发，集思广益，提出了第二套土地指数框架体系，归纳为结构指数、价格指数、总量指数和景气指数4个方面，共29个指标。

如下表6-3所示。

表6-3　第三轮第二套土地指数框架体系

结构指数	价格指数	总量指数	景气指数
土地结构指标	土地价格指标	土地总量指标	宏观关联指标
①土地供应量 ②城镇建设用地 ③集体建设用地 ④开发建设用地 ⑤收购储备用地 ⑥出让抵押用地 ⑦违法建设用地	①35个城市土地价格 ②房价水平 ③土地交易次数 ④土地总交易价款 ⑤有偿划拨建设用地交易额 ⑥土地税费	①仓储土地供应量 ②商服土地供应量 ③住宅土地供应量 ④土地溢价幅度 ⑤贷款发放总额 ⑥房地产竣工面积 ⑦存款准备金	①土地市场流拍次数 ②NDF市场汇率 ③国际原油价格 ④用电量 ⑤批发零售贸易业商品销售总额 ⑥产成品库存（PMI） ⑦居民消费＋政府消费 ⑧货物和服务的净出口（出口减进口后的差额） ⑨城镇居民平均可支配收入

第四轮：明确目标，构建土地指数体系。

经测算反馈，课题组再次深入讨论土地指数的指标甄选和框架体系搭建，认为可以从土地的规模、价格、结构三个方面表征土地的市场运行情况。在此基础上，依据部分子指标，可以测算出土地市场对于我国宏观经济调控的影响趋势，即景气度，并调整形成了第三套土地指数体系编制指标和权重赋值方案。

如下表6-4所示。

表6-4　第三套土地指数体系编制指标及权重设置方案

总指标	一级指标	二级指标	三级指标
土地指数体系	土地市场指数	土地规模指数（40%）	①建设用地实际供应量指数（60%） ②实际供应量/计划供应量（20%） ③土地一级市场交易额指数（20%）
		土地价格指数（30%）	①国有土地一级市场出让价格指数（50%） ②国有土地房地产供地价格指数（30%） ③工业用地价格指数（20%）
		土地结构指数（30%）	①商住用地交易量/土地交易总量（50%） ②工业用地交易量/土地交易总量（30%） ③保障性用地/商住用地（20%）

续表

总指标	一级指标	二级指标	三级指标
土地指数体系	土地景气指数	①土地市场流拍次数/土地交易次数（15%） ②土地交易量/土地存量（35%） ③房地产信贷总额/商住土地供应量（20%） ④城镇新增土地供应面积/城镇新增就业人数（15%） ⑤土地成交价/底价（15%）	

随后，原国土资源部法律事务中心就土地指数问题进行专题研讨。经实际数据测算模拟和充分交流，深化思路，以原国土资源部土地市场动态监测系统为据，调整了部分指标及其名称、内涵、权重，形成了更为完善的指数体系，即第四套土地市场指数的框架体系。

如下表6-5所示。

表6-5　第四套土地市场指数的方案版本

一级指标	二级指标	三级指标
土地市场指数	规模指数（15%）	①建设用地实际供应量指数（40%） ②实际新增建设用地规模/计划新增建设用地规模（20%） ③土地一级市场交易额指数（成交价款）（20%） ④土地二级市场交易量指数（转让）（20%）
	价格指数（25%）	①国有土地一级市场出让价格指数（40%） ②国有土地二级市场出让价格指数（20%） ③国有土地房地产供地价格指数（20%） ④工业用地价格指数（20%）
	结构指数（15%）	①房地产交易量/土地交易总量（50%） ②工业用地交易量/土地交易总量（30%） ③保障性住房用地/居住用地（20%）
	集约指数（20%）	①招拍挂比例（20%） ②单位面积固定资产投资（30%） ③单位GDP土地消耗（30%） ④存量建设用地/土地供应总量（20%） ⑤备选：容积率

续表

一级指标	二级指标	三级指标
土地市场指数	景气指数（25%）	①房地产信贷总额/房地产土地供应量（30%） ②城镇新增土地供应面积/城镇新增就业人数（25%） ③抵押地价折扣率（25%） ④地产板块股价走势（20%） 备选： ①土地市场流拍次数/土地交易次数 ②土地交易量/土地存量

（三）分指数含义阐释

编制土地市场指数的出发点，是为我国土地运行情况设立观察点，为我国土地要素参与宏观调控提供支点。由此出发，课题组最终确定了土地市场各分指数及其子指标。

1. 用以反映土地市场运行特征的 4 项分指数

土地市场运行趋势大致可以从长期或即期的土地规模、土地价格、土地结构以及土地集约程度等方面予以把握，并从综合指数的角度予以量度。

（1）土地规模指数，主要考量我国土地的供应量变动趋势、建设用地实际供应情况以及土地市场的交易规模等情况。因为我国建设用地实际供应的波动比较大，所以在指标选取时，加入了新增建设用地规模的衡量因子。

（2）出让价格指数，主要表征我国土地一级、二级市场的价格变动走向，工业用地的价格走势以及对我国经济和社会发展较有影响的房地产供地价格情况。

（3）土地结构指数，主要出于对我国土地用途的考虑。一般而言，国有土地的用途可以分为民生用地与产业用地、公共用地与非公共用地、保障性用地与商业用地三类。例如，保障性用地既涉及国家投资，也包含了价格走势，并且从长远来看，还和国家的政策导向密切相关。由此选取了相关指标予以测算。

（4）土地集约指数，主要着眼点在于我国建设用地的集约节约利用程度。选取了单位面积固定资产投资、单位 GDP 土地消耗等较能代表集约度和成熟度（招拍挂比例）的子指标，予以复合测算。因数据获取问题，把容积率作为备选参考指标。

2. 设立土地景气指数用以反映土地市场运行的宏观经济环境

土地景气指数的测算，既有独立的子指标予以衡量，又在内涵上以上述规模、价格、结构和集约 4 个指数为基础。

土地景气指数指标的选取，考虑了土地市场的运行环境问题，如国家对信贷、财税、土地本身的政策等，还力图反映土地市场对于宏观经济运行的影响程度。在子指标的挑选方面，通过"房地产信贷总额/房地产土地供应量"和"城镇新增土地供应面积/城镇新增就业人数"两个相对量，来表述土地市场的发展趋势和预警信号。增加地产板块股价走势子指标，通过我国十大地产股的股价波动情况，引入社会公众对于土地市场变动趋势的看法和预期等为因素。由于数据原因，用抵押地价折扣率代替了"土地成交价/底价"指标，并把"土地市场流拍次数/土地交易次数"、"土地交易量/土地存量"两个指标作为备选参考。

3. 土地政策指数暂不引入土地市场指数体系

土地政策指数的测算和衡量，一直是课题组重点关注的问题。课题组也曾尝试引入诸如建设用地计划供应量指数、新建住宅购买首付比例等子指标，希望进行量化核算。但是，考虑到我国政策的波动较大，政策实施效果及其影响程度难以合理量化以及财税、汇率等政策交义实施影响等实际问题，决定暂不列入土地市场指数体系，而在土地市场指数的基础上，通过与宏观经济关系量的核算，进行表征。

4. 分指数含义解释

中国土地市场指数包括 5 个分指数，即市场规模指数、出让价格指数、供应结构指数、利用集约指数和地产景气指数。通过分指数和综合指数的编制，如实刻画我国的土地市场运行轨迹，反映当前土地市场运行在全国经济波动中所处位置及状态，并及时预测分析未来土地经济波动趋势。

在上述指数中，中国土地市场指数（CLI）属于中地指数体系中的综合指数，是通过土地规模、价格、结构、集约度、景气度等方面的数据，进行核算得出的，它可以综合反映我国土地市场的整体发展情况、集约程度和运行趋势。中地指数也可以解释为中国土地市场指数体系，该体系包括土地规模指数、价格指数、结构指数、集约指数和景气指数 5 个子指标。

在分指数中，市场规模指数反映我国土地市场总量变化及增长发育过程，反映全国土地市场规模的变化特点。出让价格指数反映我国土地一级市场和二级市场，以及商业、住宅、工业等各类用地实际交易价格的变动特征，是现实的全国土地市场成交价格指数。供应结构指数反映由于土地市场供应形成的土地用途结构的比例关系和变化趋势。利用集约指数反映近年来我国土地集约节约利用的变化状况。地产景气指数描述和判断全国土地市场的波动趋势和景气发展程度。

（四）成分指标的数据来源

指标数据主要来源于原国土资源部、国家统计局等官方数据部门，具体如下：

（1）来源于原国土资源部的数据：土地市场动态监测与监管系统数据。包括：建设用地供应总量、存量建设用地供应面积；建设用地出让面积、价款；招拍挂出让面积、价款；房地产用地供应面积、价款；工业用地供应面积、价款；保障性住房面积、居住用地面积。

土地抵押登记数据监测网络系统数据，包括新增土地抵押量、抵押贷款总额。

（2）来源于国家统计局数据：GDP、固定资产投资、房地产开发投资。

（3）来源于中国人民银行数据：人民币新增信贷规模。

（4）来源于中国 A 股市场：上证地产股指数。

二、确定基期

确定基期对编制指数是一个核心问题，对基期可以有多种选择。

中国土地市场指数选择 2004 年作为基期。主要考虑如下：

（1）从 2003 年下半年到 2004 年起中央加强了对市场，特别是房地产市场的宏观调控，采取了一系列政策措施，加强了房地产市场的规范、健康和有序发展。

（2）2004 年，国务院颁发了《国务院关于深化改革严格土地管理的决定》，对深化改革、加强管理、规范土地市场具有重要意义。

（3）2004 年 1 月原国土资源部颁发了《关于建立土地市场动态监测制度的通知》，对全国实施制度化的土地市场动态监测。按照通知，设置了相应的监测机构和人员，并开始报告相关的统计数据和分析材料。

（4）国家及相关部门，如国家统计局、国家信息中心、金融机构等自 2004 年 1 月开始，经济动态监测和景气指数编制都有所加强。构建中国土地市场指数的有关数据指标可以较为系统、全面、持续地获取。

三、确定权重

权重的确定程序包括：

（1）依据指标本身的重要程度，由专家分别初步拟定；

（2）综合整理，提出适中权重作为候选值；

（3）通过主客观权重分析法进行模拟测算和趋势分析并微调；

（4）真实数据时间序列连续分析测算，并进行土地市场经济发展现实比对验证。

目前土地指数的数据来源多为土地市场动态监测系统2004—2013年间季度数据，原国土资源部其他部门如地籍司不动产登记局有关土地抵押数据，以及国家统计局有关数据。由于统计口径等原因，有相当一部分数据存在缺失或不对称的情况。根据实际情形，课题组兼顾研究原则和灵活性，对部分指标进行了替代处理，并更新了各子指标权重的赋值，最终确定了土地市场指数指标框架体系，如表6-6所示。

表6-6 中国土地市场指数指标框架体系

综合指数	分指数	成分指标（权重）	权数
中地指数	市场规模指数（35%）	①土地出让市场供应量 ②划拨用地供应量 ③新增土地抵押量	50% 30% 20%
	出让价格指数（30%）	①商品住宅用地成交价格 ②商服用地成交价格 ③工业用地成交价格	40% 35% 25%
	供应结构指数（10%）	①商品住宅用地供应量/土地供应总量 ②商服用地供应量/土地供应总量 ③工业用地供应量/土地供应总量 ④保障性住房用地供应量/住宅用地供应量	40% 25% 25% 10%
	利用集约指数（15%）	①招拍挂出让供应量/土地出让总量 ②存量建设用地供应量/土地供应总量 ③固定资产投资额/土地供应总量 ④GDP增量/土地供应总量	30% 30% 20% 20%
	地产景气指数（10%）	①新增信贷规模 ②房地产投资总额 ③抵押贷款总额 ④地产股价指数	40% 30% 20% 10%

四、数据归一

由于中地指数的指标数据量纲不同，部分数据还需要调整等，需要对具体指标数据进行处理。具体原则：一是标准化；二是变成无量纲；三是逆指标的转换；四是指标季度化；五是缺损值的技术修补；六是指标的长期趋势和随机波动的分离。

为归一数据和测算，课题组对所有数据进行了三步化处理，即季度化、平滑化和指数化。

（1）数据季度化。即将数据表 18 个子指标在 2004—2013 年度的数据全部进行季度化处理。对于数据全部是年度数的系列，采用比例内插法季度化填充数据单元；对于季度、年度数据并存的系列，采用线性回归、趋势外推、指数平滑法等方法新增或补充空白数据，实现数据季度化。

（2）数据平滑化。处理后的季度数据仍然存在波动幅度较大的情形。为消除季节波动因素，采用中心化移动平均法进行处理。即首先以中心化移动平均值为分母、原单元季度数为分子，得出季节比率；在此基础上，分别求出各季度的均值作为季节指数，并进而归一化为规范季节指数。最后通过原始单元季度数据和规范季节指数的比值测算出季节因素消除以后的修正季度数。

回归得出中心化移动平均方程：$YT = 0.5 \times y_{t-2} + y_{t-1} + y_t + y_{t+1} + 0.5 \times y_{t+2}$。以此为据，分别对 18 个子指标数据进行平滑处理，消除季节波动影响。

（3）数据指数化。在上述数据调整处理的基础上，根据权重赋值核算出 19 个子指标的分指数，并进而测算出 6 个合成指数。

五、测算方法

中地指数测算的基本思路是先分别对 5 个合成指数进行季节波动消除，计算出每一个合成指数各子指标的分指数，进而计算出该合成指数 2004—2018 年间的 20 个指标值，最终再加权平均为中地指数。

（一）市场规模指数测算方法

第一步，根据上述数据平滑化的具体处理方法，通过中心化移动平均方程 $y_{规消} = 78.84286 + 2.202685 \times t$（其中 t 为单一子指标数列每 6 组系列数据的中间数），消除季节波动，得出子指标系列季度数据。

第二步，根据 $y_{规成} = \dfrac{y_{规消}^{G}}{y_{规消}}$（其中 $y_{规消}$ 为 2004 年基期数据，$y_{规消}^{G}$ 为当期数

据），以 2004 年一季度数据为 100，得出 2004—2013 年度各子指标成分季度数据。

第三步，根据前述指标体系中指定的子指标权重，进行对应加权平均计算，$y_{规消} = y_{规成A} \times q_{规成A} + y_{规成B} \times q_{规成B} + y_{规成C} \times q_{规成C} + y_{规成D} \times q_{规成D}$（其中，$y_{规成A}$ 为计算所得建设用地出让供应量的成分季度数据，$q_{规成A}$ 指建设用地出让供应量的权重，即 0.5。以下类推，$q_{规成B}$、$q_{规成C}$ 分别对应划拨用地供应量、新增土地抵押量季度数据及其指定权重），最终得出规模指数的系列合成季度指数。

（二）出让价格指数测算方法

第一步，根据上述数据平滑化的具体处理方法，通过中心化移动平均方程 $Y_{价消} = 84.99653 + 8.731164 \times t$（其中 t 为单一子指标数列每 6 组系列数据的中间数），消除季节波动，得出子指标系列季度数据。

第二步，根据 $y_{价成} = \dfrac{y_{价消}^{G}}{y_{价消}}$（其中 $y_{价消}$ 为 2004 年基期数据，$y_{价消}^{G}$ 为当期数据），以 2004 年 1 季度数据为 100，得出 2004—2013 年度各子指标成分季度数据。

第三步，根据前述指标体系中指定的子指标权重，进行对应加权平均计算，$y_{价消} = y_{价成A} \times q_{价成A} + y_{价成B} \times q_{价成B} + y_{价成C} \times q_{价成C} + y_{价成D} \times q_{价成D}$（其中，$y_{价成A}$ 为计算所得商品住宅用地成交价格指数的成分季度数据，$q_{价成A}$ 指商品住宅用地成交价格指数的权重，即 0.4。以下类推，$q_{价成B}$、$q_{价成C}$ 分别对应商服用地成交价格指数、工业用地成交价格指数等的成分季度数据及其指定权重），最终得出价格指数的系列合成季度指数。

（三）供应结构指数测算方法

第一步，根据上述数据平滑化的具体处理方法，通过中心化移动平均方程 $y_{结消} = 106.2924 - 0.08077 \times t$（其中 t 为单一子指标数列每 6 组系列数据的中间数），消除季节波动，得出子指标系列季度数据。

第二步，根据 $y_{结成} = \dfrac{y_{结消}^{G}}{y_{结消}}$（其中 $y_{结消}$ 为 2004 年基期数据，$y_{结消}^{G}$ 为当期数据），以 2004 年一季度数据为 100，得出 2004—2013 年度各子指标成分季度数据。

第三步，根据前述指标体系中指定的子指标权重，进行对应加权平均计算，$y_{结指} = y_{结成A} \times q_{结成A} + y_{结成B} \times q_{结成B} + y_{结成C} \times q_{结成C} + y_{结成D} \times q_{结成D}$ ［其中，$y_{结成A}$ 为计算所得（商品住宅用地供应量/土地供应总量）的成分季度数据，$q_{结成A}$ 指（商品住宅/土地供应总量）的权重，即 0.4。以下类推，$y_{结成C}$、$y_{结成D}$、$y_{结成C}$、$q_{结成D}$分别对应（工业用地供应量/土地供应总量）和（保障性住房用地供应量/居住用地供应量）等的成分季度数据及其指定权重]，最终得出结构指数的系列合成季度指数。

（四）利用集约指数测算方法

第一步，根据上述数据平滑化的具体处理方法，通过中心化移动平均方程 $y_{集消} = 105.8086 + 6.151769 \times t$（其中 t 为单一子指标数列每 6 组系列数据的中间数），消除季节波动，得出子指标系列季度数据。

第二步，根据 $y_{集成} = \dfrac{y_{集消}^G}{y_{集消}}$（其中 $y_{集消}$ 为 2004 年基期数据，$y_{集消}^G$ 为当期数据），以 2004 年一季度数据为 100，得出 2004—2013 年度各子指标成分季度数据。

第三步，根据前述指标体系中指定的子指标权重，进行对应加权平均计算，$y_{集消} = y_{集成A} \times q_{集成A} + y_{集成B} \times q_{集成B} + y_{集成C} \times q_{集成C} + y_{集成D} \times q_{集成D}$［其中，$y_{集成A}$ 为计算所得（招拍挂出让面积/土地出让总面积）的成分季度数据，$q_{集成A}$ 指（招拍挂出让面积/土地出让总面积）权重，即 0.3。以下类推，$q_{集成B}$、$q_{集成C}$、$q_{集成C}$分别对应（存量建设用地供应量/土地供应总量）、（固定资产投资/土地供应总量）和（GDP 增量/土地供应总量）等的成分季度数据的指定权重]，最终得出集约指数的系列合成季度指数。

（五）地产景气指数测算方法

第一步，根据上述数据平滑化的具体处理方法，通过中心化移动平均方程 $y_{景消} = 68.67804 + 5.895977 \times t$（其中 t 为单一子指标数列每 6 组系列数据的中间数），消除季节波动，得出子指标系列季度数据。

第二步，根据 $y_{景成} = \dfrac{y_{景消}^G}{y_{景消}}$（其中 $y_{景消}$ 为 2004 年基期数据，$y_{景消}^G$ 为当期数据），以 2004 年一季度数据为 100，得出 2004—2013 年度各子指标成分季度数据。

第三步，根据前述指标体系中指定的子指标权重，进行对应加权平均计算，$y_{景消} = y_{景成A} \times q_{景成A} + y_{景成B} \times q_{景成B} + y_{景成C} \times q_{景成C} + y_{景成D} \times q_{景成D}$（其中，$y_{景成A}$ 为计算所得新增信贷规模的成分季度数据，$q_{景成A}$ 指新增信贷规模的权重，即 0.4。以下类推，$q_{景成B}$、$q_{景成C}$、$q_{景成D}$分别对应房地产投资总额、抵押贷款总和和地产股价指数等的成分季度数据的指定权重，最终得出景气指数的系列合成季度指数。

（六）中地指数（CLI）测算方法

根据各合成指数的具体季度数据及其对应指标权重，进行加权平均计算，$Y_{中地指数} = Y_{规指} \times q_{规指} + Y_{价指} \times q_{价指} + Y_{结指} \times q_{结指} + Y_{集指} \times q_{集指} + Y_{景指} \times q_{景指}$，式中，$Y_{规指}$为上述计算的市场规模指数合成季度数据，$q_{规指}$指规模指数的指定权重，即0.35。以此类推，逐年对市场规模指数、出让价格指数、供应结构指数、利用集约指数以及地产景气指数等的合成指数及其指定权重进行加权平均，最终得出中地指数在2004—2013年的季度指数。

第七章

CLI 指数与宏观经济运行关系研究

第一节　CLI 指数与宏观经济关系的理论基础

CLI 指数作为反映土地市场运行规模、价格、结构和效益等内容的综合性指数，其与国民经济运行关系的理论基础是土地要素参与宏观经济的理论，具体分为土地要素对宏观经济运行的影响以及二者之间的互动机制两个方面。

一、土地要素对宏观经济运行的影响

土地要素作为社会经济发展中不可或缺的生产要素之一，其对宏观经济运行的影响主要表现在以下几个方面。

第一，土地是国民经济发展的基本供给要素。人类 88% 的食物以及其他生活必需品，95% 以上肉、蛋、奶是由耕地的产品转化而来的，以农产品为原料的加工业产值占轻工业产值的 50%～60%。在我国，耕地还直接或间接为农民提供了 40%～60% 的经济收入和 60%～80% 的生活必需品[①]。

第二，土地是宏观经济运行的基础保障要素。人口增长和投资增加都需要以土地作为主要承载物。通过在实体土地上进行投资，才能实现具体的经济产出和劳动增值。因此，只有通过土地供给或提升土地利用效率，才能保持宏观经济运行的基本进程。

第三，土地开发建设直接促进城市经济发展。城市经济的发展，有赖于土地的开发和建设。随着城市布局的扩大和经济规模的增大，需要不断投入新的土地来进行产业发展以实现经济效益的不断扩大。从我国城市尤其是特大城市发展的历程看，无不经历了城市土地的空间扩张，用以支撑城市在经济、社会、

---

① 孙习稳. 土地政策参与宏观调控理论研究 ［D］. 北京：中国地质大学，2007.

文化、生态等方面的发展。

第四，土地供给制度制约宏观经济发展。土地供给的规模、时间、区位和政策，可以引导和限制不同产业或不同地区的资金流向、人口分布、城市建设，从而对宏观经济发展产生影响。住宅、商业、工业等不同类型的土地供应，引导着城市的发展方向和经济形态，也影响着土地利用的结构和效率。

二、土地要素与宏观经济发展的互动机制

土地要素影响着宏观经济运行状况，土地利用数量和质量、总量和结构反过来又会受到宏观经济运行的影响，具体表现在以下两个方面①。

第一，经济增长伴随着工业化进程的加快，必将增大社会对建设用地的需求。经济规模的扩张和工业化进程，导致土地等生产要素投入大量增加。由于边际效应和规模经济，需要不断投入土地资源以发展宏观经济；工业化往往导致建设用地扩张，城市化常常导致居住用地扩张，而服务经济的发展则经常导致商业用地规模不断提升。

第二，城市经济的发展意味着更多的人进入城市，带动城镇用地的比重相应增加。一方面随着城市经济的发展，城镇规模不断扩大，城市的数量大幅增加，形成对城镇用地的需求；另一方面，随着经济发展和城市化进程加速，城市空间分布的格局也随之改变，人们对居住条件和人居环境质量提出更高要求，从而要求增加公园、绿地、交通用地的数量。

第二节　CLI综合指数与宏观经济运行关系实证研究

前面的分析表明，土地利用与宏观经济运行是相互作用、相互影响的。作为综合反映我国土地市场规模和质量、总量和结构的指标，CLI与宏观经济变量如GDP、固定资产投资、货币供给量、财政收入等理应存在互为因果的关系。为此，我们将运用格兰杰检验方法首先对它们之间的因果关系进行验证，并构建普通计量模型以分析它们之间的静态关系；而对于CLI指数与宏观经济变量是否具有长期均衡关系的实证分析，我们选择VAR模型（向量自回归模型）方法，它适用于反映变量之间相互影响的动态关系。

---

① 张杰. 土地要素市场影响宏观经济运行的经济学分析——互动机制与实证分析［J］. 首都经济贸易大学学报，2010，12（4）：5–11.

一、VAR 模型

VAR（向量自回归模型）是研究宏观经济变量相互影响关系广泛使用的方法。该模型采用联立方程的形式，让每一个内生变量对模型的全部内生变量滞后项进行回归用以反映内生变量之间的动态关系。该模型最大的优点在于：在尽可能反映变量彼此影响因素的基础上，确定相互作用的内生或外生变量并考虑相关联的经济测算模型。VAR 模型构建可以描述多变量动态关系和动态影响，并直观分析内生变量之间的相互影响程度。

如果用 y_1，y_2，$\cdots y_p$ 代表内生变量，x_1，x_2，$\cdots x_r$ 代表外生变量，一个 *VAR* 模型可以由下面的 p 个线性方程给出：

$$y_{i,t} = c_i + \sum_{j=1}^{p} \sum_{k=1}^{m} y_{j,t-k} + \sum_{s=1}^{r} \sum_{w=0}^{q} x_{s,t-w} + \varepsilon_{it}(i = 1,2,\cdots p)$$

其中，m 是内生变量的滞后阶数，q 是外生变量的滞后阶数。

在选择 m 和 q 时，应综合考虑既要有足够数目的滞后项，又要保证有足够的自由参数。可根据 AIC（赤池信息准则）来确定滞后阶数。AIC 的计算公式为：

$$AIC = \log\left(\frac{\sum e_i^2}{N}\right) + \frac{2k}{N} \tag{1}$$

其中 $\sum e_i^2$ 是残差平方和。

二、CLI 综合指数与宏观经济静态关系

（一）变量选择与数据处理

为反映 CLI 综合指数与宏观经济变量之间的相互影响关系，我们选取三个宏观经济变量：GDP、固定资产投资额、货币供给量 M1。选用 GDP 的目的在于分析土地利用与经济增长之间的关系，固定资产投资额与土地供给量有紧密的联系，而货币供给量作为中央银行实施货币政策的主要工具与土地的引致需求也有着密切的关联。

数据长度选自 2004 年第一季度至 2012 年第二季度，数据来源于国家统计局和中国人民银行网站公布的数据。在运用 VAR 模型分析它们之间关系中，首先对数据做指数变换处理，即将三个宏观经济变量原始数据都以 2004 年第一季度为基期计算其指数序列。经数据处理后的 CLI 综合指数、GDP、固定资产投资总额和 M1 分别以 CLI、GDP、I 和 M1 表示。

（二）格兰杰（Granger）因果关系检验

表7－1显示四个变量之间的格兰杰因果关系检验结果。

首先，GDP和CLI综合指数之间存在双向的Granger因果关系，CLI变化能引起GDP变化，GDP变化也能引起CLI变化，表明CLI综合指数与GDP存在相互反馈作用。这种反馈作用的原因在于：一方面是当CLI指数上涨时，往往伴随土地市场土地交易量和土地投资额的增加，最终会拉动GDP上升；另一方面是当GDP增加时，意味着收入增加，对土地要素的需求也上升，最终导致土地交易量和土地出让价格上涨。

其次，CLI和货币供给量M1之间的Granger双向因果关系显著。CLI综合指数上升会引起投资增加，从而增加对货币的需求；而货币供给量的增加将导致利率下降，从而刺激企业投资，进而影响各行业对土地要素的需求。

再次，CLI对固定资产投资存在单向因果关系，表明CLI变动能引起固定资产投资变化。

最后，固定资产投资和GDP、固定资产投资和M1均存在双向的Granger因果关系，而M1对GDP存在单向Granger因果关系。

总之，CLI与GDP、M1均存在双向因果关系，与固定资产投资存在单向因果关系。

表7－1　CLI与宏观经济变量之间的Granger因果性检验结果

因变量	自变量	统计量	概率	因变量	自变量	统计量	概率
CLI	GDP	7.02	0.004	GDP	CLI	17.11	0.000
CLI	M1	4.61	0.019	M1	CLI	5.21	0.012
I	CLI	5.49	0.10	CLI	I	1.08	0.352
GDP	I	7.36	0.003	I	GDP	56.60	0.000
M1	I	6.39	0.005	I	M1	6.79	0.004

（三）CLI与宏观经济变量的静态计量模型

1. 以CLI为因变量的计量模型

我们以CLI为因变量，以GDP、固定资产投资和M1为自变量，建立多元线性回归模型，得到如下结果：

$$CLI = 37.39 + 0.143GDP + 0.383M1 + 0.059I \quad R^2 = 0.9756$$
$$(6.95) \quad (2.47) \quad (5.52) \quad (6.06) \tag{2}$$

式中括号内数字表示标准误差。回归结果表明，GDP、货币供给量M1和固定资产投资I在0.05的显著性水平下显著，表明它们对CLI的短期影响显著。从弹性系数看：GDP每变化一个百分点，CLI综合指数将变化约0.143个百分点；固定资产投资每增长一个百分点，CLI将上升约0.059个百分点；货币供给量每变化一个百分点，CLI综合指数将变化约0.383个百分点。货币供给量的变动对CLI指数的影响幅度最大，表明此期我国运用货币政策调整土地市场的效应显著。

2. 以GDP为因变量的计量模型

我们以GDP为因变量，以CLI及其他宏观经济变量为自变量，得到如下多元线性回归模型：

$$GDP = -22.77 + 1.185CLI + 0.326M1 - 0.051I \quad R^2 = 0.8975$$
$$(-0.92)\quad(2.47)\qquad(1.18)\qquad(-1.24) \tag{3}$$

结果显示，货币供给量和固定资产投资项的系数不显著，表明其对GDP的影响不显著。CLI项系数在0.05的显著性水平上显著，表明CLI对GDP的短期影响显著。为此，建立一元线性回归模型，结果如下：

$$GDP = -10.87 + 1.32CLI \quad R^2 = 0.8810$$
$$(-0.66)\quad(15.40) \tag{4}$$

比较这两个模型结果发现，在剔除M1和固定资产投资后，回归的拟合效果基本不变，而CLI系数的显著性明显提高，这可能是由于变量间多重共线造成的，这也表明，在三个变量中，CLI对GDP的影响最为显著。从弹性系数看，CLI每提高一个百分点，将拉动GDP增长约1.32个百分点。

3. 以固定资产投资为因变量的计量模型

我们以固定资产投资为因变量，以CLI、GDP和M1为自变量，得到的回归模型如下：

$$I = -444.7 + 9.33CLI - 0.97GDP - 2.22M1 \quad R^2 = 0.8825$$
$$(-6.08)\quad(6.06)\quad(-1.24)\quad(-1.89) \tag{5}$$

结果显示，在0.05的显著性水平下，GDP和M1项的系数均不显著，表明GDP和M1对固定资产投资的影响不显著。为消除变量间多重共线性对回归结果的影响，我们采用逐步回归方法估计模型，得到最终结果如下：

$$I = -444.5 + 8.60CLI - 2.66M1 \quad R^2 = 0.8765$$
$$(-6.02)\quad(5.98)\quad(-2.37) \tag{6}$$

结果表明，CLI每上升一个百分点，将拉动固定资产投资上涨约9.33个百分点。表明土地政策参与投资宏观调控的效果显著。

三、CLI 综合指数与宏观经济关系的 VAR 模型分析

为分析 CLI 综合指数与宏观经济的长期互动关系，我们以 CLI 综合指数、GDP 和固定资产投资为内生变量，M1 为外生变量，构建其相互影响的 VAR 模型。

（一）平稳性分析

根据序列的曲线图，观察序列的时间趋势特征，确定采用 ADF 单位根检验，得到各变量平稳性分析结果如表 7-2 所示。

表 7-2　平稳性分析结果

变量	ADF 统计量	概率	变量	ADF 统计量	概率
CLI	-2.2182	0.4599	GDP	-1.3675	0.8484
ΔCLI	-0.5750	0.4580	ΔGDP	-0.4721	0.5019
Δ^2CLI	-5.6280	0.0000	Δ^2GDP	-2.8375	0.0062
I	-2.2422	0.4502	M1	-1.9401	0.6072
ΔI	-2.3230	0.1719	ΔM1	-1.0102	0.2730
Δ^2I	-14.9262	0.0000	Δ^2M1	-2.2424	0.0264

注：Δ 表示一阶差分，Δ^2 表示二阶差分

表 7-2 显示，四个变量的水平序列和一阶差分序列均是非平稳序列，而二阶差分序列均为平稳序列。因此这四个变量均为二阶单整序列，可以进行下面的 VAR 模型分析。

（二）VAR 模型建立

在建立 VAR 模型前应先确定其滞后阶数。选择结果如表 7-3 所示。

表 7-3　VAR 模型滞后阶数选择

滞后阶数	AIC 值	SC 值	AR 根	滞后项数	AIC 值	SC 值	AR 根
1 阶	29.57	30.25	小于 1	5 阶	23.73	26.03	大于 1
2 阶	29.71	30.81	小于 1	6 阶	23.28	26.13	大于 1
3 阶	28.94	30.47	大于 1	7 阶	19.89	23.20	大于 1
4 阶	25.96	27.92	大于 1				

表中 AR 根列表示 VAR 模型 AR 根中是否有大于 1 的情况，没有记为小于

1，否则记为大于 1。根据 AIC 和 SC 标准及 AR 特征多项式根小于 1 的约束，选择建立滞后二阶 VAR 模型较为合适。VAR 模型中内生变量顺序为（CLI，GDP，I）。

（三）协整检验分析

表 7 - 4 显示基于迹协整检验方法的协整检验结果，在 0.05 的显著性水平上，这三个变量含有 1 个协整关系，即它们存在长期稳定关系。

表 7 - 4　基于迹协整检验方法的协整检验结果

协整关系个数	特征值	迹统计量	标准值（0.05）	概率
0	0.7359	56.65	29.80	0.00
至多 1 个	0.3396	15.37	15.49	0.052
至多 2 个	0.0776	2.51	3.84	0.11

将协整关系式进行标准化处理，得到以 CLI 综合指数为被解释变量的协整关系式如下：

$$CLI = 7.86GDP + 1.67I + C$$

$$(1.23)\quad(0.22) \tag{7}$$

式中括号内数字表示标准差，C 表示常数项。从上式可知，GDP 和固定资产投资系数在 0.05 的显著性水平上显著，表明 GDP 和固定资产投资对 CLI 的长期影响显著。从弹性系数来看：GDP 每变化一个百分点，CLI 将变化约 7.86 个百分点；固定资产投资额每变化 1 个百分点，CLI 将变化约 1.67 个百分点。

建立向量误差修正模型，结果如表 7 - 5 所示。从表 7 - 5 中可以看出，CLI 方程中调整系数不显著，GDP 方程和固定资产投资方程中调整系数显著为正。

表 7 - 5　误差修正项系数

方程	调整系数	标准误差	T 统计量
ΔCLI	0.039	0.021	1.88
ΔGDP	0.14	0.034	4.12[***]
ΔI	0.597	0.16	3.75[***]

（四）脉冲响应函数分析

脉冲响应函数用于描述系统对冲击扰动的动态反应，并从动态反应中判断变量间的时滞关系。就本研究来讲，对 VAR 模型进行脉冲响应分析，可以比较准确地掌握土地指数、经济增长与固定资产投资的动态特性。

在进行脉冲响应函数分析之前，误差经 Cholesky 分解和自由度调整，结果如图 7-1 至图 7-3 所示。

1. CLI 对各变量的脉冲响应

CLI 对各变量的脉冲响应分析结果，如图 7-1 所示。

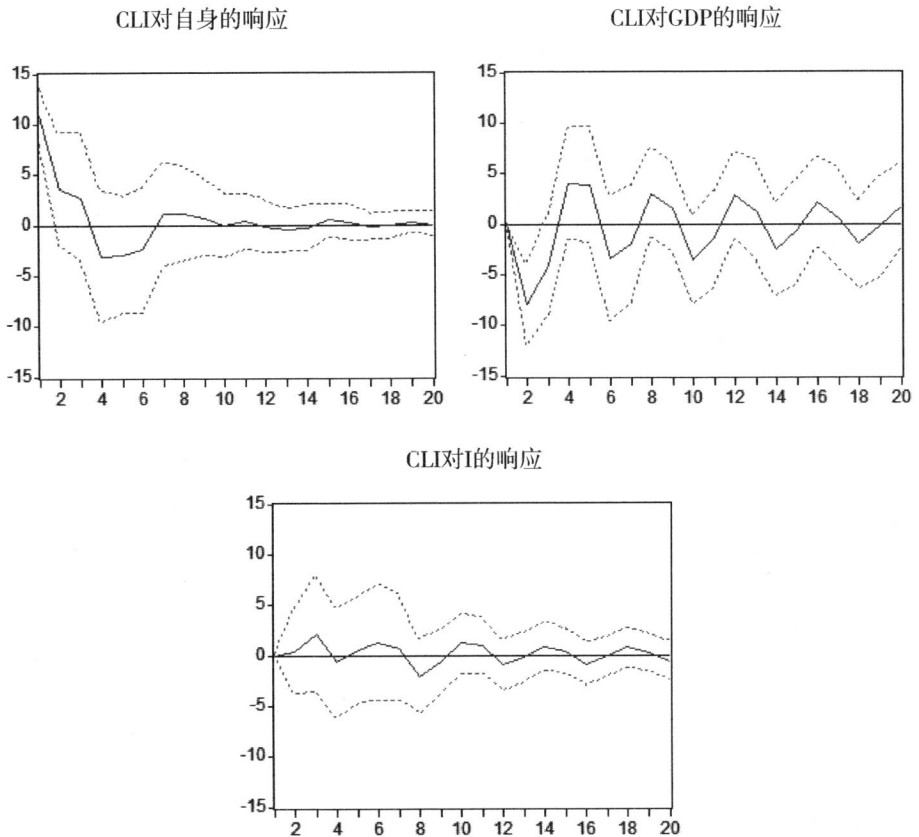

CLI对自身的响应　　　　　　　CLI对GDP的响应

CLI对I的响应

图 7-1　CLI 对各变量的脉冲响应函数

对于 CLI 的一个单位标准差（10.86）的冲击，当期即出现一个正的反应，随后缓慢下降至第 6 期后其反应值趋近于零，说明 CLI 的冲击对自身影响期数有限并且随着时间推移而逐步减小。

对于 GDP 的冲击，CLI 在第 1 期反应为 0，随后有一个较大幅度的反复波动，第 2 期达到最大负响应值 7.92，在经历连续两期负响应之后，于第 4 期出现最大正响应值 3.99，接着是第 5 期的 3.89。然后又是两期负响应两期正响应循环出现，表现出明显的季节性特征。

从季节影响看，GDP 对 CLI 的影响是正向的，虽然影响程度随着时间推移在逐渐减弱，但持续时间是相对较长的，表明GDP的变化对CLI的影响较为持久。

对于固定资产投资的冲击，CLI在第1期反应为0，随后有一个较快上升，到第3期上升至2.15，接着又是一个缓慢下降过程，直至第8期以后其影响可以忽略不计。可见，固定资产投资对CLI的影响有一定时滞作用。

2. GDP对各变量的脉冲响应

GDP对各变量的脉冲响应分析结果，如图7-2所示。

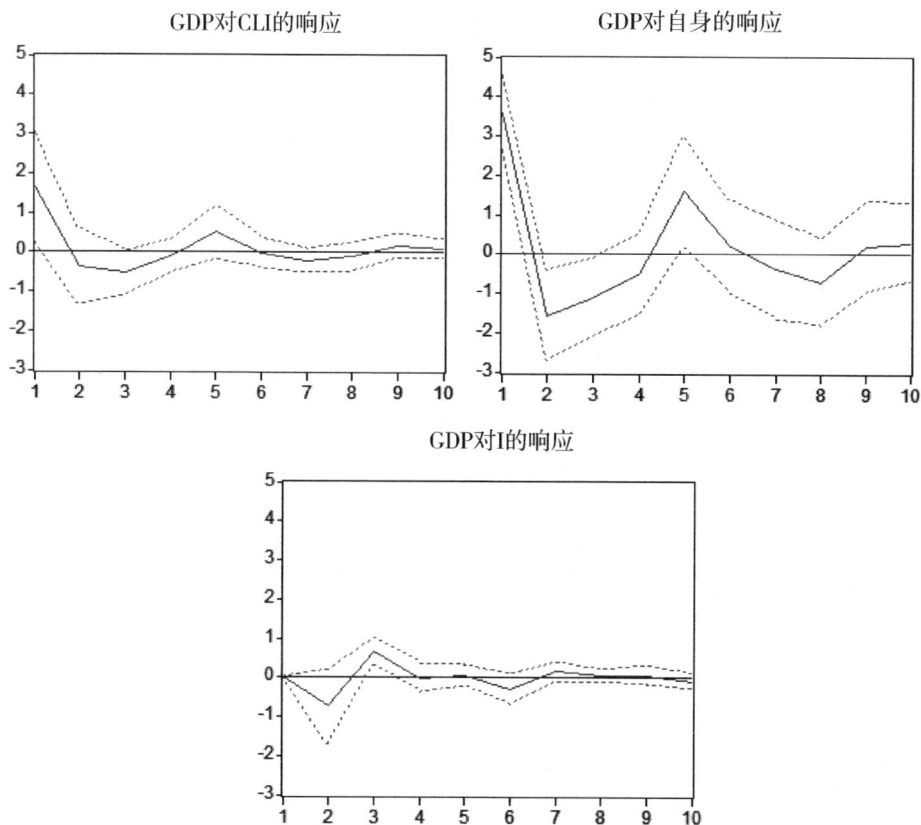

GDP对CLI的响应　　　　　GDP对自身的响应

GDP对I的响应

图7-2　GDP对各变量的脉冲响应函数

对于CLI的一个单位标准新息的冲击，GDP在第1期即呈现一个正向响应，在经过2~3期的反向调整后，即进入一个缓慢下降的阶段，从第6期开始其影响基本消失。说明从整体上看，CLI对GDP的影响是正向的，但影响时正时负，且影响的时滞较短，表明目前运用土地政策影响经济增长的宏观调控空间还有待于进一步加强。

对于GDP的一个单位标准新息的冲击，其自身第1期的反应值为3.51，随后经历连续 3 期的负向反应，至第 5 期再次出现较大的正向响应，表现出较强的季节性特征。无论是短期还是长期看，GDP 对自身的响应都较对 CLI 和固定资产投资的响应更大。

对于固定资产投资一个单位标准新息的冲击，GDP 在第 1 期的反应为 0，在经历 2 ~ 3 期一定程度的波动后，逐渐减弱直至为 0，且在第 3 期达到最大正向反应值，说明固定资产投资对 GDP 的影响存在 3 期的滞后期。

3. 固定资产投资对各变量的脉冲响应

固定资产投资对各变量的脉冲响应分析结果，如图 7 - 3 所示。

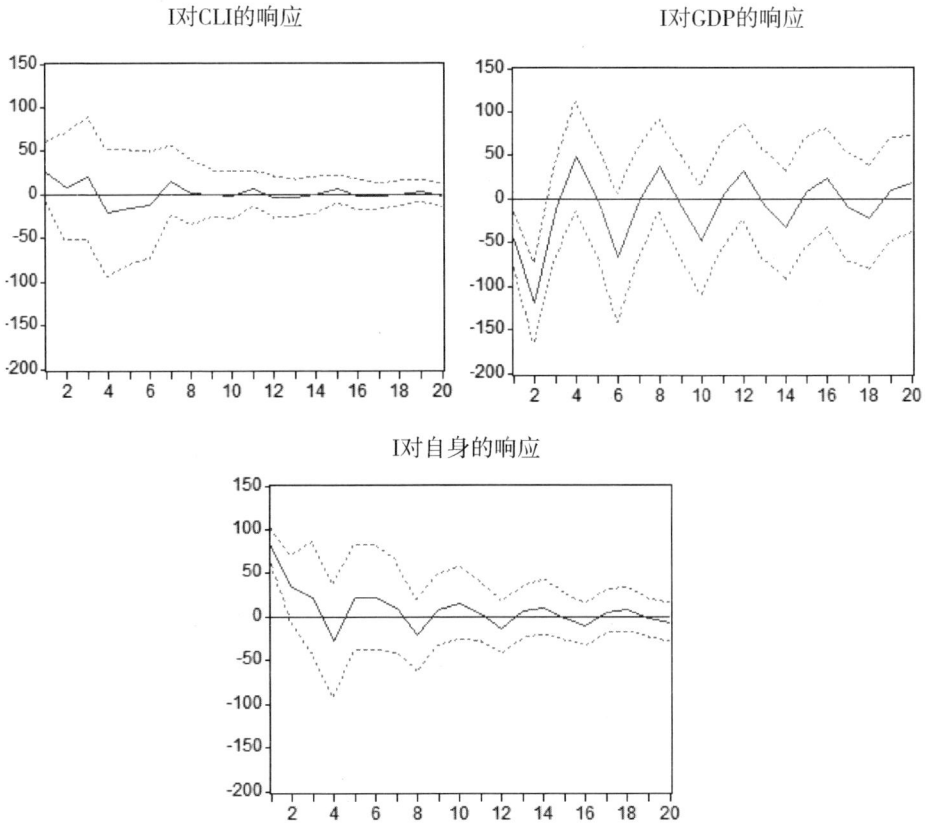

I对CLI的响应   I对GDP的响应

I对自身的响应

图 7 - 3　固定资产投资 I 对各变量的脉冲响应函数

CLI 的一个单位标准的冲击，固定资产投资在 1 ~ 3 期均呈现一个正向的反应，且第 3 期的响应出现一定程度的反弹，随后在经历 4 ~ 6 期的反向调整后，至第 7 期又出现一次较大的正向反应，随后减弱至 0。总体上看，CLI 对固定资产投资的影响是正向的，且影响有一定的滞后作用。

从 GDP 对固定资产投资的影响看，GDP 一个单位标准新息的冲击，固定资产投资先是出现连续三期的负向反应，随后于第 4 期达到最大响应值 49.24，以后正负交替逐渐减弱，且呈现明显的季节性特征，这可能是 GDP 存在较强季节特征所致。总体上看，GDP 对固定资产的影响较大，且时滞最长。

固定资产投资一个单位标准新息的冲击，当期即出现较大正响应，随后缓慢下降，且在第 4 期首次出现反向影响，这种影响方式虽然从程度上随着时间而减弱，但却循环出现，表现出明显的季节性特征。

（五）方差分解分析结果

为了解 CLI 综合指数对宏观经济指标的影响，进行方差分解分析研究，要分析 CLI 综合指数波动来自宏观经济方面的原因，以及各宏观经济变量对 CLI 综合指数波动的贡献度。测算时选用标准 Cholesky 因子分解识别结果，内生变量的选择顺序是 CLI、GDP、I。对其影响程度分析如下：

1. CLI 的方差分解

图 7 - 4 给出了 CLI 的方差分解结果。可以看出，GDP 和固定资产投资（Invest）的预测方差贡献度在第 1 期均为 0。从第 2 期开始都有一定程度的增加，GDP 贡献度的增长速度更快、幅度更大。从第 14 期开始 GDP 对其的方差贡献度超过 CLI 自身的贡献度，以后缓慢增加接近 50%。而固定资产投资的方差贡献度虽不断缓慢上升但基本稳定在 5% 以下。从整体上看，CLI 的预测方差中期主要来自自身，但从长期看，其受 GDP 的影响更大，而固定资产投资对其预测方差的冲击则有限。

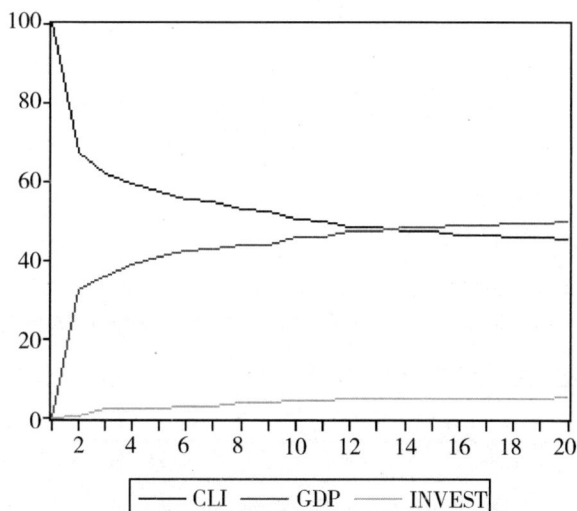

图 7 - 4 CLI 的方差分解图

2. GDP 的方差分解

图 7 - 5 给出了 GDP 的方差分解结果。可以看出，CLI 对 GDP 的预测方差贡献度在第 1 期仅为 0.7%，虽然从第 2 期就上升至 2% 以上，但一直稳定在 2.5% 左右，说明 CLI 综合指数对 GDP 虽有一定影响，但影响是非常有限的。

GDP 的波动对自身的方差贡献率在初期是不断下降的，但随后一直保持在 80% 以上，远高于其他两个变量对其的贡献度，说明 GDP 的预测方差主要来自自身。

固定资产投资（Invest）对 GDP 的预测方差贡献度在第 1 期为 0，随后迅速增至第 2 期的 14.9%，以后虽有小幅波动，但基本上稳定在 17% 左右，说明固定资产投资波动对 GDP 有一定的影响，也反映了我国经济增长中投资的持续拉动作用。

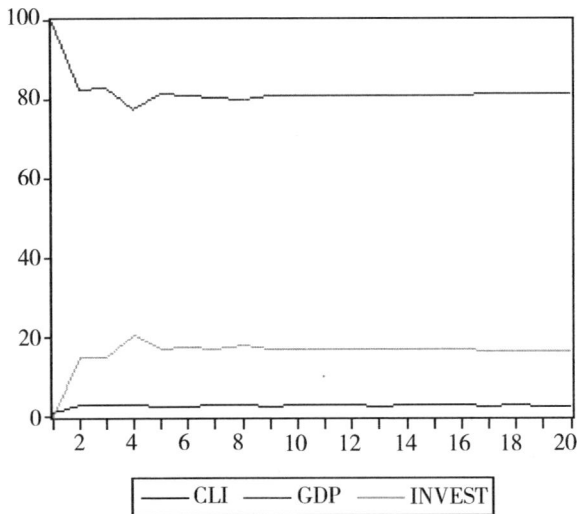

图 7 - 5　GDP 的方差分解图

3. 固定资产投资的方差分解

图 7 - 6 显示了固定资产投资的方差分解结果。可以看出，CLI 对固定资产投资的预测方差贡献度在第 1 期即为 7.16%，从第 4 期开始其方差贡献度稳定在 5% 左右[①]。这说明当期的 CLI 综合指数变动对固定资产投资就有一定的影

---

① 莫力科，乔雪. 城市住宅价格与宏观经济变量的关系分析——基于 VAR 模型的实证研究 [J]. 工程管理学报，2011，25（4）：443 - 448.

响，也显示了土地市场在我国投资领域中的先导作用。

GDP 对固定资产投资的预测方差贡献度在第 2 期呈现一个跳跃式增加并大大超过固定资产投资自身的贡献度，但之后一直处于持续稳定上升状态，到第 20 期时其贡献度接近 70%，说明 GDP 波动对固定资产投资的影响是持续较大的。

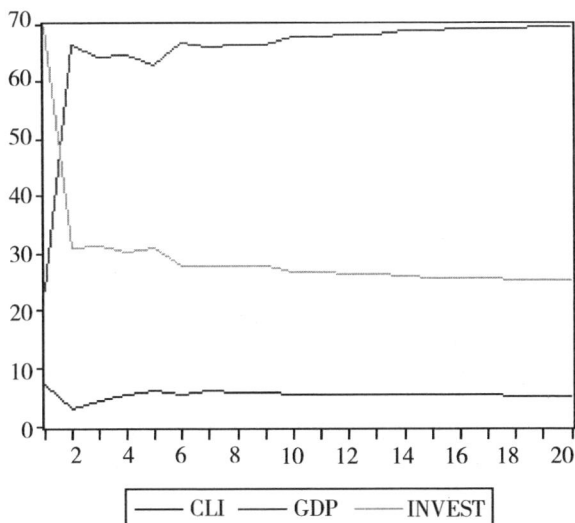

图 7 - 6　固定资产投资的方差分解图

相对于 GDP 波动对其预测方差较大的影响，固定资产投资对其自身的预测方差贡献度相对较小，且随着时间的推移不断下降，其中第 2 期的下降幅度最为明显，随后进入缓慢下降阶段。

第三节　市场规模指数与宏观经济关系实证研究

基于前文分析，作为反映一定时期内我国土地市场上土地出让和各种用途用地数量变动的指标，土地市场规模指数与 GDP、固定资产投资等宏观经济指标有着内在的关系，为测算土地市场交易规模的变动对宏观经济的短期影响和长期影响，我们选择动态计量模型进行分析。

一、市场规模指数序列的平稳性检验

根据市场规模指数序列的曲线图，观察序列的时间趋势特征，确定采用

ADF 单位根检验，得到其平稳性分析结果如表 7-6 所示。

表 7-6　市场规模指数序列的平稳性检验

变量	ADF 统计量	概率
SCALE	1.16	0.9971
ΔSCALE	-7.49	0.0000

表 7-6 显示，市场规模指数的水平序列为非平稳序列，而其一阶差分序列为平稳序列。因此，无法运用 VAR 模型分析其与 GDP、固定资产投资等变量的互动关系，也不能运用 Granger 检验方法分析它们之间的因果关系。

二、市场规模指数对固定资产投资的影响

为分析土地市场交易量变动对固定资产投资的拉动作用，我们以固定资产投资为因变量，以土地市场规模指数和出让价格指数为自变量，建立计量经济模型，模型的估计结果如下：

$$I = -258.98 + 2.62SCALE + 2.26PRICE \quad R^2 = 0.7853$$
$$(90.62) \quad (0.64) \qquad (0.71) \tag{1}$$

为防止模型中残差有自相关现象，我们利用 Q 检验方法对估计模型的残差进行白噪声检验，检验结果如下：

表 7-7　模型残差的白噪声检验

滞后阶数	自相关 AC	偏自相关 PAC	Q 统计量	概率
1	0.134	0.134	0.6685	0.414
2	-0.194	-0.216	2.1122	0.348
3	-0.170	-0.117	3.2569	0.354
4	0.215	0.234	5.1442	0.273
5	0.179	0.066	6.5027	0.260
6	-0.050	-0.041	6.6109	0.358
7	-0.102	0.019	7.0864	0.420
8	0.037	0.031	7.1510	0.520

从表 7-7 可知，估计模型中残差不存在自相关现象，因此，该模型是合适的。从估计模型的结果看，土地市场规模指数与固定资产投资呈显著正相关关系，土地市场规模每变动 1 个百分点，将带动固定资产投资变动约 2.62 个百分

点，土地市场规模对固定资产投资的拉动作用显著。

三、市场规模指数对 GDP 的影响

土地数量的扩张一方面通过增加对土地要素的投资拉动经济增长，另一方面通过土地用途的转变，土地利用效率得到提升，从而刺激经济增长。为估算土地市场规模扩大对宏观经济的短期和长期效应，我们选择包含因变量滞后项的动态计量模型进行分析。这样做不仅可以测算市场规模指数对 GDP 的长短期效应，还能有效克服因两个变量单整阶数不同而引起的伪回归现象。运用广义最小二乘法估计的模型如下：

$$GDP_t = 21.76 + 0.7348SCALE_t + 0.4156GDP_{t-1} \quad R^2 = 0.8939$$

$$\quad (14.63) \quad (0.09) \qquad (0.077) \tag{2}$$

结果表明，在 0.05 的显著性水平下，市场规模指数与 GDP 滞后项均显著，表明市场规模指数每变动一个百分点，将带动 GDP 短期变动约 0.73 个百分点。从长期看，土地市场规模变动对经济增长的效应更大，为 $0.7348/(1-0.4156) \approx 1.26$ 倍，表示市场规模指数每变动一个百分点，将拉动 GDP 当期及未来各期综合变动约 1.26 个百分点。

第四节 出让价格指数与 PPI、CPI 关系实证研究

CPI，又称消费者物价指数，是反映与居民生活有关的商品及劳务价格的变动指标，是一个滞后性的指标，如果消费者物价指数升幅过大，表明通胀已经成为经济不稳定因素，从而影响经济发展。PPI，生产者物价指数，则是用来衡量工业企业产品出厂价格变动趋势和变动程度的指数，用以反映某一时期生产领域价格变动情况。

作为反映土地要素出让价格变动的指标，土地出让价格指数按照价格传导规律，会对 PPI 有一定影响，因为土地要素价格最终会反映在产品生产成本中，从而引起生产环节价格的变动。同样，PPI 对 CPI 也会产生一定的影响，因为生产价格的变动最终会以消费价格的变动表现出来。

就三种价格指数变动的规律而言，价格水平的波动一般首先出现在生产要素市场，然后通过生产渠道进入生产领域上游市场，再通过供应系统和市场终端到达下游消费市场。而消费品价格波动反过来也会对上游产品价格产生一定的影响。因此，我们认为，土地出让价格指数与 PPI、CPI 应存在一定的内在联

系，并建立三者之间的计量模型研究其数量变动关系。

一、数据处理

由于国家统计局发布的 PPI 和 CPI 数据都是以上年同期为基期的同比数据，因此在建立模型前，首先对土地出让价格指数序列进行变换，即计算某期数值与去年同期数值的比率，得到数据区间为 2005 年第一季度至 2012 年第二季度。

二、格兰杰（Granger）因果关系检验

表 7-8 显示这三个变量之间的格兰杰因果关系检验结果。

表 7-8　土地出让价格指数 PRICE 与 PPI、CPI 变量的
Granger 因果性检验结果

因变量	自变量	统计量	概率	因变量	自变量	统计量	概率
PRICE	PPI	9.33	0.005	PPI	PRICE	2.00	0.169
PRICE	CPI	5.34	0.029	CPI	PRICE	10.10	0.004
PPI	CPI	8.33	0.007	CPI	PPI	4.92	0.035

注：表中数值是对应滞后期为 1 的检验结果，3 期以后的检验结果均不显著。

从上表可以看出，在短期内，出让价格指数和 CPI 之间存在双向的 Granger 因果关系，出让价格指数变化能引起 CPI 变化，CPI 变化也能引起土地出让价格指数变化，表明土地出让价格指数与 CPI 存在一定的相互反馈作用。出让价格指数与 PPI 仅存在单向的 Granger 因果关系，PPI 是因，土地出让价格指数是果，这与理论上分析存在一定的矛盾。CPI 和 PPI 之间存在双向的 Granger 因果关系，PPI 的变化能引起 CPI 变化，CPI 变化也能引起 PPI 变化，表明 PPI 和 CPI 存在一定的相互反馈作用。

值得注意的是，这种因果关系检验结果只存在于短期，在长期三者之间的因果关系是不存在的，因此，对于土地出让价格指数与 CPI、PPI 变量的关系，我们仅以静态计量模型来分析。

三、建立模型

以 CPI 为因变量，以 PPI 和土地出让价格指数为自变量，建立多元线性回归模型，模型的估计结果如下：

$$CPI = 54.76 + 0.445 PPI + 0.023 PRICE \qquad R^2 = 0.606$$
$$\quad (7.94) \quad (0.07) \qquad (0.01)$$

结果表明，在 0.05 的显著性水平上，PPI、土地出让价格指数和 CPI 存在显著的正相关关系，从弹性系数看，土地出让价格指数每变动 1 个百分点，CPI 将变动约 0.023 个百分点。相对于土地出让价格指数，PPI 对 CPI 的影响更为显著，影响的弹性系数也更大。

第五节　地产景气指数与宏观经济变量关系实证研究

地产景气指数作为综合反映信贷规模和房地产业投资相对变动的指标，其与宏观经济，特别是经济增长之间的关系，从理论上是不言而喻的。信贷规模的变化反映的是货币政策的运用：信贷规模增加，意味着中央银行实施宽松的货币政策，它有利于刺激经济增长；房地产投资的增加，则直接增加的就是 GDP，同时通过房地产投资变动影响其上游产品的产出水平，从而间接带动经济增长。在此，我们仅分析地产景气指数对经济增长的影响。

一、数据处理

由前文分析可知，GDP 序列存在明显的、固定的季节特征，虽然地产景气指数也存在着较强的季节特征，且总体看与 GDP 序列是一致的，但随着时间推移其季节性特征是有变化的。如果直接以两个变量水平序列构建模型，势必会受季节特征影响而呈现较大的不确定性。因此，在构建模型之前，首先对两个序列数据进行同比处理，即得到两个变量的同比增长率序列①。换算后的两个增长率序列如下图 7 - 7a 和 7 - 7b 所示。

从两个序列图形上看，虽然地产景气指数增长率序列的波动幅度较 GDP 增长率序列的波动更大，但不难发现，二者的走势有着极为密切的关联，都先后经历过三次峰值和两次低谷，而且时间上基本同步，这为定量研究二者之间的关系提供了很好的支撑。

---

① 由于地产景气指数对价格的消除非常有限，因此换算后的经济增长率采用名义增长率的形式。

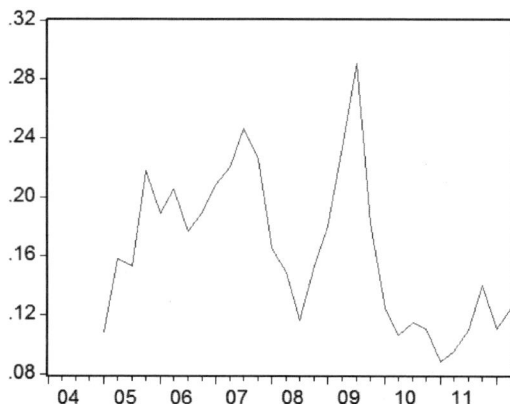

图7－7a　经济增长率（Y）序列

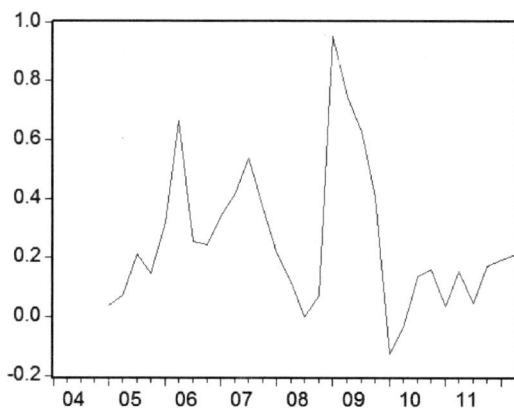

图7－7b　地产景气指数增长率（X）序列

二、建立模型

以 GDP 名义增长率为因变量，以地产景气指数增长率为自变量，估计的计量模型如下：

$$Y = 0.1246 + 0.15X \quad R^2 = 0.5136 \quad Q(10) = 5.24, \text{P 值} = 0.874$$
$$\quad (0.009) \quad (0.03)$$

结果显示，在 0.05 的显著性水平上，地产景气指数增长率与经济增长率呈显著的正相关关系，模型残差的白噪声检验结果表明模型也是适合的，因此用上述模型解释二者之间的关系是合适的。从弹性系数看，地产景气指数同比上涨 1 个百分点，将带动名义 GDP 同比增长约 0.15 个百分点，地产业对经济增长的贡献率约为 15%。

CLI 综合指数与宏观经济变量的 Granger 因果关系检验结果显示，CLI 综合指数与 GDP、货币供给量存在双向因果关系，与固定资产投资存在单向因果关系，CLI 综合指数变动能单方向引起固定资产投资的变化。

CLI 综合指数与宏观经济变量的静态多元计量模型结果表明：在短期内，GDP 每变化 1 个百分点，CLI 综合指数将变化约 0.143 个百分点；固定资产投资每增长 1 个百分点，CLI 将上升 0.059 个百分点；货币供给量 M1 每增长 1 个百分点，将带动 CLI 综合指数上涨约 0.383 个百分点。反过来看，CLI 综合指数每增加 1 个百分点，将分别拉动 GDP 和固定资产投资 1.32 和 9.33 个百分点的上升。

VAR 模型的分析结果表明，在 0.05 的显著性水平下，CLI 综合指数、GDP 和固定资产投资至少存在 1 个长期均衡关系，GDP 每变化 1 个百分点，CLI 将变化约 7.86 个百分点，固定资产投资每变化 1 个百分点，CLI 将变化 1.67 个百分点。

从土地市场规模指数与固定资产投资的关系看，二者呈显著的正相关关系，土地市场规模指数每变动 1 个百分点，将带动固定资产投资变动约 2.62 个百分点，土地市场规模对固定资产投资的拉动作用显著。土地市场规模对经济增长的短期效应和长期效应均显著，市场规模指数每变动 1 个百分点，将拉动 GDP 短期变动约 0.73 个百分点，长期拉动 1.26 个百分点。

土地出让价格指数与相关价格指数的 Granger 因果关系检验结果显示，土地出让价格指数与 CPI 存在双向的因果关系，而与 PPI 仅存在单向因果关系，出让价格指数能单向引起 PPI 的变动。三者之间存在显著的正线性相关关系，土地出让价格指数每变动 1 个百分点，将拉动 CPI 变动约 0.023 个百分点。

地产景气指数与经济增长的实证分析结果表明，地产景气指数与经济增长存在显著的正相关关系，地产景气指数同比上涨 1 个百分点，将带动 GDP 同比增长 0.15 个百分点，地产业对经济增长的贡献率约为 15%。

第八章

中地指数运行特征与政策关联分析

考虑到2014年我国经济进入新常态，之后的土地政策参与宏观调控特点多有改变，全国统一调控倾向弱化，各地精准调控特点凸显。因此本章重点研究2004—2013年间的中国土地市场指数在全国层面的运行特征与政策关联性。

第一节　中地指数数据特征分析

根据测算，得出以2004年一季度为基期，2004—2013年间的数据表（见表8-1）。对数据进行分析，中地指数测算结果显示如下特征。

一、科学确定基期

从表8-1可以看出，2004年第一季度被确定为基期，其指数值定位为100或者称100点。各季度的指数值，是2004年第一季度指数值的相对值。也就是说，2004年第一季度为基季，100点是基值，这样，2004年第一季度的土地市场，就成了中地指数的基年市场，成为衡量各年各个季度市场变化的基本参照系。

之所以确定2004年第一季度作为中地指数的基期，主要出于以下考虑：第一，2004年我国明确提出，土地政策参与宏观调控，并成为国土资源行政管理系统的一项管理职能，要协调相关部门加强和完善宏观调控；第二，2004年我国整个宏观经济运行比较健康正常，处于平稳较快发展状态；第三，整个土地市场的波动不突出；第四，也是十分重要的原因是，自2004年开始原国土资源部建立了全国土地市场动态监测与监管系统，全面采集了全国分省区，以及重点城市的土地市场资料。

表 8 - 1　中地指数测算结果表

时间 （季度）	中地指数 （综合指数）	市场规模 指数	出让价格 指数	供应结构 指数	利用集约 指数	地产景气 指数
2004. 1	100	100	100	100	100	100
2004. 2	118. 03	80. 06	109. 42	112. 41	118. 29	104. 96
2004. 3	103. 41	106. 72	110. 31	117. 21	109. 70	107. 79
2004. 4	128. 48	114. 44	110. 11	148. 36	139. 73	126. 54
2005. 1	61. 61	100. 74	109. 72	153. 51	106. 36	96. 42
2005. 2	92. 42	95. 12	114. 07	156. 25	126. 07	108. 33
2005. 3	92. 99	95. 10	104. 70	152. 84	174. 97	111. 97
2005. 4	130. 03	101. 17	104. 32	143. 16	165. 76	124. 34
2006. 1	75. 33	108. 18	108. 15	149. 53	148. 10	106. 87
2006. 2	104. 35	110. 88	101. 37	164. 64	192. 75	123. 90
2006. 3	103. 69	105. 02	98. 36	165. 75	179. 18	120. 41
2006. 4	149. 80	103. 90	98. 11	151. 28	200. 01	136. 10
2007. 1	149. 88	105. 37	80. 32	113. 85	205. 15	129. 69
2007. 2	105. 04	130. 68	109. 94	202. 59	273. 58	144. 71
2007. 3	174. 59	147. 08	91. 07	147. 12	307. 02	167. 11
2007. 4	154. 49	165. 82	119. 50	182. 15	297. 11	172. 80
2008. 1	60. 19	137. 13	147. 51	267. 68	238. 68	140. 98
2008. 2	122. 50	152. 08	119. 81	228. 84	269. 38	161. 74
2008. 3	112. 37	136. 18	115. 88	242. 79	244. 69	152. 66
2008. 4	172. 74	134. 58	110. 07	213. 44	284. 37	172. 29
2009. 1	103. 97	166. 21	112. 37	269. 26	386. 28	176. 51
2009. 2	161. 18	172. 34	117. 54	293. 32	517. 23	215. 59
2009. 3	206. 57	222. 91	116. 27	257. 76	486. 02	238. 06
2009. 4	273. 56	247. 96	118. 70	204. 19	404. 69	253. 10
2010. 1	147. 04	243. 44	129. 47	242. 08	361. 45	209. 90
2010. 2	241. 50	218. 85	135. 37	246. 90	428. 19	243. 57
2010. 3	233. 76	211. 23	119. 35	258. 68	454. 62	241. 39

时间 （季度）	中地指数 （综合指数）	市场规模 指数	出让价格 指数	供应结构 指数	利用集约 指数	地产景气 指数
2010.4	306.13	228.57	120.33	232.37	433.19	265.92
2011.1	184.92	250.78	122.11	228.35	348.36	221.25
2011.2	271.09	217.98	112.39	241.12	476.71	255.35
2011.3	358.76	207.63	122.87	172.63	435.71	269.61
2011.4	341.56	238.44	125.09	189.70	444.42	276.48
2012.1	213.25	195.13	115.26	186.90	359.65	208.70
2012.2	281.52	198.33	122.99	210.61	538.39	255.76
2012.3	322.08	192.90	118.15	203.50	500.16	262.95
2012.4	417.63	234.51	130.23	166.36	514.81	305.98
2013.1	268.57	253.16	122.64	205.84	506.60	263.75
2013.2	338.33	251.52	129.04	251.27	604.80	304.95
2013.3	397.41	237.73	136.00	219.62	452.56	302.21
2013.4	593.21	277.50	149.45	175.07	593.60	391.44

二、数据连续可比

不间断的连续是编制指数的最低要求，可以是编制指数的基本原则。中地指数以季为基本时期，即按季来编制和发布指数。一是季度时间比较合适，虽比年度和半年短，但比月长，可以反映市场的波动和变化；二是国家及相关经济领域的指数参数以季为基本时期，如国家统计局分季度发布国民经济运行和态势指数；三是原国土资源部土地市场动态监测与监管系统对全国及省区的市场统计是按季进行和完成的，即只有季的原始和汇总数据。按季编制指数不仅反映了土地市场的客观变化，而且满足了对市场分析和参与宏观调控的需要。

各季度指数值是与 2004 年第一季度指数值相互比较而生成的，所以 2004—2013 年度共 40 个季度的同一指数值，也可以相互比较。

三、内外相互参照

2004—2013 年的中地指数，从纵向看共经历了 10 年 40 个季度，是一个较长的时间序列。在这一时期不论是土地市场自身，还是土地市场的宏观环境都发生了曲折和复杂的变化。从横向看，中地指数是由 1 个综合指数，5 个分指标，18 个成分指标所构成。而 18 个成分指标，既有土地市场的变量和数据，又有土地市场的宏观环境变量，还有相关领域或系统的变量，既有绝对量，又有相对量，从而构成错综复杂、时空统一的指数体系。因此，中地指数既是中国土地市场和市场宏观经济环境的历史发展的参照，又是土地市场、宏观环境及相关领域的相互关系发展和变化的反映。

总之，根据中地指数不仅可以观察中国土地市场的变化，而且可以反映整个宏观经济的历史变化，从而使其成为国家经济指数体系中具有重要意义、不可或缺的指数。

四、关系相对稳定

正是由于中地指数的这种相对参照、季度可比的特点，如果改变中地指数的基年，改变中地指数的基年值，也不会改变整个指数时间序列的基本特点，不会改变整个指数中季度指数值的相对关系。季度指数值相对关系的稳定性，是中地指数的重要特点之一，也是研究中地指数与其他指数，研究中地指数与土地市场关系的重要依据。

第二节 中地指数运行特征分析

先分析总体运行特征，然后再通过分指数运行特征分析进行佐证和探讨。

一、总体运行特征

中地指数的季度变化特征，是土地市场波动的数据反映。综合分析中地指数 2004—2013 年共 40 个季度的总体波动趋势，可以得出以下总体运行特征。

（一）持续增长

无论是综合指数还是各分指数，尽管增长特点和趋势不尽相同，但在图 8 - 1 中都呈现出持续增长的总趋势。其中，增长最快的是地产景气指数，2010 年第四季度涨到了 587.86 点，增长最慢的是供应结构指数，2010 年第四季度涨到了 111.45 点。持续增长特点突出的指数，除了上面提到的地产景气指数以外，还有综合指数、市场规模指数、出让价格指数和利用集约指数。中地指数反映国家土地市场发育情况，综合 5 个分指数的综合指数，从整体上反映了我国土地市场持续发展的总趋势。

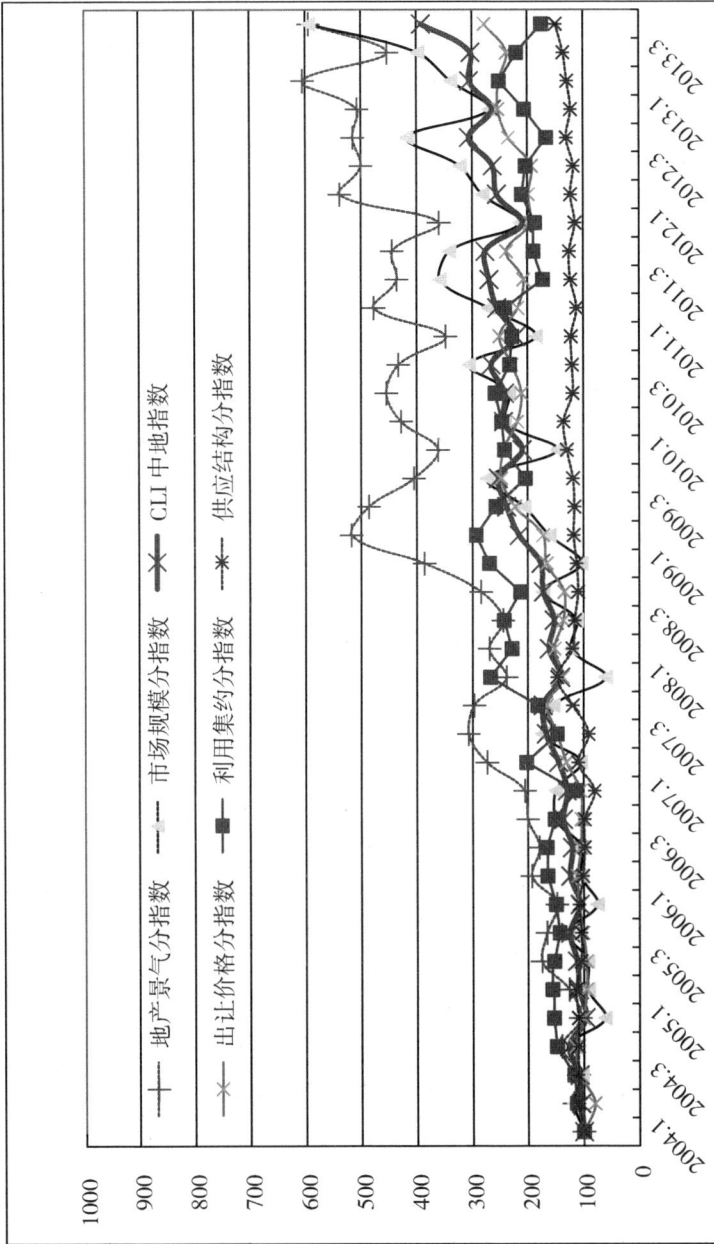

图 8-1　中地指数及成分指数走势图

（二）阶梯式抬高

指数值呈阶梯式抬高的有地产景气指数、综合指数、市场规模指数、出让价格指数和利用集约指数。2004—2010 年共 28 个季度中地指数增长阶梯有三个。其中地产景气指数阶梯式抬高幅度最大，市场规模指数、综合指数和出让价格指数次之，利用集约指数阶梯式抬高幅度较小。抬高的时点及次序也不一致，一般地产景气指数在前，市场规模指数、综合指数和出让价格指数紧随其后。2010 年第四季度 CLI 中地指数第四个增长台阶已具端倪。

（三）阶段性波动

中地指数运行在阶梯式抬高的持续增长过程中，不是直线上升的，具有较大的波动性。其中，波动幅度较大的指数为市场规模指数和地产景气指数，综合指数、出让价格指数、利用集约指数波动幅度一般，供应结构指数波动幅度较小。中地指数运行的波动性，反映了土地市场的波动性，是土地市场波动的结果与表现。因为我国土地市场是对政策最为敏感的市场之一，所以，中地指数的几个波峰和波谷都与我国土地宏观政策出台的时间比较吻合，说明中地指数的波动与国家宏观调控政策和效果存在密切的联系。

（四）灵敏反映宏观经济

中地指数通过对土地规模、价格、结构、集约、景气等方面指标的综合衡量，其走势基本反映我国土地市场的总体发展趋势。中地指数总体上呈现波动中持续上扬的发展趋势，表明 2004—2013 年间，我国土地市场正处于继续发育和完善阶段，土地市场运行比较活跃，运行程度在不断加深，土地作为经济要素对我国宏观经济影响的方向和程度日益增强，作为宏观调控要素对于市场经济的反映日益敏锐。

二、分指数运行特征

（一）市场规模指数

经测算后的市场规模指数走势如图 8 - 2 所示：

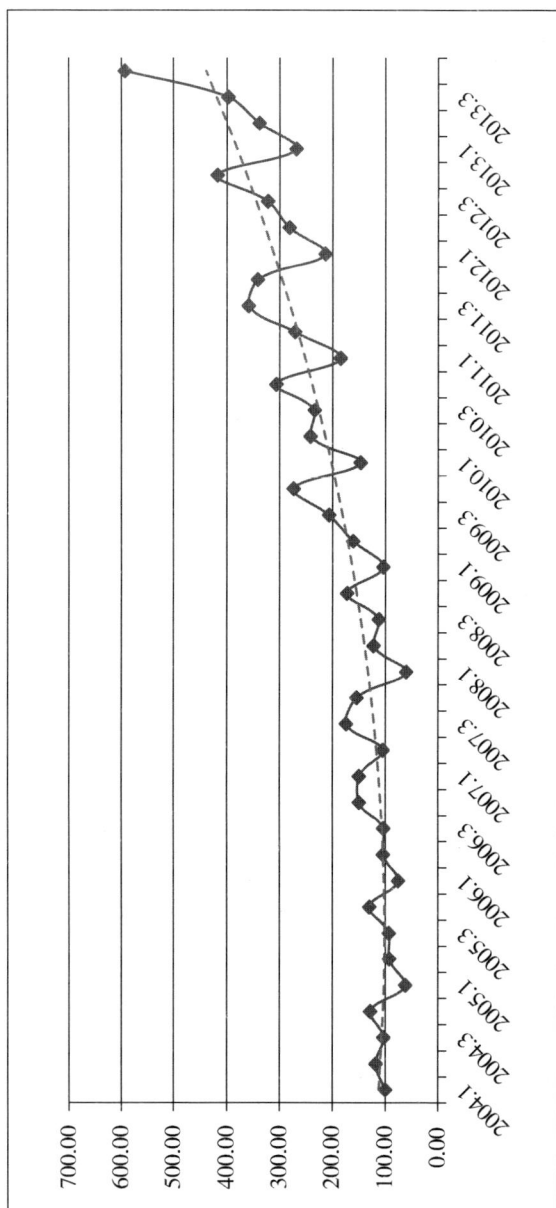

图 8 - 2 市场规模指数走势图

土地市场规模指数在 2004—2013 年间呈现出总体平稳上扬中波动发展的趋势。我国土地供应季度变化较大。一般规律是第一季度为全年土地供应的低谷，或者说是土地供应的收缩期，第二季度和第四季度是土地供应的扩张期，第三季度为土地供应的调整期。所以，第一季度规模指数跳水，第二季度规模指数冲高，第三季度规模指数调整，第四季度规模指数是从调整转峰值，第三季度规模指数的调整力度对第四季度的态势影响明显。

（二）出让价格指数

经测算后的出让价格指数走势如图 8 - 3 所示：

如图 8 - 3 所示，出让价格指数近年来呈现出不断上升趋势。其中，2007 年波动强烈，2008 年回落，2009 年全年直线上升，第四季度达到高点，2010 年在 200～250 点位区间调整波动，2013 年第四季度开始上升。价格波动的原因非常复杂，不仅与价格的构成密切相关，而且受各类用地的供应比例和供应方式的制约。该图综合反映了工业用地价格、房地产供地价格波动趋势。

2004 年第一季度到 2011 年第三季度，我国土地出让价格指数季度平均增长率为 10.01%，相比 4% 左右的煤炭、3% 左右的 PPI 和 2% 左右的 CPI 平均增长率而言，超出了正常的增长速度。这也为 2013 年上半年的下滑埋下了伏笔。

（三）供应结构指数

经测算后的供应结构指数走势如图 8 - 4 所示：

从图 8 - 4 中可以看出，除 2008 年第一季度受政策影响偏高外，供应结构指数在 2004—2010 年间呈现出涨跌较为均衡的发展态势。但由于受国家产业政策和其他因素的影响，在平稳发展中短期起伏明显。该图虽然反映出近年来全国建设用地结构得到一定改善，但并不明显。这与当时我国整体产业结构调整力度不大，进程不显著的发展态势较为一致。

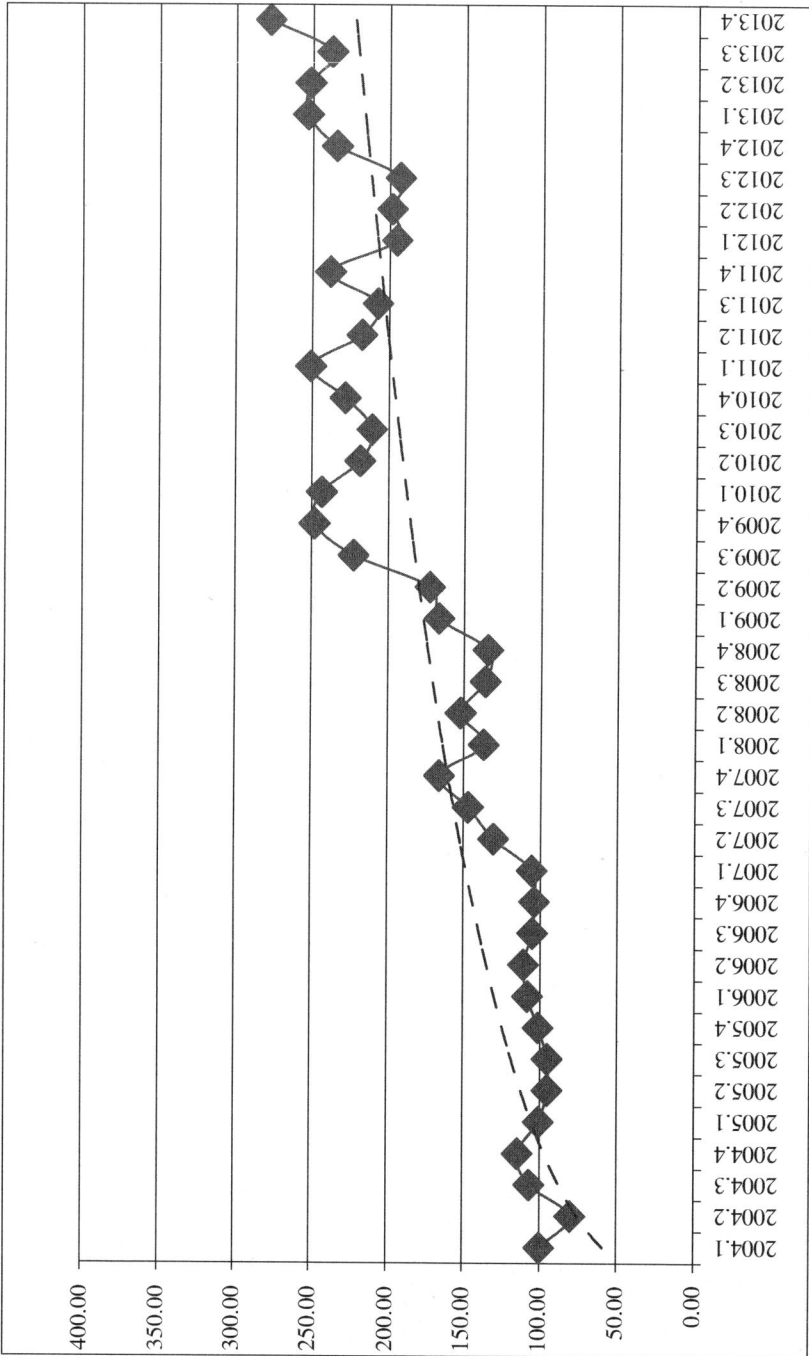

图 8 - 3　出让价格指数走势图

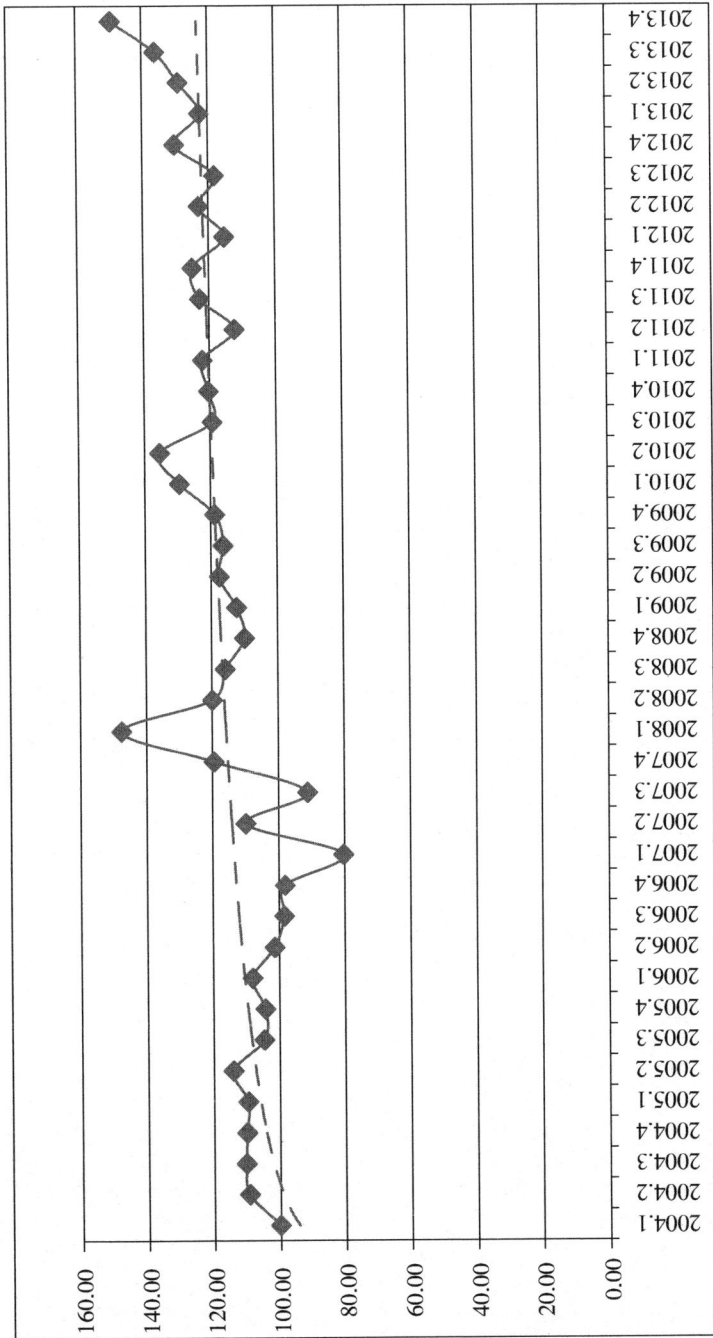

图 8 - 4 供应结构指数走势图

（四）利用集约指数

经测算后的利用集约指数走势如图 8 - 5 所示：

利用集约指数在 2004—2013 年间呈现持续波动走势。其中 2007 年后上扬幅度加大，2009 年达到顶峰，之后在波动中略有下滑。该指数在一定程度上表明我国土地的单位面积固定资产投资、单位 GDP 土地消耗等指标得到一定改善，说明我国建设用地利用的集约度和产出率正在趋向良性方向发展。

从整体看，2007 年前提高较缓慢而起伏较小，2007 年后提高较快，但波动较大。利用集约指数的变化，一定程度上反映出我国由于产业结构调整引致的土地利用节约的变化趋势。

（五）地产景气指数

经测算后的地产景气指数走势如图 8 - 6 所示。

可以看出，地产景气指数近年来在呈现出较大波动走势的情况下保持上扬态势。地产景气指数波动幅度越来越大，成为其与其他指数相区别的重要特点。2007 年第一季度起地产景气指数呈不断上扬并大幅波动的发展趋势，基本印证了当期我国经济发展和土地房地产市场之间的关系，通过刺激房地产的发展，应对世界金融危机的客观实际。

总之，2004—2013 年间，土地市场规模在总体平稳上升中曲折发展，土地交易价格不断攀升，土地供应结构改善不明显，但正趋于优化，土地利用集约度不断提高，土地市场经济景气程度在波动中呈现上扬态势。其间，土地政策调控一直保持鼓励房地产平稳增长的发展态势。这种情况在 2013 年发生了改变，政府相继推出保障房建设、不动产登记、限购限贷等措施，地产市场开始逐步下滑，直到 2014 年 9 月央行新的调控政策出台。

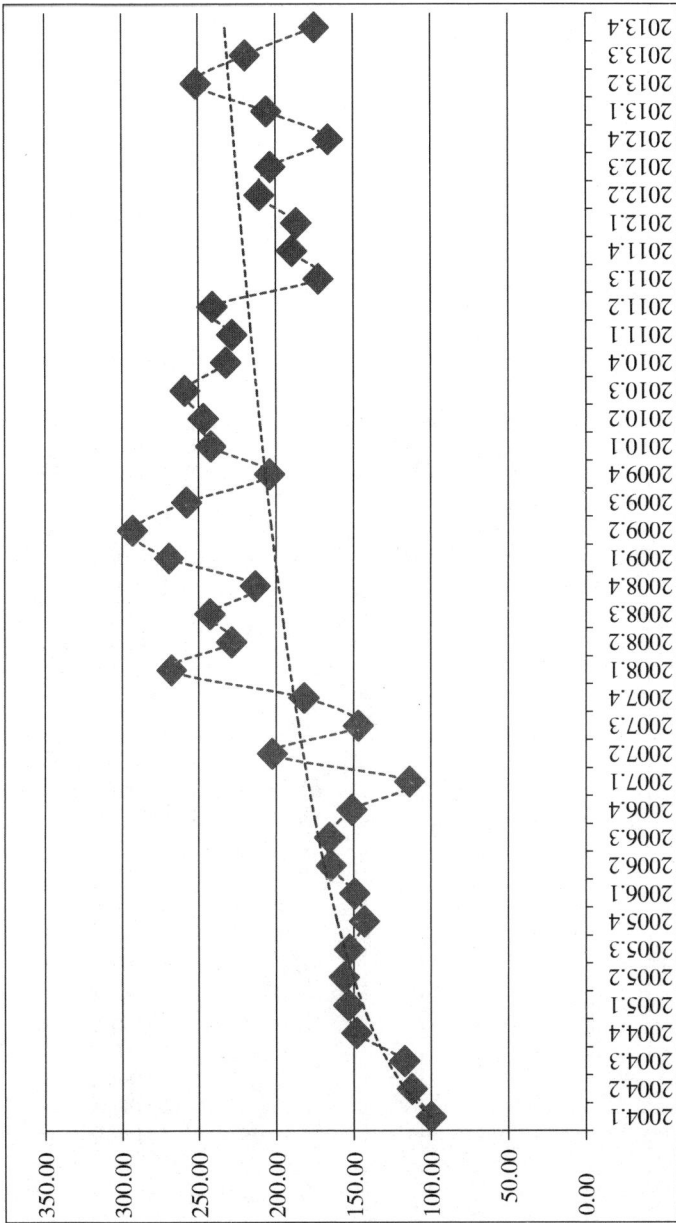

图 8 - 5　利用集约指数走势图

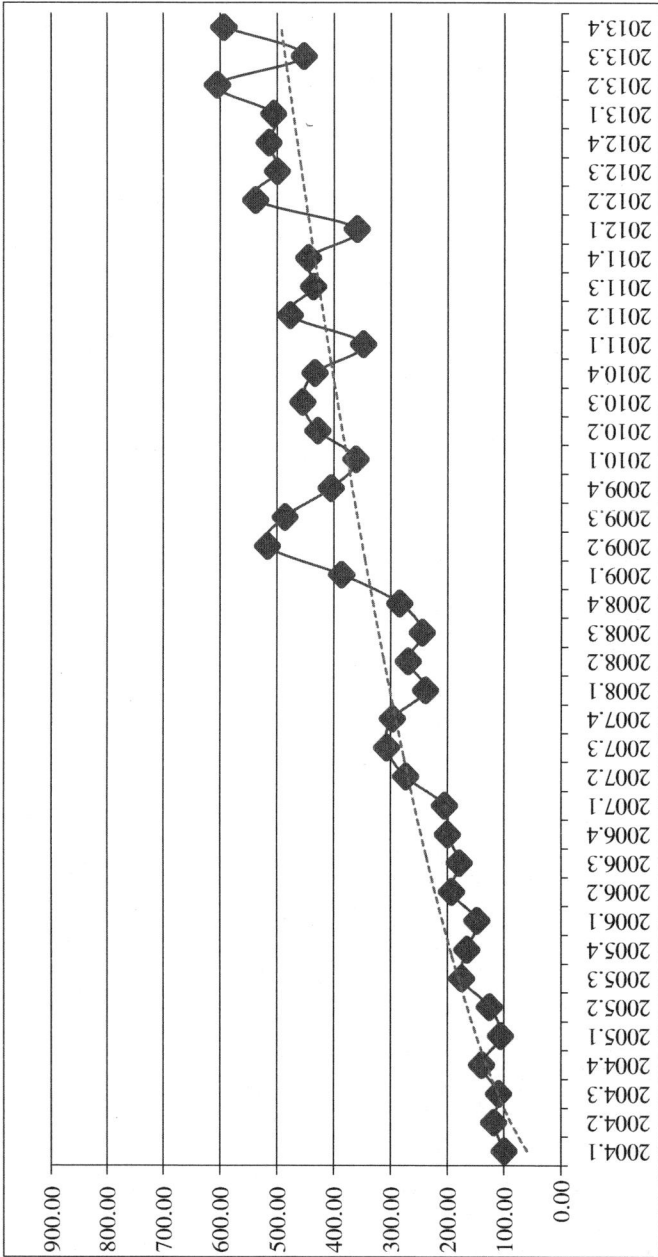

图 8 - 6　地产景气指数走势图

第三节 中地指数与政策关联分析

中地指数与其他许多指数一样，并不都是直线上升或下降的，在季度与季度之间，或年度与年度之间出现许多波折。当波折明显或较大时，一般把波折点称之为拐点。本书认为，拐点是指市场从一种发展状态转折为另一种发展状态，是周期性的变化点。土地市场运行中波折经常发生，而且与国家的宏观调控政策存在密切关系。因此，分析指数发展变化特别是拐点与政策的关联关系，对研究土地市场和土地政策的基本走向与变化特征具有重要的现实意义。

下面以中国土地市场指数（CLI）在 2004—2013 年序列间的典型时段为例进行具体关联分析。

一、市场规模指数的政策效应

在本节图示中，为突出数据拐点对应的标注点（政策点），在横坐标单位中以字母 Q 表示季度，Q 前后标明年度和季度，如 04Q1 即表示时间点为 2004 年第一季度。

本节分析的政策时间段即起始点为 2004 年第一季度（2004Q1），终结点为 2011 年第一季度。

在下图 8 - 7 中，明显的或较大的波动点，用标注显示。标注 1 ~ 6 就是 2004—2011 年第一季度能出现较明显的波动。通过对波折与相应政策的分析，就不难理解中地指数、土地市场与宏观政策之间的紧密联系。

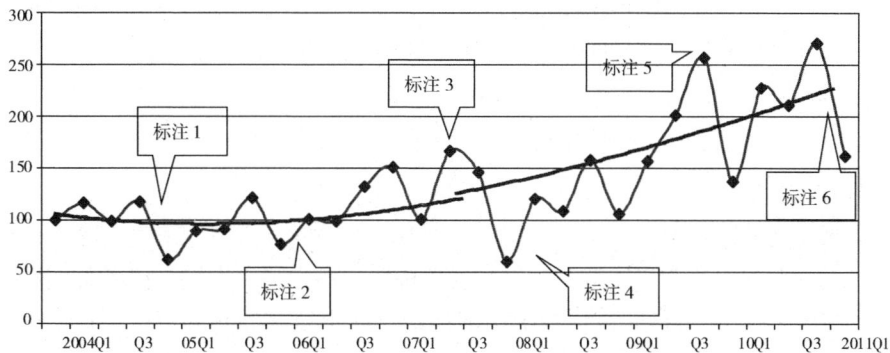

图 8 - 7 市场规模指数走势图

标注 1：2004 年 3 月，原国土资源部下发《关于继续开展经营性土地使用权出让情况执法监察工作的通知》（国土资发〔2004〕71 号）严令各地必须在当年 8 月 31 前将协议出让土地中的"遗留问题"处理完毕，即"8·31 大限"。这在一定程度上刺激了建设用地的供应，使得 2004 年上半年供应保持在较高水平。但针对投资过热，2004 年 5 月起暂停批地半年，2004 年 10 月国务院下发《国务院关于深化改革严格土地管理的决定》（国发〔2004〕28 号），加强土地管理，收紧土地供应。受上述调控政策的影响，从 2004 年下半年起市场出现下行波动，至 2005 年年初，建设用地供应进入低谷，并且在全年多数时间内低于2004 年同期水平。

标注 2：2006 年年初，房地产投资增速出现反弹，北京、深圳、大连等城市房价出现"报复性"上涨。4 月，央行再次上调利率，抑制投资需求，进一步稳定房地产价格。5 月，国务院办公厅转发建设部等部门《关于调整住房供应结构稳定住房价格意见的通知》（国办发〔2006〕37 号，俗称"国六条"），促进房地产业健康发展。2006 年前三季度，规模指数走势平稳。

标注 3：2007 年原国土资源部下发《关于落实工业用地招标拍卖挂牌出让制度有关问题的通知》（国土资发〔2007〕78 号），明确要求各地在 6 月 30 日前处理完工业用地协议出让的历史遗留问题，使得一季度土地供应规模偏大。同年 3 月、5 月和 7 月，央行三次上调人民币存贷款基准利率（加息），土地抵押量大幅减少，规模指数走势发生剧烈波动。

标注 4：2007 年 9 月，央行出台房地产调控新政，重新规定了对个人、企业和政府储备土地的贷款政策，11 月，央行年内第九次上调存款准备金率。2008年 1 月，国务院办公厅下发《国务院关于促进节约集约用地的通知》（国发〔2008〕3 号），提高建设用地利用效率，严格闲置土地处置。在一系列政策作用下，一季度房地产市场出现调整迹象，流标流拍现象增多，整个建设用地市场陷入低谷，土地供应量锐减，呈现历史最低点。

标注 5：受美国金融危机的影响，央行宣布从 2008 年 9 月 16 日起，下调一年期人民币贷款基准利率 0.27 个百分点，以及下调存款准备金率 0.5%。2009年 12 月，国务院办公厅下发《关于促进房地产市场健康发展的若干意见》（国办发〔2008〕131 号），推出一系列新政支持房地产发展。同时，国务院制订经济刺激计划，以 4 万亿元投资拉动中国经济，在房地产和基础设施用地需求的拉动下，土地出让规模激增，划拨土地供应量增长明显，市场规模指数走势一路上扬，房价也一路飙升。直到 2010 年 1 月，国务院出台《关于促进房地产市场平稳健康发展的通知》（国办发〔2010〕4 号），要求增加供给，抑制投资、投机需求,加强市场监管。3月,原国土资源部出台了《关于加强房地产用地供应和监管有关问题的通知》(国土资发〔2010〕34号),从加强住宅用地计划管理到强化有效供应再到严格房地产用地供后监管提出明确要求。4月,国务院发布《关于坚决遏制部分城市房价过快上涨的通知》(国发〔2010〕10号),重拳调控房地产市场,重点加强信贷财政政策对投资、投机性购房的遏制,市场观望氛围浓厚,整个土地供应规模有所回落,但仍处于高位。

标注6:2010年8月,原国土资源部下发《关于印发〈国有建设用地供应划编制规范〉(试行)的通知》(国土资发〔2010〕117号)指导各地科学编制国有建设用地计划。在全年房地产用地政策调控作用下,以住宅用地为代表的房地产用地供应量全面上升,同时,受宏观经济持续回暖的影响,工业用地的需求带动供应,2010年全年,工矿仓储用地、房地产开发用地和基础设施等用地同比分别增长27.9%、48.9%和26.4%,第四季度翘尾效应明显。2011年1月,国务院办公厅下发《关于进一步做好房地产市场调控工作有关问题的通知》(国办发〔2011〕1号),明确要求各地增加土地有效供应,保障安居工程住房用地,2月,原国土资源部下发《关于切实做好2011年城市住房用地管理和调控重点工作的通知》(国土资发〔2011〕2号),进一步将中央提出的关于房地产市场调控的政策落到实处。

二、出让价格指数的政策效应

出让价格指数综合反映了工业和房地产用地价格变动情况,并受各类用地的供应比例和供应方式的影响。2004—2011年间出让价格指数呈现出不断波动的上升趋势,其中2007年出现第一个波峰,2008年平稳回落,2009年第四季度达到新高,2010年第一季度、第二季度虽有所回落,但仍处于高位(见图8-8)。

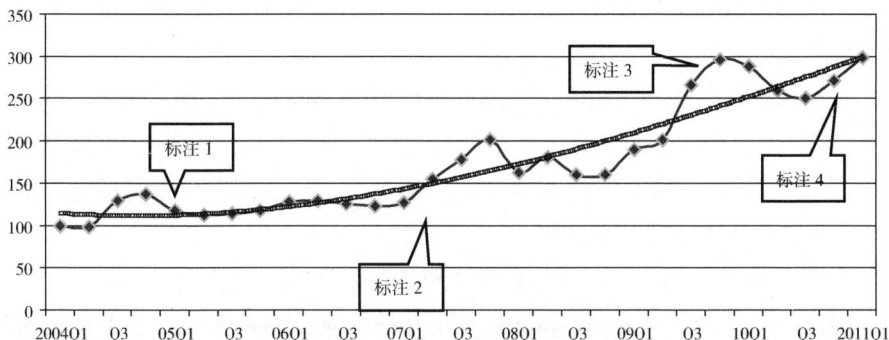

图8-8　出让价格指数走势图

在图 8－8 中，各标注点较大波动形成原因如下：

标注 1：2004 年"8·31 大限"之前，为争取通过协议出让方式获得更多土地，规避招拍挂公开交易，各地增加协议出让土地，且协议出让价格一般低于招拍挂价格，致使曲线在第二季度末出现明显向下波动。

标注 2：2006 年 12 月，原国土资源部下发《关于发布实施〈全国工业用地出让最低价标准〉的通知》（国土资发〔2006〕307 号），提高工业用地价格水平；2007 年 4 月，原国土资源部、监察部下发《关于落实工业用地招标拍卖挂牌出让制度有关问题的通知》（国土资发〔2007〕78 号），明确要求各地在 6 月30 日前处理完工业用地协议出让的历史遗留问题，所以曲线在 2006 年年底至2007 年年初工业用地价格处于低谷。2007 年第二季度开始，工业用地招拍挂为市场所接受，出让价格指数在 2007 年内走势保持上扬。2008 年年初，受房地产市场调整影响，商品住宅用地价格一度走低，在第三季度达到新低。

标注 3：2009 年，受流动性充裕和通胀预期的影响，房地产市场逐步回暖，并在第四季度出现全面上涨态势，带动土地价格持续上涨，形成新的波峰。随着 2010 年年初房地产新政的出台，市场开始出现调整迹象，2010 年第一季度、第二季度出让价格指数持续回落。

标注 4：2010 年第四季度至 2011 年第一季度，部分地区在完成全年保障类住房用地供应后，开始供应商品类住房用地和商业服务业用地，大量房地产用地的集中入市带动出让价格指数出现攀升，但 2011 年 4 月土地市场监测结果显示，整个房地产市场竞争程度下降明显，商品房用地出让成交均价出现大幅下探，第二季度出让价格指数出现回调。

三、供应结构指数的政策效应

供应结构指数主要反映土地供应中各类用地的比例关系，受国家产业政策和其他因素的影响明显。指数在 2004—2010 年间总体表现平稳，个别时段起伏较大，反映出近年来全国建设用地结构有所改善，但并不显著，这与我国整体产业结构调整力度不大，进程不明显的发展态势较为一致。从 2009 年第三季度起，中央"调结构、促转变"政策力度不断加大，民生用地被重点保障，使得土地供应结构指数不断趋于优化。

在图 8－9 中，各标注点较大波动形成原因如下：

标注 1：受 2007 年房地产市场持续上扬的影响，2008 年第一季度住宅用地大量供应，住宅用地占土地供应总量的比重明显上升，为监测 4 年来之最，达到 32%，供应结构变动趋向于指数设定的最优用地结构（降低工业用地比例，

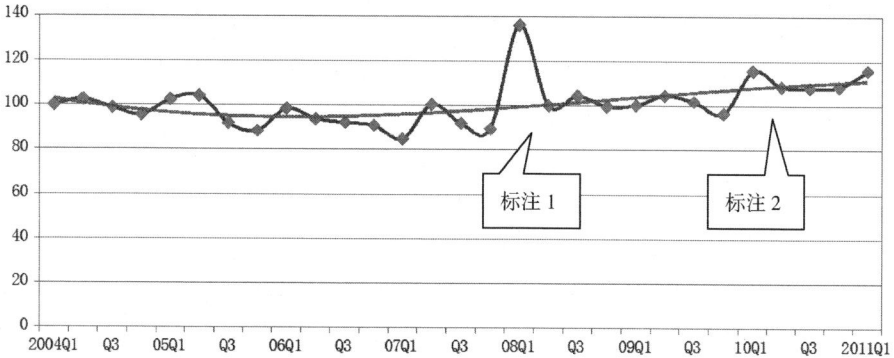

图 8 - 9　供应结构指数走势图

提高商服、住宅用地比例），因而使结构指数发生较大波动，出现短时间内上扬，出现波峰。长远看，随着城市用地结构的不断改善，结构指数虽出现波动，但整体态势是向上的。

标注 2：从 2009 年第四季度至 2010 年第一季度，中央"调结构、促转变"政策力度不断加大，土地供应结构调整提速，民生用地被重点保障，2011 年第一季度，结构指数出现"台阶式"小幅攀升，反映土地供应结构不断趋于优化。

四、利用集约指数的政策效应

利用集约指数基本反映全国建设用地节约集约利用程度及其变化趋势。指数在 2004—2010 年间呈现出发展中持续波动上扬态势，说明我国建设用地利用的集约度和产出率呈现不断上升的总趋势。

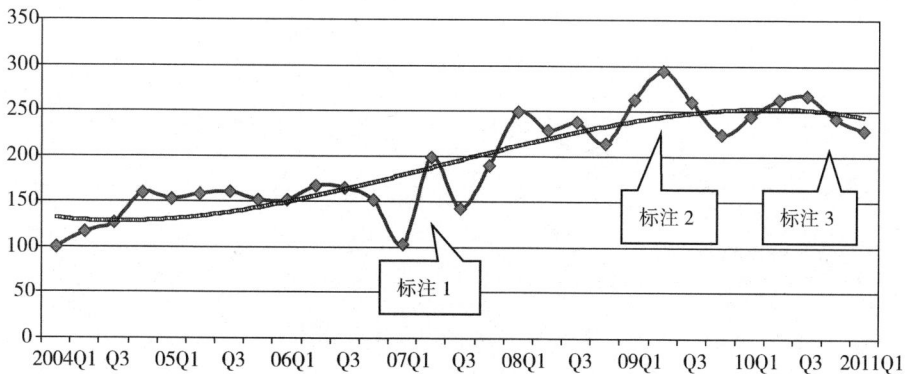

图 8 - 10　利用集约指数走势图

在图 8 - 10 中，各标注点较大波动形成原因如下：

　　标注 1：2007 年原国土资源部下发《关于落实工业用地招标拍卖挂牌出让制度有关问题的通知》（国土资发〔2007〕78 号），明确要求各地在 6 月 30 日前处理完工业用地协议出让的历史遗留问题，使得一季度协议出让工业用地比重升高。因为工业用地利用效率一般不及房地产用地，所以拉低了利用集约指数走势。

　　标注 2：2009 年第二季度后，在 4 万亿元经济刺激计划下，地方开始大规模进行基础设施建设，单位建设用地固定资产投资比重下降明显，单位建设用地的 GDP 产出趋低，最终使得曲线连续两个季度出现回落，直到 2010 年开始又逐步回升。

　　标注 3：2011 年第一季度，国有建设用地供应同比增长 25.8%，大于同期投资增速，单位建设用地固定资产投资额和存量用地比例环比下降，在一定程度上影响节约指数走势，指数出现小幅回调，但整体上仍然表现出集约利用水平不断提高的趋势。

五、地产景气指数的政策效应

　　地产景气指数主要反映宏观经济运行中地产经济自身的景气动向及在宏观经济发展中地位和作用的变化，从而产生对土地市场运行的影响，其受宏观经济发展影响显著。近年来指数总体呈上升趋势，但 2007—2009 年间波动幅度较大，真实反映了我国经济发展和土地市场之间的客观联系。

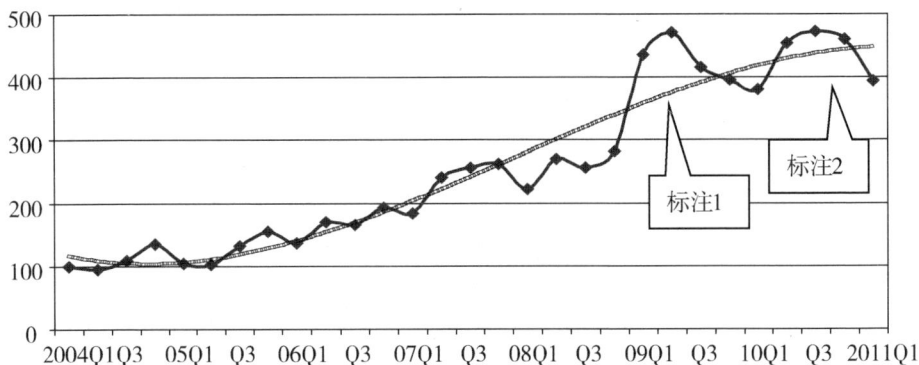

图 8 - 11　地产景气指数走势图

　　在图 8 - 11 中，各标注点较大波动形成原因如下：

　　标注 1：2008 年全球金融危机爆发后，我国制订经济刺激方案，2009 年第一季度央行新增信贷 4.58 万亿元，逼近 2008 年全年总增加额，为历年最高。同时国家实施适度宽松的货币政策，保持了充裕的资金流动性，满足了经济发展对信贷的需要。信贷充裕使得地产景气曲线突然上扬，形成"凸"字型，即使第四季度指数有所回落，但由于流动性释放的持续性，比较往年仍处于景气阶段。

标注2：2010年全年人民币贷款增加7.95万亿，对比2009年的数据（9.59万亿元）略有下降，但仍属于宽松之列，同时，2010年全国房地产开发投资48267亿元，同比增长33.2%。在信贷和投资的双重拉动下，地产景气指数在2010年全年都保持活跃状态。2011年两会之后，宏观经济发展策略出现调整，信贷政策由宽松转为稳健，在央行不断加息和调整存款准备金率的同时，信贷也开始收缩，一季度同比减少13.85%，地产股价指数也出现回落企稳，因此，景气指数出现回调，但整体仍处于高位。

第四节　中国土地市场分指数相互关系分析

中地指数是由一个综合指数和五个分指数组成，它们之间也存在着密切的联系。运用SPSS软件，对我国2004—2013年的数据进行分析，发现它们的关系如表8-2所示：

表8-2　中地指数与各分指数的相关性系数表

Correlations

		中地指数	市场规模指数	成交价格指数	供应结构指数	利用集约指数	地产景气指数
中地指数	Pearson Correlation	1.000	.839**	.968**	.302	.711**	.945**
	Sig. (2-tailed)	.	.000	.000	.126	.000	.000
	N	27	27	27	27	27	27

**. Correlation is significant at the 0.01 level (2-tailed).

*. Correlation is significant at the 0.05 level (2-tailed).

一、综合指数与分指数呈正相关

中地综合指数与5个分指数都是正相关。按相关度大小排序，成交价格指数最高，地产景气指数次之，市场规模指数第三，利用集约指数第四，供应结构指数最小。数据分析表明，中地指数和供应结构指数相关性不显著。

二、分指数性质与活跃程度差别较大

数据分析表明，中地指数中出让价格指数和地产景气指数是两个比较活跃的指数，而供应结构指数是惰性指数。市场规模指数和利用集约指数的活跃性居中。活跃指数一般是领先指数，惰性指数一般是滞后指数。如地产景气指数是领先指数、领先中地指数两期（见表8-3）。

表8-3 中地指数领先期别表

指数	领先两期	领先一期	当期	滞后一期	滞后两期
CLI 中地指数	地产景气指数		成交价格指数	市场规模指数	利用集约指数、供应结构指数

三、出让价格指数具有关键意义

出让价格指数是5个分指数中唯一与其他指数都相关的指数，我们称之为关键指数。出让价格指数与利用集约指数、市场规模指数和地产景气指数正相关，相关度大小依次是地产景气指数、市场规模指数、利用集约指数和供应结构指数。

结合前面的时序分析，地产景气指数对出让价格指数影响最大，地产景气会强烈带动出让价格指数。交易价格的上涨会在相当大的程度上带动市场规模指数，同时提高土地集约利用指数，最后又会对供应结构指数产生一定的带动作用（见表8-4）。

表8-4 中地指数各分指数的相关性系数表

Correlations

		市场规模指数	成交价格指数	供应结构指数	利用集约指数	地产景气指数
市场规模指数	Pearson Correlation	1.000	.760**	−.075	.283	.680**
	Sig. (2-tailed)	.	.000	.712	.153	.000
	N	27	27	27	27	27
成交价格指数	Pearson Correlation	.760**	1.000	.382*	.669**	.893**
	Sig. (2-tailed)	.000	.	.049	.000	.000
	N	27	27	27	27	27
供应结构指数	Pearson Correlation	−.075	.382*	1.000	.559**	.311
	Sig. (2-tailed)	.712	.049	.	.002	.114
	N	27	27	27	27	27
利用集约指数	Pearson Correlation	.283	.669**	.559**	1.000	.817**
	Sig. (2-tailed)	.153	.000	.002	.	.000
	N	27	27	27	27	27
地产景气指数	Pearson Correlation	.680**	.893**	.311	.817**	1.000
	Sig. (2-tailed)	.000	.000	.114	.000	.
	N	27	27	27	27	27

**. Correlation is significant at the 0.01 level (2-tailed).

*. Correlation is significant at the 0.05 level (2-tailed).

四、集约指数反映土地市场特征

集约指数与土地出让价格指数、供应结构指数和地产景气指数正相关，相关系数由大到小分别是地产景气指数、出让价格指数和供应结构指数。说明随着地产景气的提升，土地集约利用度也随之提高，同时交易价格的提高和供应结构改善也会提高土地集约利用水平。

土地集约与市场规模指数正弱相关。说明市场规模的增加虽然会提高土地集约利用的水平，但提升效果很不明显。集约指数与分指数相关性高，表明它是土地市场的特征指数。

五、地产景气指数具有能动性

地产景气指数与土地出让价格指数、市场规模指数和利用集约指数正相关，相关系数由大到小分别是土地出让价格指数、利用集约指数和市场规模指数。说明土地景气会直接推升成交价格指数，同时也能提高土地规模指数和集约利用指数。这就是地产景气指数的能动性。

地产景气指数与供应结构指数存在弱正相关，说明地产景气指数对改善土地供应结构效果的能动性较弱。

六、市场规模指数受资金与价格所推动

市场规模指数与土地出让价格指数和地产景气指数存在正相关关系，说明在市场景气情况下，虽然价格走高，但土地市场规模仍然会扩大。市场规模指数与其他分指数的关系中，与出让价格指数相关系数最高，说明出让价格指数对市场规模指数影响最大，我国土地市场存在资金推动的现象。土地市场规模与地产景气指数的相关性比较显著，说明它受宏观大环境的影响也很显著。市场规模指数与结构指数存在负相关，但相关性不显著，说明土地市场规模过大可能带来利用上粗放、结构上不合理的问题。但这种效益不明显。

七、供应结构指数最滞后

供应结构指数只与出让价格指数、利用集约指数强相关。与其他指数相关性不显著，是5个指数中影响力最弱的指数。同时供应结构指数是最滞后的指数，说明靠市场手段来改善供应结构指数的效果基本不明显，需要国家宏观调控，特别是实施产业政策来提高供应结构指数。

　　综上所述，土地5个市场指数，出让价格指数是最活跃的关键指数，与其他4个指数都存在强正相关，需要国家对价格指数进行密切的关注。最不活跃的是供应结构指数，也需要国家宏观调控政策来改善。其他三个指数之间存在强烈的两两正相关性；规模指数、集约指数和景气指数之间互相影响，互相促进。

第九章

2004—2018 年中地指数实证分析

本部分分析 2004—2018 年间中国土地市场指数的波动情况，并扼要判断当期和远期市场发展走势。

第一节 数据概览

2018 年，CLI 中地指数从第一季度 255.1 点升至第四季度 267 点，增幅 4.7%；预警灯四个季度均显示绿灯状态，表明土地市场平稳运行。

结合全年情况看，五项分指数环比三升两降，其中市场规模、供应结构和地产景气三类分指数增幅分别达到 48.2%、31.7%、21.3%；同时出让价格、利用集约分指数分别降幅 12.5%、45.9%。数据分析表明，2018 年我国土地市场规模扩大、价格回归理性、景气程度平稳上升，长周期性发展趋势凸显。综合分析发现，中地指数全年按我国土地市场长周期时间序列规律性波动，有望在 270 点均衡线上达到相对稳定波动状态。显示目前我国土地市场发展进程仍然同我国宏观经济发展态势相互协调，同时依然保持新的相对均衡态势下的长期性稳定内在发展动力。

指数变化趋势如下图 9 - 1、下表 9 - 1 所示：

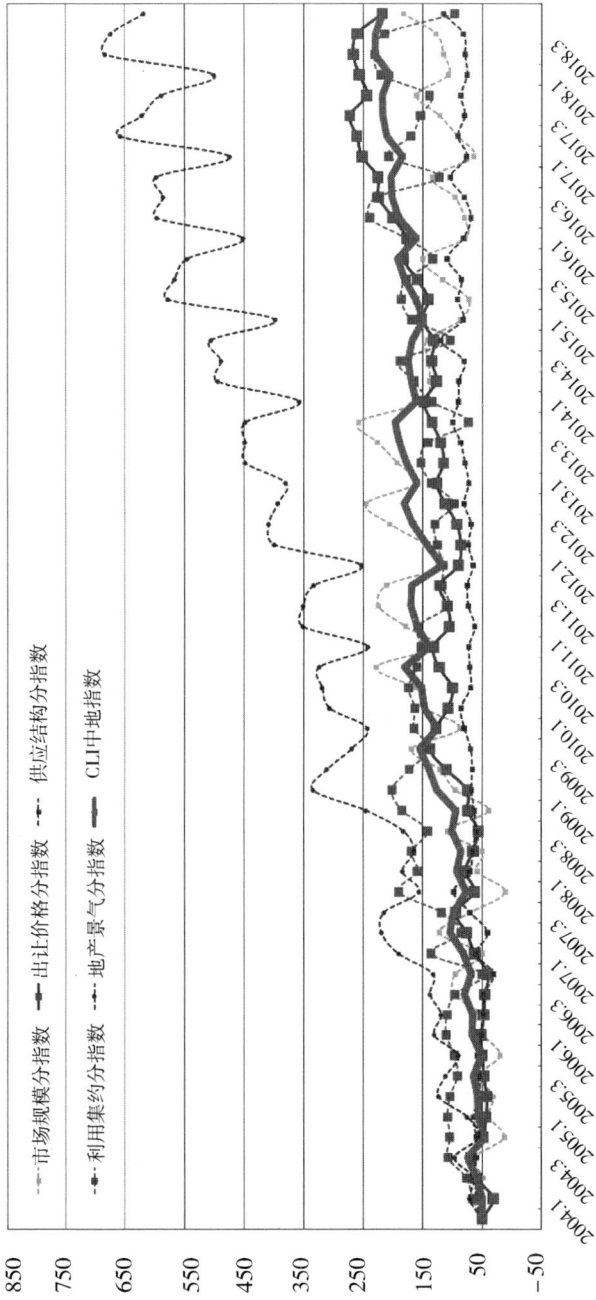

图 9 - 1　2004—2018 年 CLI 中地指数走势图

表 9 - 1　2018 年 1 ~ 4 季度 CLI 综合指数及分指数数据变化表

点值比例 \ 类别	CLI综合指数	市场规模分指数	出让价格分指数	供应结构分指数	集约利用分指数	地产景气分指数
一季度	255	156.8	306.9	125.4	270.2	550.6
四季度	267	232.3	268.4	165.1	146.1	667.6
增幅	12.0	75.5	- 38.5	39.8	- 124.1	117.1

2013—2018 年信号灯状态如下图 9 - 2 所示：

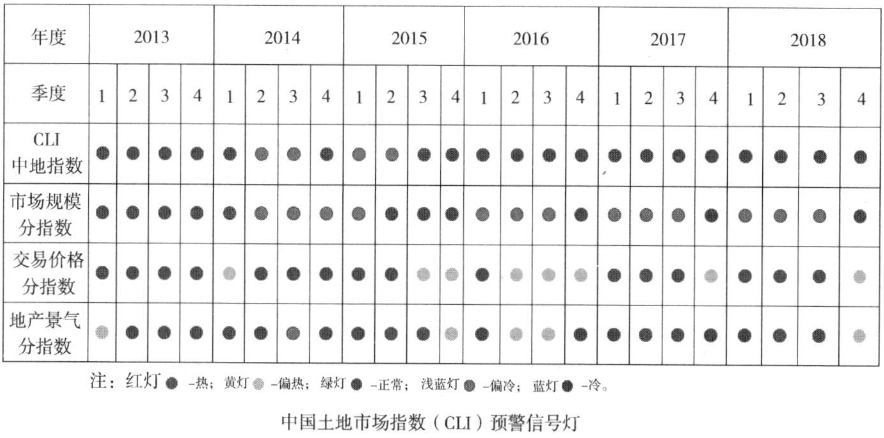

注：红灯 ● -热；黄灯 ● -偏热；绿灯 ● -正常；浅蓝灯 ● -偏冷；蓝灯 ● -冷。

中国土地市场指数（CLI）预警信号灯

图 9 - 2　CLI 预警状态图

第二节　2018 年中地指数走势分析

2018 年 CLI 中地指数更加趋稳波动；同时 2018 年综合指数增幅不断减缓，表明土地市场日益趋向常态性、周期性稳定发展。

一、CLI 全年规律波动，显示周期趋稳特征

2018 年，中地指数从 255 点升至 267 点，与多年来 1 ~ 4 季度不断攀升的情况不同，首次出现先升后降的态势。如下图 9 - 3 所示。

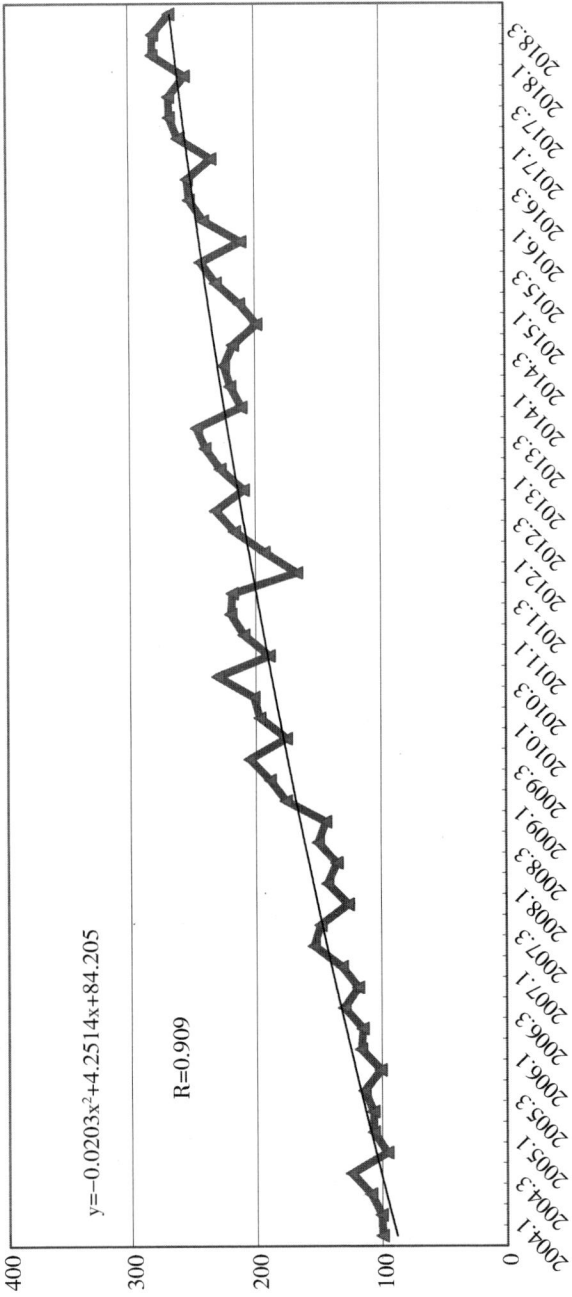

图 9 - 3 2004—2018 年 CLI 中地指数走势图

从 2004—2018 年长周期数据序列分析可知，15 年间 CLI 中地指数持续递增，年平均增幅为 21.65%。如下表 9 - 2、下图 9 - 4 所示。

表 9 - 2 2004—2018 年 CLI 综合指数年度增幅数据比对表

年度	2004	2005	2006	2007	2008	2009	2010	2011
增长幅度（%）	24.2	18.7	28.5	25	18.7	42.2	31.2	15.6
年度	2012	2013	2014	2015	2016	2017	2018	
波动数据（%）	38.7	17.8	3.1	22.2	19.9	14.3	4.7	

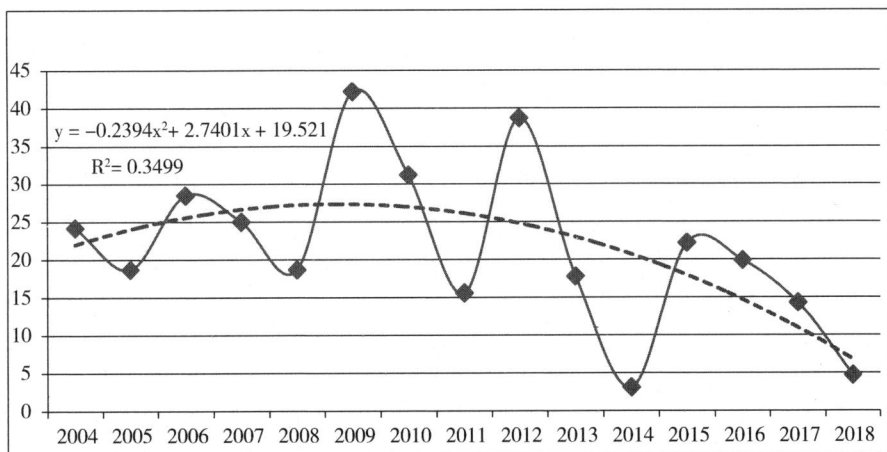

$$y = -0.2394x^2 + 2.7401x + 19.521$$
$$R^2 = 0.3499$$

图 9 - 4 CLI 中地指数年度数据变动走势图

从数据表及曲线波动情况看，相对于 21.65% 的年度波动增幅，2018 年在 2015 年 22.2% 的态势下继续减缓为 4.7%。特别是 2012 年以来年度增速基本都低于均值，2014 年达到波谷（年均增速仅为 3.1%）。由上图可知，土地市场年度波动自 2014 年我国宏观经济进入新常态后在 2015 年实现反转、2016 年缓速下滑、2018 年大幅下滑。

此外，从上图中还可以看出，年度指数基本呈现每 3 年为一个周期的波动特征，即 2006、2009、2012、2015 年均为高点，但从图中可以看出 2018 年年度数值不升反降，接近历史最低水平。这表明我国土地市场在国家政策、宏观经济的影响下，稳步发展状态进一步加深，进入长周期平滑发展趋势日益明显。

二、成分指数涨跌分化，市场结构趋于稳定

CLI 综合指数和分指数波动情况显示：一是 15 年间各分指数一直存在涨跌分化情况，二是成分指数自 2015 年以来明显相互靠拢并束状波动，显示土地市场内部结构经过十多年发展，逐渐趋于彼此有机波动、同向发展态势，逐渐达到相对稳定状态。如下表 9 - 3、下图 9 - 5 所示。

表 9 - 3 2004—2018 年 CLI 综合指数及分指数年度波动幅度对比表

指数 年度（％）	CLI 综合指数	市场规模 分指数	出让价格 分指数	供应结构 分指数	集约利用 分指数	地产景气 分指数
2004	24.23	12.54	19.07	10.11	57.13	45.39
2005	18.66	70.39	- 1.60	- 4.92	- 8.47	52.59
2006	28.53	107.96	- 3.90	- 9.29	- 0.65	34.22
2007	24.98	- 17.84	59.72	48.79	69.67	45.44
2008	18.70	159.86	- 5.90	- 25.38	- 20.17	12.89
2009	42.24	144.02	53.15	5.63	- 19.58	8.25
2010	31.20	104.26	- 2.97	- 7.06	- 2.02	27.53
2011	15.55	45.51	- 5.78	2.44	- 17.66	31.08
2012	38.73	77.96	15.67	12.99	- 11.12	46.13
2013	17.75	46.55	4.81	21.85	- 33.16	15.87
2014	3.05	- 2.82	- 8.06	21.59	- 16.90	36.33
2015	22.23	47.33	15.82	20.32	- 16.23	32.96
2016	19.91	43.38	21.35	16.55	- 24.41	28.14
2017	14.3	84.8	- 2.5	7.6	- 26.8	21.7
2018	4.7	48.2	- 12.5	31.7	- 45.9	21.3

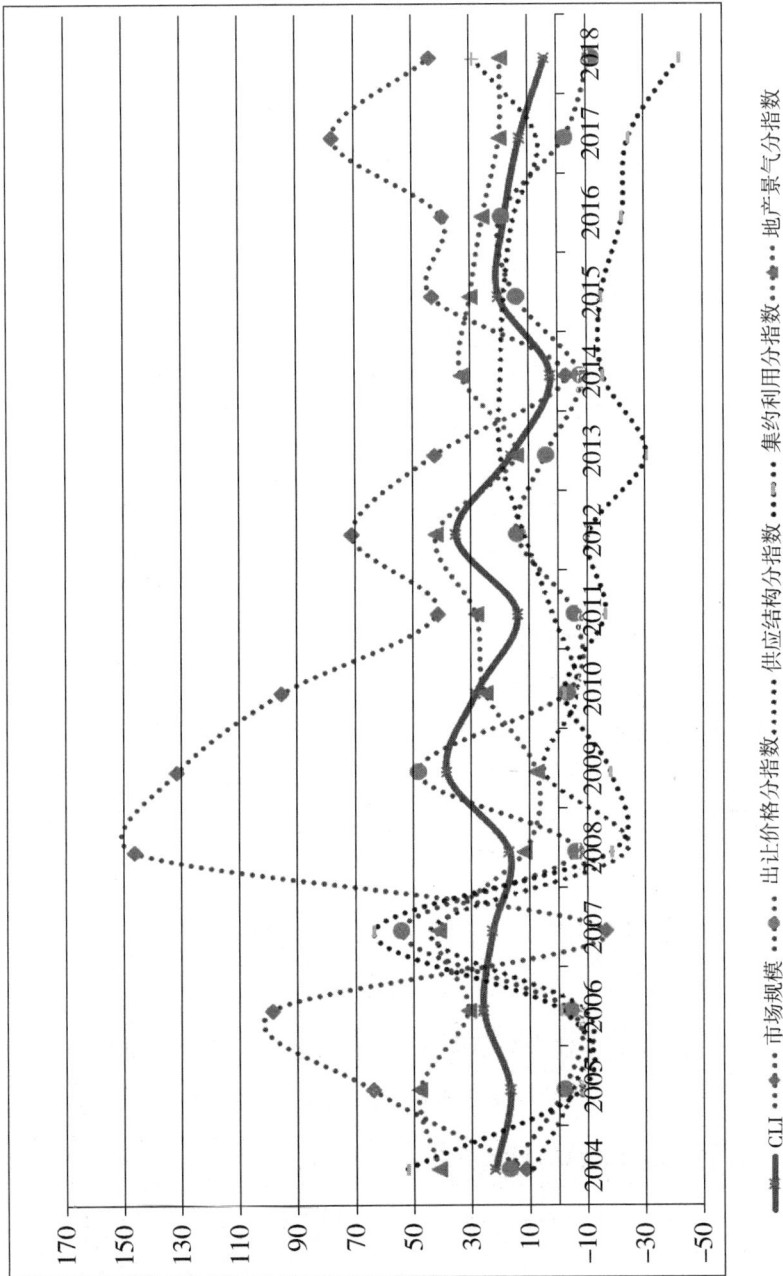

图 9 - 5 2004—2018 年 CLI 中地指数及分指数年度波动趋势图

图例：—— CLI …●… 市场规模 …◆… 出让价格分指数 …●… 供应结构分指数 …▲… 集约利用分指数 …✱… 地产景气分指数

从表格数据及图示可以清晰看出：

一是虚线所示各分指数走势交叉、涨跌各有分化。其中，市场规模分指数基本处于总指数曲线上方，但受政策影响，波动幅度较大；2007、2014年两个年度值低于综合指数，直接反映出当时土地市场和宏观经济发展的下滑态势；但相对于2007年与价格、景气等4项分指数的逆势波动情况，2014年则围绕综合指数曲线波动，表明分化逐步减小；市场规模在2018年出现回落，表明我国土地市场规模在经过一段时间的高速增长后，渐趋稳定。这显示我国宏观经济平稳向好、土地市场管理细化、企业拿地回归理性等现状。

地产景气指数年度波动态势也与其他分指数情况不同，一直较为紧贴综合指数曲线；自2011年以来，该分指数和市场规模分指数成为拉动综合指数的主要因素；这也说明国家发展战略（规模容量控制）和市场交易态势（景气预期程度）是我国土地市场发展的主动性、引导性、持续性内在动力。

出让价格、供应结构和利用集约3个分指数在2008年前发展态势较为一致，之后则明显分化：出让价格分指数始终和综合指数发展态势保持一致。表明我国土地市场价格较为灵敏地反映出了市场发展状况。供应结构和利用集约两个分指数则与综合指数曲线波动分化，宏观反映出我国区域土地供应差异和不同用地类型土地利用强度和效率的变化情况。2015—2017年又出现较为一致发展情况，显示即将进入周期性发展态势。

二是自2015年起各分指数波动趋势开始高度一致，即尽管涨跌幅度各有高低、走势线路各有不同，但均和综合指数曲线波动方向基本一致，显示我国土地市场已经逐步形成内在发展机制，市场结构达到相对稳定状态。

第三节　土地市场发展分析

从2018年全年CLI中地指数中价格、结构、景气等成分指数的波动情况来看，近年来我国土地市场存在以下问题：

一、市场长周期发展趋势相对凸显

从数据波动情况看，2018年综合指数年度环比波动4.7%，除2014年（3.05%）外达到最低点，三季度综合指数环比仅波动0.2%，比2016年下半年0.5%的波动趋势更加稳健。这一方面说明我国土地市场稳定发展，但另一方面也显示市场活力进一步下降、市场信号正在逐步削弱。究其主要原因，在于政策效应进一步加强。

分指数看：规模指数环比增加，当年翘尾因素、政策补差因素明显，表明市场及时调整状态并仍具备发展基础；价格指数年度环比降幅 12.5%，为历史最低，表明投资者对土地市场价值预期持续看低；同时，数据变化也表明其中既有物价上涨、经济转型、股市不振等因素，还有地产价格预期转变、引导实体企业用地增加等情况。

特别是下半年地产景气指数显示黄灯，表明目前土地市场预期发展程度虽然理性，但热度相对削弱。其中是否存在土地政策效应强化、"一带一路"产能输出、创新产业用地增加、高端制造扶持甚至人民币升值预期等经济转换因素引致地产资金流出和土地市场调整，值得关注。

二、土地市场内部结构调整亟待关注

2018 年下半年 CLI 分指数中，市场规模同比增加 7.2%、环比增加 27.5%，同时价格环比降低 7.2%。按一般规律，市场规模存量增加会引致价值价格降低，因此这一变化符合我国土地市场发展规律。

同时考虑到我国土地确权，集体建设用地入市，农村宅基地所有权、资格权、使用权三权分置以及集体建设用地建设租赁住房等改革动向，此次价格调整方向及幅度就特别值得关注。乐观分析，工业用地出让价格显著提升，表明我国经济"亩产效益"提升，工业经济正在转向高质量发展阶段。

综合来看，土地市场整体趋稳向好，经历两年"去库存"调整后，2018 年土地市场在供应上有所增加，但改革和调控的任务仍十分艰巨，深层次和相关的改革日益凸显。对地产市场的关注、研究、分析和对策必须加强，不能松懈。

第十章

2008—2018 年京沪渝 CLI 实证分析

近年来我国土地市场发展迅速，同时国家对土地市场和土地政策的调控也日益精准化，当前土地市场"一城一策"调控思路成为共识。

2019 年 7 月，继 2018 年广州市不再公开商品房网签价格信息后，深圳市房地产信息平台不再披露住房价格数据，新房成交均价、总额等信息也均不再公布。在房价数据方面，全国各类城市主动公布的并不多见。有研究者认为，深圳此次不公布房价数据，可以认为是一个明确稳预期的政策引导举措。

这种市场现象，一方面凸显了我国土地政策调控的深入细致，但另一方面也使得全国性土地数据指标的统一性逐步降低，获得数据口径一致的指标信息的难度不断加大。因此，本部分研究根据既定思路，使用自然资源部内部监测数据。

根据自然资源部全国土地市场动态监测监管系统提供的数据，截至 2018 年，以 CLI 中地指数二级指标五个维度（市场规模、出让价格、供应结构、利用集约、景气指数）数据为统计点，发现只有北京、上海、重庆三大城市的数据可以满足进行 CLI 计算的数据要求。因此，课题组以 2008 年第一季度为基期，选取京沪渝这三个超大城市的 CLI 指数进行测算分析。

第一节 京沪渝三城 CLI 指数测算分析

北京、上海、重庆三大城市，分别是京津冀、长三角、成渝等三大城市群内的首位城市，很大程度上各自显示了所在城市群土地市场的发展历程和利用效率，也表明了我国三大城市群的特大城市调控效果。因此，本研究选取京沪渝三城进行数据测算分析。

一、北京市 CLI 数据测算分析

（一）分指数数据分析测算

根据自然资源部全国土地市场动态监测监管系统提供的数据，并结合我国宏观经济发展数据，导出北京市 2008—2018 年市场规模指数、出让价格指数、供应结构指数、利用集约指数、景气指数等分指数的数据计算表如下。

表 10 - 1　北京市 2008—2018 年市场规模分指数计算表

年度	市场规模指数		成分指数		合成指数
	土地出让供应总量	划拨用地供应量	土地出让供应总量	划拨用地供应量	
2008	2051.5	2218.6	100	100	100
2009	1834.7	3239.2	89.43	146.0	103.57
2010	2224.9	1574.9	108.45	71.0	99.08
2011	2542.5	1157.9	123.93	52.2	106.00
2012	1487.4	415.9	72.50	18.7	59.06
2013	1982.7	361.1	96.64	16.3	76.55
2014	1510.3	533.7	73.62	24.1	61.23
2015	812.9	5596.9	39.63	252.3	92.79
2016	713.2	582.1	34.76	26.2	32.63
2017	920.3	1008.5	44.86	45.5	45.01
2018	727.9	366.0	35.48	16.5	30.73

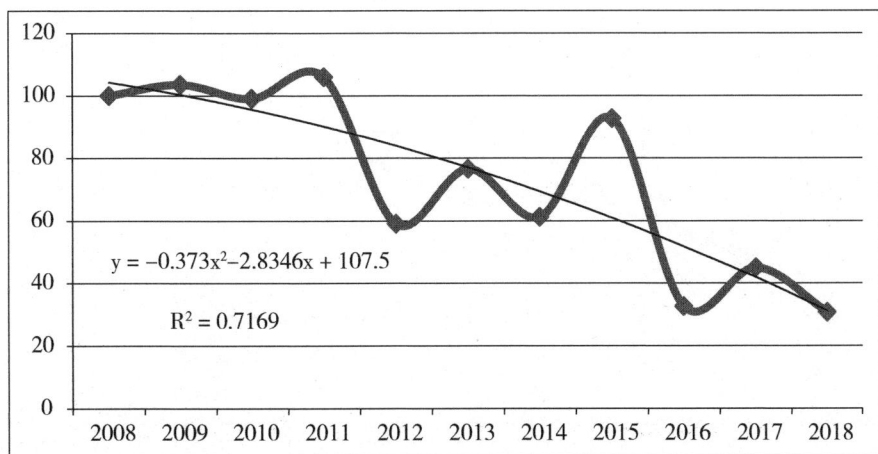

图 10 - 1　北京市 2008—2018 年市场规模分指数数据图

表 10 - 2　北京市 2008—2018 年出让价格分指数计算表

年度	出让价格指数			CPI	成分指数			合成指数
	商品住宅用地出让价格	商服用地出让	工业用地出让价格		商品住宅用地出让价格	商服用地出让	工业用地出让价格	
2008	6195.0	5439.4	265.8	703.4	100.0	100.0	100.0	100.00
2009	8879.5	6676.5	370.7	692.8	145.5	124.6	141.6	137.23
2010	12673.1	9903.8	309.8	709.4	202.8	180.5	115.6	173.22
2011	7666.2	19137.3	266.8	749.1	116.2	330.4	94.3	185.67
2012	9609.0	14833.5	347.7	773.8	141.0	247.9	118.9	172.89
2013	12661.8	17638.9	642.0	799.3	179.9	285.4	212.6	224.97
2014	24370.7	17785.1	551.2	812.1	340.7	283.2	179.6	280.33
2015	33846.1	33771.5	1124.7	826.7	464.9	528.3	360.1	460.86
2016	36333.9	13838.9	682.0	838.3	492.1	213.5	215.4	325.42
2017	45956.8	26357.7	2326.9	854.2	610.9	399.0	721.0	564.25
2018	38898.1	23591.4	1140.8	868.6	508.5	351.2	347.6	413.22

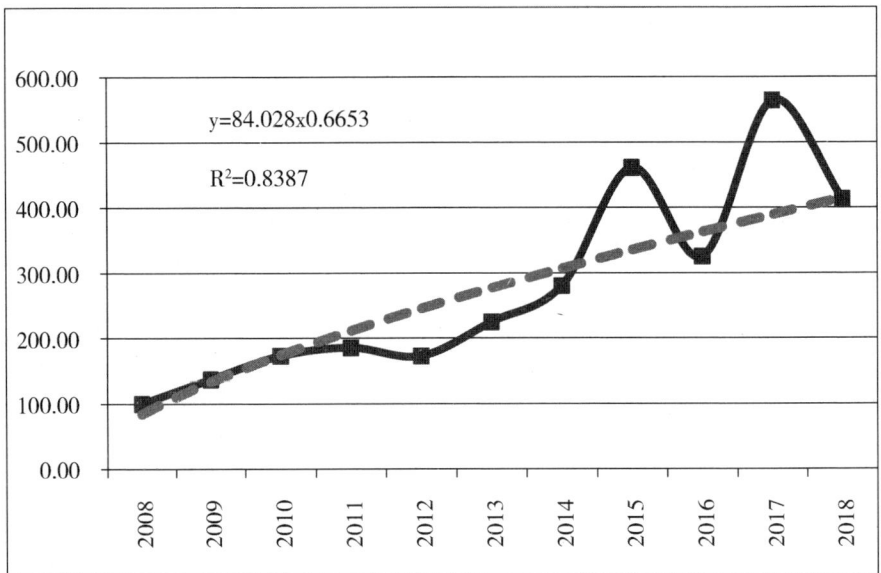

$y=84.028x0.6653$

$R^2=0.8387$

图 10 - 2　北京市 2008—2018 年出让价格分指数数据图

表 10 – 3　北京市 2008—2018 年供应结构分指数计算表

年度	供应结构指数				成分指数				合成指数
	工矿仓储	商服用地	住房用地	保障性住房用地	工矿仓储	商服用地	住房用地	保障性住房用地	
2008	20.6%	5.9%	19.0%	13.1%	100	100	100	100	100.00
2009	18.6%	6.1%	13.1%	28.9%	111.10	103.45	69.03	220.02	107.46
2010	25.1%	10.1%	20.3%	13.7%	82.13	173.05	107.00	104.75	114.58
2011	29.2%	11.8%	23.6%	11.4%	70.75	202.40	124.39	87.23	121.40
2012	40.4%	8.7%	32.9%	33.6%	51.07	149.22	173.48	255.78	132.80
2013	24.1%	15.4%	40.3%	18.2%	85.55	263.84	212.53	138.77	173.54
2014	20.1%	22.3%	30.1%	22.4%	102.62	381.35	158.57	171.07	195.93
2015	2.1%	2.5%	8.9%	23.6%	998.96	42.18	46.88	179.75	392.22
2016	17.3%	22.0%	23.1%	58.8%	119.07	375.90	121.58	447.75	216.90
2017	12.0%	8.4%	39.9%	37.4%	171.67	144.16	210.64	284.91	187.81
2018	9.1%	14.8%	45.5%	23.6%	226.87	252.99	240.18	179.60	232.67

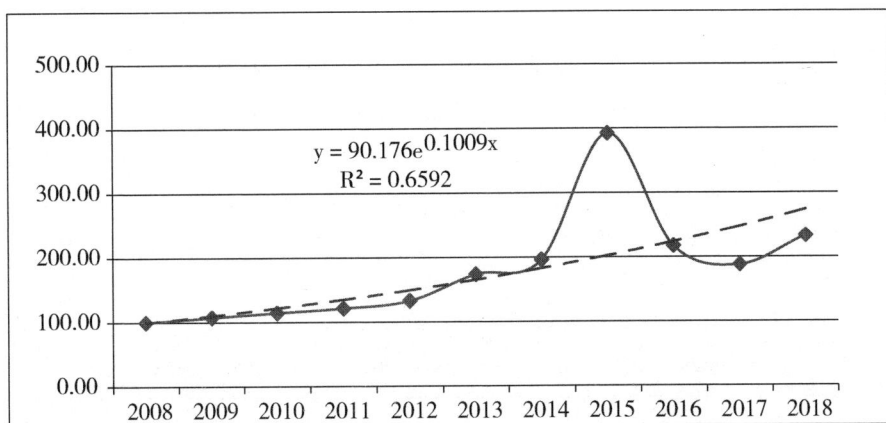

$$y = 90.176e^{0.1009x}$$
$$R^2 = 0.6592$$

图 10 – 3　北京市 2008—2018 年供应结构分指数数据图

表 10 – 4　北京市 2008—2018 年利用集约分指数计算表

年度	利用集约指数				CPI	成分指数				合成指数
	招拍挂出让（%）	存量/土地供应总量（%）	固定资产投资额/土地供应总量（%）	二、三产业增加值/土地供应总量（%）		招拍挂出让	存量/土地供应总量	ppi消除后的固定资产投资/土地	二、三产业增加值/土地供应总量	
2008	21.3	61.0	901250.5	2599563.8	703.4	100	100	100	100	100.00
2009	27.2	20.2	957522.1	2424609.7	692.8	127.3	33.1	107.9	94.7	88.65
2010	44.2	16.2	1442413.1	3759647.7	709.4	207.1	26.6	158.7	143.4	130.54
2011	43.2	21.9	1595872.7	4453247.8	749.1	202.3	35.9	166.3	160.9	136.88
2012	43.3	27.1	3395655.0	9563454.4	773.8	203.2	44.4	342.5	334.4	209.65
2013	55.4	22.0	3000302.8	8605657.9	799.3	259.9	36.0	293.0	291.3	205.64
2014	49.2	23.6	3699627.4	10657605.9	812.1	230.8	38.6	355.6	355.1	222.95
2015	9.5	4.7	1246656.6	3673291.2	826.7	44.4	7.7	117.7	120.2	63.22
2016	34.6	21.3	6532925.1	19717826.6	838.3	162.0	34.9	608.2	636.4	308.01
2017	38.6	15.3	4639180.2	14462073.2	854.2	180.9	25.0	423.9	458.1	238.17
2018	46.8%	18.5%	7370334.0%	27609413.8%	868.6	219.3	30.3	662.3	860.1	379.34

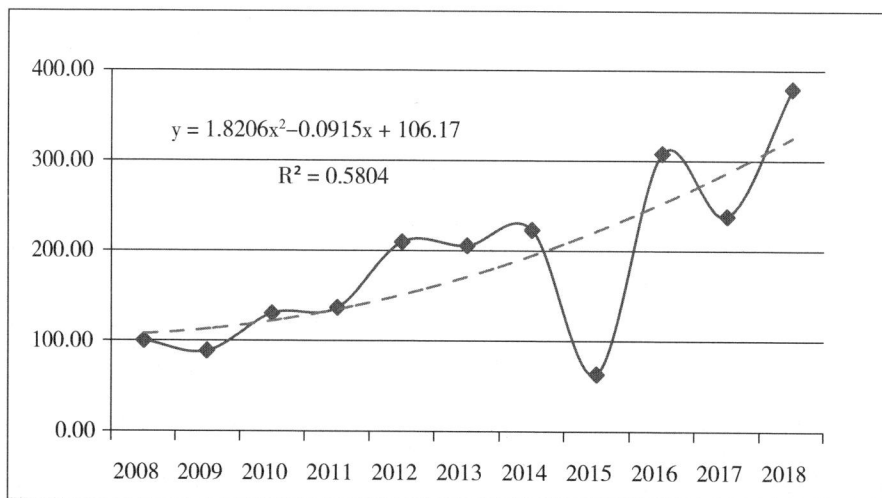

$$y = 1.8206x^2 - 0.0915x + 106.17$$
$$R^2 = 0.5804$$

图 10 – 4　北京市 2008—2018 年利用集约分指数数据图

表 10 – 5 北京市 2008—2018 年地产景气分指数计算表

年度	地产景气指数			CPI	成分指数			合成指数
	新增人民币信贷规模	房地产业投资总额	商品房销售面积		新增人民币信贷规模	房地产业投资总额	商品房销售面积	
2008	2172.5	1908.7	1335.4	703.40	100	100	100	100
2009	5436.8	2337.7	2362.3	692.80	254.1	124.3	176.8983	184.29
2010	4142.0	2901.1	1639.5	709.40	189.0	150.7	122.7722	151.03
2011	3803.2	3036.3	1440.0	749.10	164.4	149.4	107.8329	137.26
2012	3074.3	3153.4	1943.7	773.80	128.6	150.2	145.5519	141.87
2013	4065.4	3483.4	1903.1	799.30	164.7	160.6	142.5116	154.59
2014	4952.0	3911.3	1459.0	812.10	197.4	177.5	109.2557	156.18
2015	5100.8	4226.3	1554.7	826.70	199.8	188.4	116.422	163.02
2016	6059.4	4045.4	1675.1	838.30	234.0	177.8	125.4381	173.74
2017	6763.6	3745.9	875.0	854.20	256.4	161.6	65.52344	151.60
2018	3384.5	3873.3	696.2	868.60	126.2	164.3	52.13419	108.00

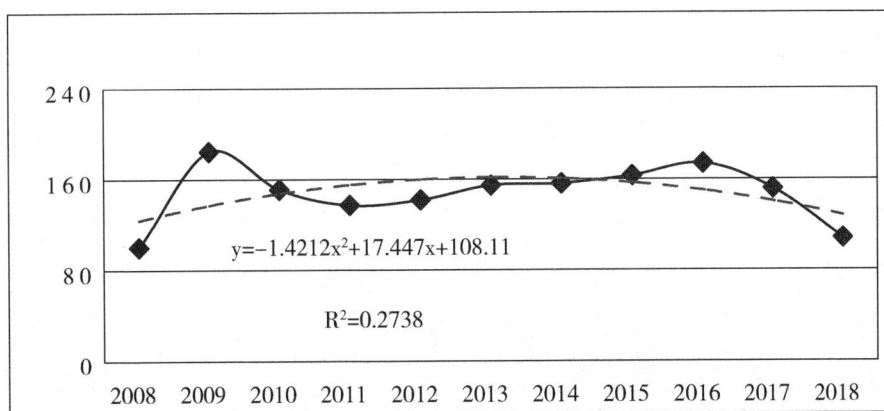

$$y=-1.4212x^2+17.447x+108.11$$

$$R^2=0.2738$$

图 10 – 5 北京市 2008—2018 年地产景气分指数数据图

(二) 北京市 CLI 合成指数分析测算

根据以上分指数计算数据，按照 CLI 计算方法，计算北京市 2008—2018 年

CLI 合成指数。计算表及数据曲线如下。

表 10 - 6　北京市 2008—2018 年 CLI 合成指数计算表

年度	市场规模分指数	出让价格分指数	供应结构分指数	利用集约分指数	地产景气分指数	CLI 合成指数
2008	100	100	100	100	100	100
2009	103.57	137.23	107.46	88.65	184.29	119.89
2010	99.08	173.22	114.58	130.54	151.03	132.79
2011	106.00	185.67	121.40	136.88	137.26	139.20
2012	59.06	172.89	132.80	209.65	141.87	131.45
2013	76.55	224.97	173.54	205.64	154.59	157.94
2014	61.23	280.33	195.93	222.95	156.18	174.18
2015	92.79	460.86	392.22	63.22	163.02	235.74
2016	32.63	325.42	216.90	308.01	173.74	194.31
2017	45.01	564.25	187.81	238.17	151.60	254.69
2018	30.73	413.22	232.67	379.34	108.00	225.69

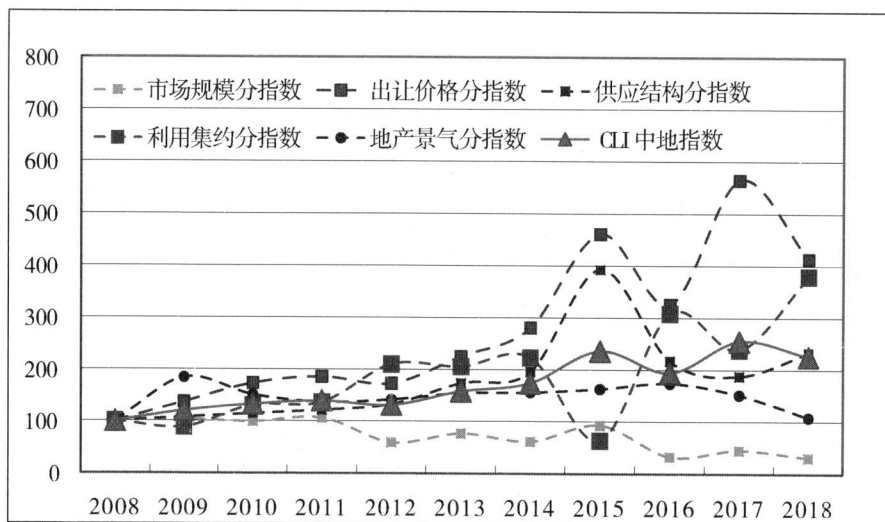

图 10 - 6　北京市 2008—2018 年 CLI 合成指数计算数据走势图

进而可以绘出北京市 2008—2018 年 CLI 指数的走势图：

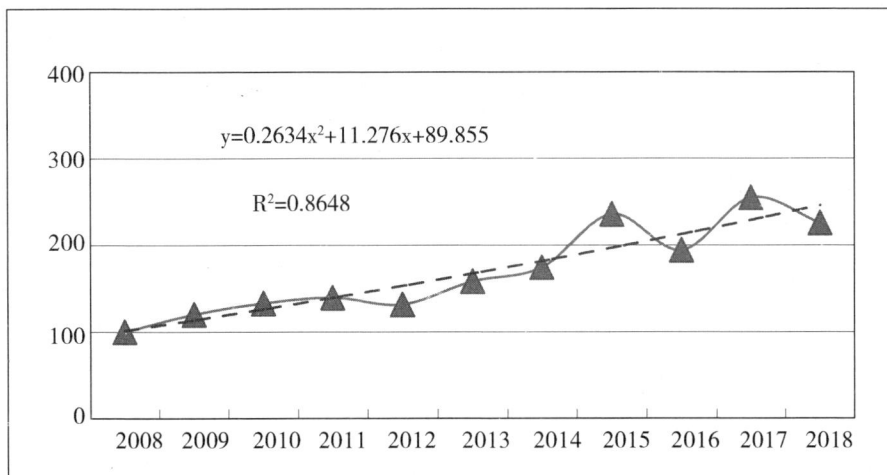

$$y=0.2634x^2+11.276x+89.855$$

$$R^2=0.8648$$

图 10 – 7 北京市 2008—2018 年 CLI 指数曲线趋势图

（三）北京市 2008—2018 年 CLI 土地市场发展分析

从 2008—2018 年北京市土地市场在规模、价格、结构、集约、景气等方面的情况来看，北京市土地市场十年来在国家经济发展的支撑下稳步发展，同时自 2014 年起呈现出较大的波动特征，显示土地政策调控力度不断加大。

从时间序列数据分析，北京市 CLI 指数 2018 年比 2008 年增长 125.7 个点位，增幅达到 125.7%。与此同时，我国 GDP 从 31.92 万亿元增长到 90.03 万亿元，增幅 182%，北京市 GDP 从 1.11 万亿元增长到 3.03 万亿元，增幅 173%。显然，北京市土地市场的发展，和北京市乃至我国经济增长的态势是保持一致的，但同时也显示出适当的缓速性、调整性发展特征。

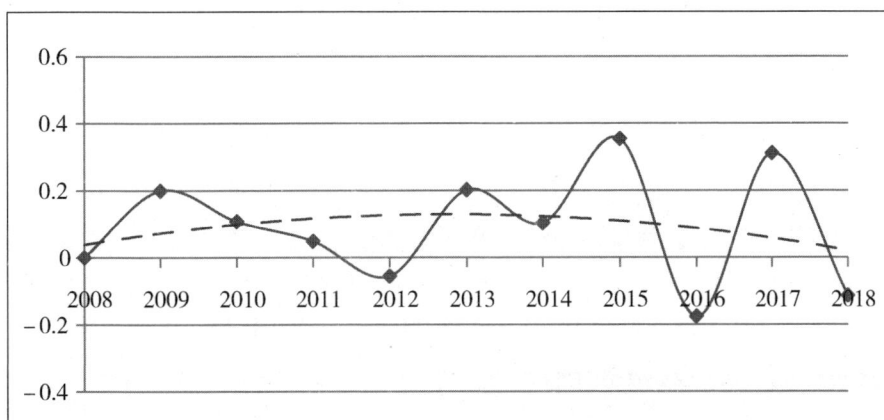

图 10 – 8 北京市 2008—2018 年 CLI 指数增速变化图

如上图 10-8 所示，北京市 2008 后土地市场指数一路走低到 2012 年，此后恢复性波动至 2014 年。当年北京市按照中央决定修正发展目标，致力于四个中心建设，并提出减量发展政策，此后严控土地市场开发，2016 年降入谷底。此后随着通州北京城市副中心的建设、雄安新区建设、服务业扩大开放和分区规划建设的出台，土地市场出现波动。

从分指数情况来看：

土地市场规模大幅缩减，2018 年比 2008 年市场规模缩减 69.3%。如下图 10-9 所示，具体指标分析发现，出让供应总量逐年走低，2018 年比 2008 年降幅达到 64.5%，土地二级市场交易量降幅达到 83.5%。一方面北京市严控土地出让量，另一方面严控土地市场交易，显示北京市土地市场规模大幅减少，而市场调控力度不断加大。特别是 2015 年全年北京市土地出让总金额高达 2032 亿元，环比增长 6%，图示也特别显示出 2015 年北京市土地市场交易处于高点位置。但此后北京市即加强了土地市场调控，更多倾向于"腾笼换鸟""留白增绿"减量发展。

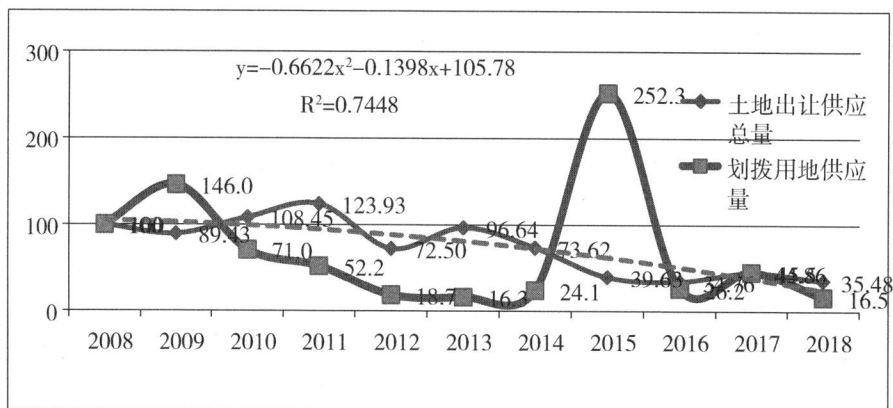

图 10-9 北京市 2008—2018 年市场规模指标数据走势图

土地市场出让价格持续走高。2018 年比 2008 年出让价格增幅 313.2%。如下图 10-10 所示，具体指标分析发现，住宅用地出让价格增幅 408.5%，商服用地出让价格增幅 251.2%，工业用地出让价格增幅 247.6%。表明 2008—2018 年北京市出让的土地大部分进入了住宅市场，同时商业用地、工业用地的快速增长表明经济需求也在快速增长。

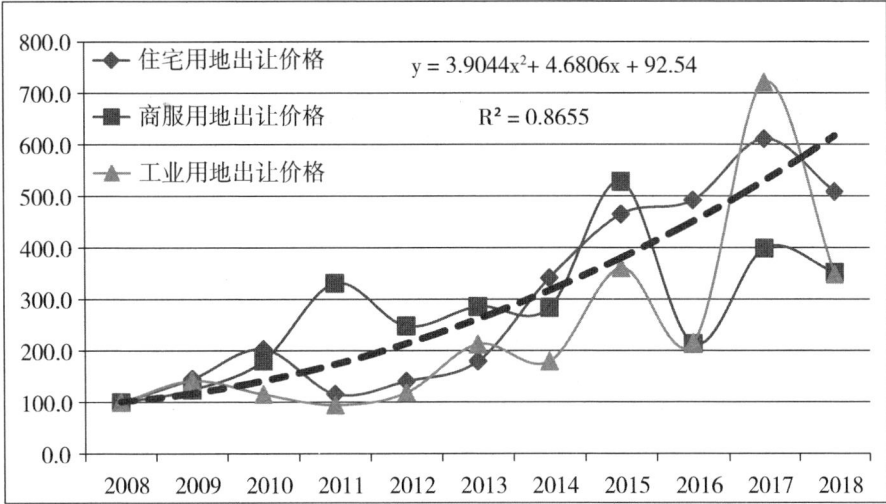

图 10 – 10　北京市 2008—2018 年出让价格指标数据走势图

仅从住宅用地价格分析，2015 年北京住宅类用地平均楼面价高达 16785 元/平方米，环比 2014 年增长 14%，其中最高楼面价为 75000 元/平方米。在当年成交的 50 宗住宅用地中，剔除配建之后，实际楼面价超过 30000 元/平方米的多达 26 宗，占比高达 52%，而 2014 年这一区间段占比仅在 20% 左右。楼面价 10000 ~ 30000 元/平方米之间的有 15 宗，纯商品住宅的实际楼面价低于 10000 元/平方米的仅 9 宗[1]。

同时，指数曲线表明近几年北京市土地市场价格曲线波动幅度较大。分析认为市场需求和政策调控之间的交互博弈正日益深化。

土地市场供应结构相对优化。从数据变化看，2018 年分指数比 2008 年增幅 132.7%。如下图 10 – 11 所示，具体指标分析发现，工矿仓储供地指标增幅 126.9%、商服用地供地指标增幅 152.9%、住房地供地指标增幅 140.2%、保障房用地供应增幅 79.6%。除保障房波动较大外，相对比较均衡。

从指数走势图看出，2015 年工矿仓储用地猛然升至 998.96 点，显著拉高了供应结构分指数，具体分析，交通运输用地安排 1750 hm²，重点保障北京新机场等重点工程用地；工矿仓储用地 330 hm²。其余年度均保持相对均衡比例发展态势。

---

[1]　年终盘点：2015 北京土地收入 2032 亿创历史新高 ［EB/OL］. 搜狐焦点网，2015 – 12 – 29.

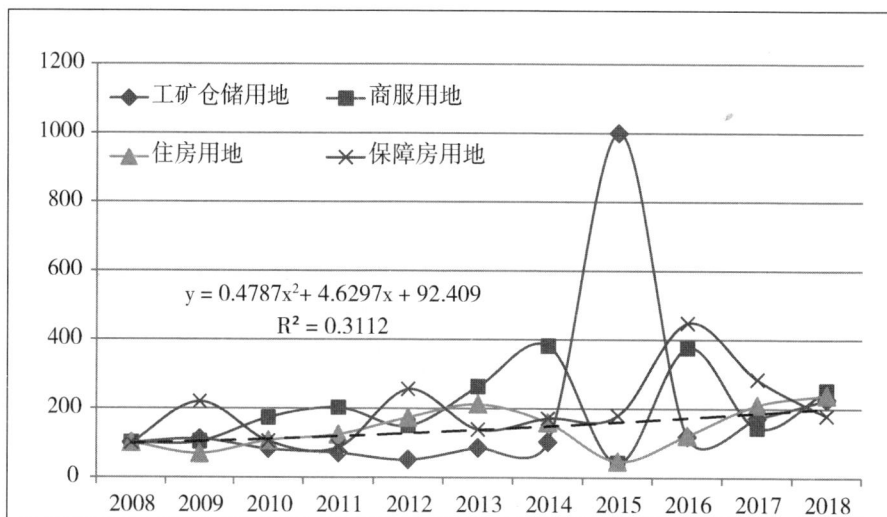

图 10 - 11　北京市 2008—2018 年供应结构指标数据走势图

事实上，2015 年北京共出让 109 宗土地，相比 2014 年减少了 32 宗。北京经过多年"摊大饼"式扩张发展后，目前的土地供应多集中在周边郊区或产业开发区，城市中心区供地已严格控制；国家自 2014 年开始调整北京以"四个中心"新政策发展，要求北京走高质量发展道路，土地供应逐年减少。

同时，2015 年众多品牌房企又纷纷回归一线城市。更深层次的原因是，北京作为首都和京津冀城市群的首位城市，在资源配置和发展机会等方面吸引着国内外人才集聚——多方面因素共同推进了 2015 年北京土地价格的直线飙升。之后，随着政策严限，北京市土地供应更加稀少，调控力度日益加大。

土地利用集约水平不断提升。从数据变化看，2018 年分指数比 2008 年增幅 279.3%。如下图 10 - 12 所示，具体指标分析发现：招拍挂出让占比增幅 119.3%，说明通过市场提升了效率；存量/土地供应总量下降 69.7%，表明土地利用水平不断提高；固定资产投资额/土地供应总量增幅 562.3%，显示单位土地面积上固定资产投资额度依然很大，投资驱动经济现象依然显著；二、三产业增加值/土地供应总量增幅 760.1%，突出表明单位土地供应单位产业产值不断大幅上涨，也佐证了我国土地作为最重要的经济发展驱动要素所起到的基础性作用。从具体指标看，北京市 2008—2018 年的土地利用集约水平大幅提高。

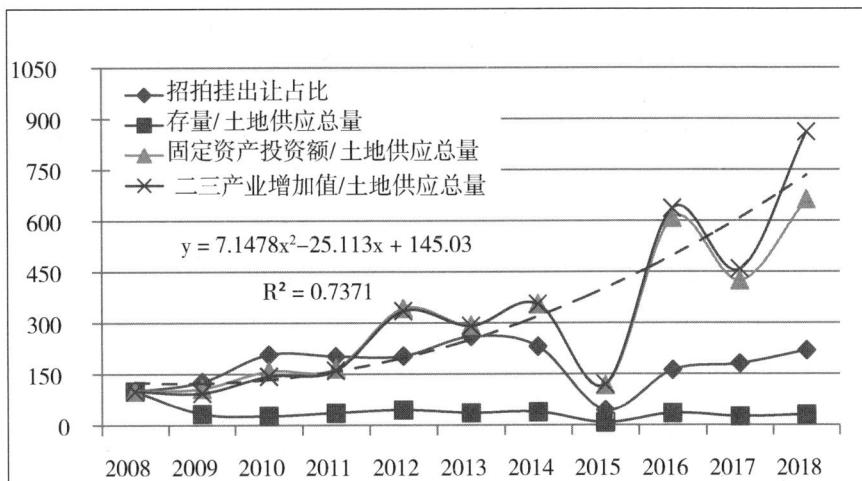

图 10 – 12　北京市 2008—2018 年利用集约指标数据走势图

土地市场景气程度逐步趋缓。如下图 10 – 13 所示，从数据变化看，2018 年分指数比 2008 年增幅 8%。具体指标分析发现，新增人民币信贷规模增幅 26.2%、房地产业投资总额增幅 64.3%、商品房销售面积增幅 52.1%。

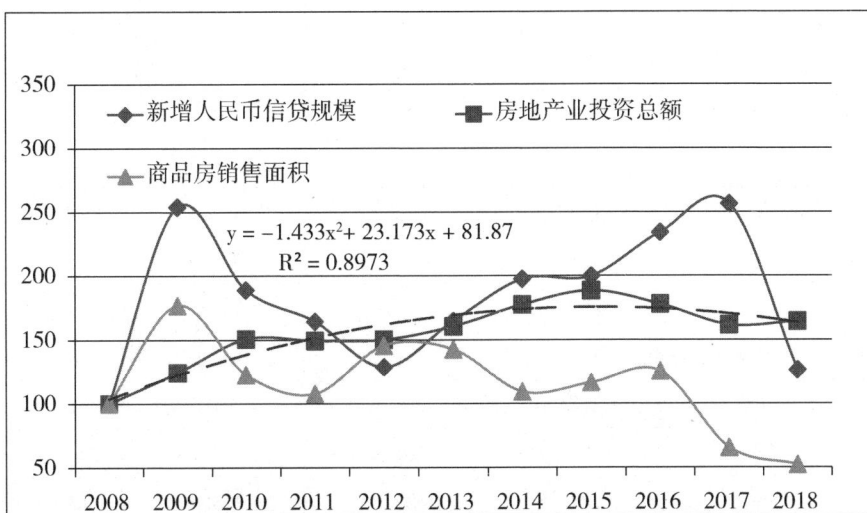

图 10 – 13　北京市 2008—2018 年地产景气指标数据走势图

从上图可以看出，新增人民币信贷规模指标 2009 年、2017 年均呈现出高点值，这和我国 2008 年提振经济、2012 年实体经济放缓外需萎缩居民消费增长放缓、2016 年供给侧结构性改革以及"三去一降一补"重点任务等宏观经济发展形势相吻合，但十年来总体上保持一定程度的均衡状态。房地产业投资总额指标相对趋稳中略有升幅，表明北京市的土地市场作为一线城市资源聚集地和国际产业配置高地，仍然具有较大吸引力。商品房销售面积一路下滑，则突出显示了北京市宏观政策调控的力度和效果，即通过限购、限贷等一系列政策，明显抑制了住宅市场的自然发展路径。

二、上海市 CLI 数据测算分析

（一）分指数数据分析测算

根据自然资源部全国土地市场动态监测监管系统提供的数据，并结合我国宏观经济发展数据，导出上海市 2008—2018 年市场规模指数、出让价格指数、供应结构指数、利用集约指数、景气指数等分指数的数据计算图表如下所示。

表 10 - 7　上海市 2008—2018 年市场规模分指数计算表

年度	市场规模指数		成分指数		合成指数
	土地出让供应总量	划拨用地供应量	土地出让供应总量	划拨用地供应量	
2008	478.4	719.1	100	100	100
2009	2460.7	2295.4	514.35	319.2	465.56
2010	3135.6	1570.2	655.42	218.3	546.15
2011	3270.4	2869.5	683.59	399.0	612.45
2012	2497.7	2380.5	522.09	331.0	474.32
2013	2253.0	1872.7	470.93	260.4	418.30
2014	1718.6	3228.1	359.23	448.9	381.65
2015	1125.6	2154.0	235.27	299.5	251.34
2016	798.8	2575.1	166.96	358.1	214.74
2017	992.8	2220.3	207.51	308.7	232.82
2018	1129.9	1824.0	236.18	253.6	240.54

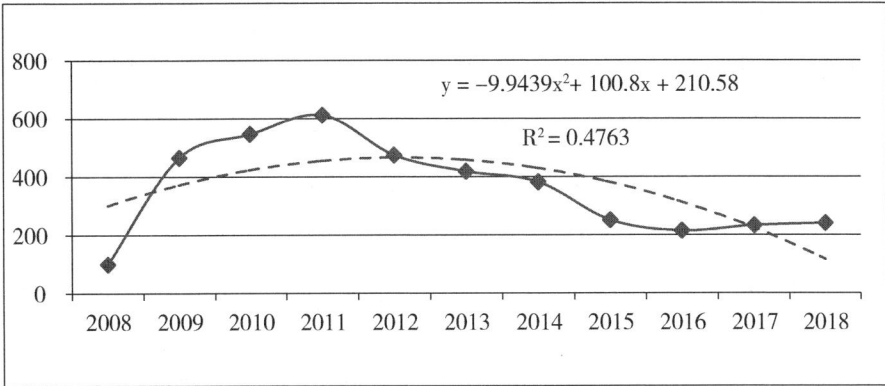

图 10 – 14 上海市 2008—2018 年市场规模分指数数据图

表 10 – 8 上海市 2008—2018 年出让价格分指数计算表

年度	出让价格指数			CPI	成分指数			合成指数
	商品住宅用地出让价格	商服用地出让	工业用地出让价格		商品住宅用地出让价格	商服用地出让	工业用地出让价格	
2008	2224.9	4692.3	455.1	103.6	100.0	100.0	100.0	100.00
2009	4129.6	12094.6	427.7	97.2	197.8	274.7	100.2	200.33
2010	6200.3	10228.7	515.7	99.4	290.5	227.2	118.1	225.23
2011	6246.8	11477.5	590.8	102.3	284.3	247.7	131.5	233.30
2012	6537.7	12786.6	643.6	100.7	302.3	280.3	145.5	255.41
2013	9360.9	28394.1	733.4	98.9	440.7	633.9	168.8	440.35
2014	18768.1	25195.5	828.3	97.8	893.6	568.8	192.8	604.71
2015	16193.2	29827.0	1567.6	94.0	802.6	700.6	379.6	660.96
2016	30071.7	32873.9	1446.9	92.9	1507.3	781.3	354.5	964.99
2017	16746.8	39150.8	1265.9	96.2	810.6	898.5	299.5	713.61
2018	19355.6	45573.6	1623.1	97.1	928.2	1036.2	380.5	829.09

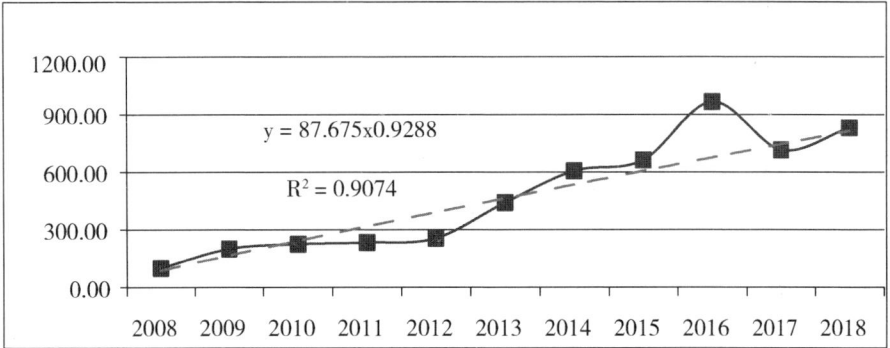

图 10 - 15　上海市 2008—2018 年出让价格分指数数据图

表 10 - 9　上海市 2008—2018 年供应结构分指数计算表

年度	供应结构指数				成分指数				合成指数
	工矿仓储	商服用地	住房用地	保障性住房用地	工矿仓储	商服用地	住房用地	保障性住房用地	
2008	22.8%	6.8%	11.2%	7.6%	100	100	100	100	100.00
2009	25.9%	8.3%	19.7%	14.6%	88.14	121.85	176.83	190.58	133.42
2010	24.8%	14.9%	26.2%	6.9%	91.92	219.00	234.73	90.70	166.41
2011	26.1%	7.2%	23.1%	20.6%	87.36	105.38	206.72	269.71	145.91
2012	29.5%	8.2%	14.4%	20.5%	77.47	121.00	129.11	267.87	122.88
2013	21.6%	10.6%	18.9%	2.6%	105.64	154.97	169.10	34.43	129.89
2014	16.2%	5.5%	12.9%	9.9%	140.59	80.33	115.26	129.39	116.81
2015	8.5%	4.1%	21.4%	15.5%	267.32	59.96	191.22	203.14	186.23
2016	8.9%	3.4%	10.7%	5.3%	255.41	49.92	95.88	69.69	137.60
2017	8.3%	3.4%	19.8%	10.6%	274.88	50.32	177.50	138.39	175.88
2018	12.7%	5.8%	20.5%	15.0%	179.38	84.52	183.71	196.14	158.64

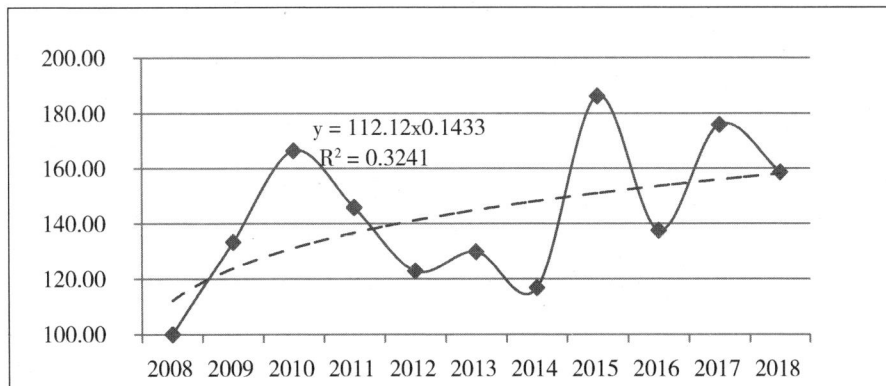

$y = 112.12x0.1433$
$R^2 = 0.3241$

图 10 – 16 上海市 2008—2018 年供应结构分指数数据图

表 10 – 10 上海市 2008—2018 年利用集约分指数计算表

| 年度 | 利用集约指数 | | | | | 成分指数 | | | | 合成指数 |
	招拍出让（%）	存量/土地供应总量（%）	固定资产投资额/土地供应总量（%）	二、三产业增加值/土地供应总量（%）	CPI	招拍出让	存量/土地供应总量	ppi消除后的固定资产投资/土地	二、三产业增加值/土地供应总量	
2008	37.2	57.9	4032800.1	11827529.5	103.6	100	100	100	100	100.00
2009	48.6	50.2	1108742.2	3189933.1	97.2	130.5	86.6	29.3	28.7	76.73
2010	59.6	34.5	1130029.8	3680381.5	99.4	160.1	59.5	29.2	32.4	78.20
2011	49.5	17.9	807828.1	3161099.8	102.3	132.8	30.8	20.3	27.1	58.58
2012	44.9	20.1	1048542.5	4187142.7	100.7	120.4	34.6	26.7	36.4	59.16
2013	48.3	20.5	1368012.3	5364617.4	98.9	129.6	35.4	35.5	47.5	66.11
2014	33.5	15.9	1215555.9	4838896.9	97.8	90.0	27.4	31.9	43.3	50.27
2015	32.6	21.6	1935934.1	7785708.8	94.0	87.4	37.3	52.9	72.5	62.52
2016	22.6	19.5	2002412.6	8319576.4	92.9	60.8	33.7	55.4	78.4	55.11
2017	29.7	31.6	2255347.9	9499379.4	96.2	79.8	54.6	60.2	86.5	69.67
2018	35.7	35.2	2580770.0	11027837.6	97.1	95.7	60.8	68.3	99.5	80.53

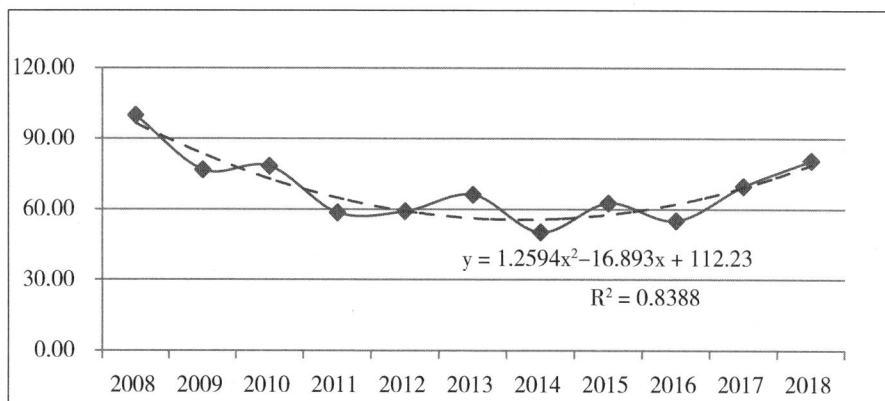

$$y = 1.2594x^2 - 16.893x + 112.23$$
$$R^2 = 0.8388$$

图 10 - 17　上海市 2008—2018 年利用集约分指数数据图

表 10 - 11　上海市 2008—2018 年地产景气分指数计算表

年度	地产景气指数			CPI	成分指数			合成指数
	新增人民币信贷规模	房地产业投资总额	商品房销售面积		新增人民币信贷规模	房地产业投资总额	商品房销售面积	
2008	2379.6	1366.9	2339.3	103.60	100	100	100	100
2009	5120.8	1464.2	3372.4	97.20	229.4	114.2	144.16	160.73
2010	3862.0	1980.7	2061.0	99.40	169.2	151.0	88.10	131.30
2011	2674.4	2170.3	1790.9	102.30	113.8	160.8	76.56	113.01
2012	3169.5	2381.4	1898.5	100.70	137.0	179.2	81.16	127.34
2013	3219.8	2819.6	2382.2	98.90	141.7	216.1	101.83	148.08
2014	3341.9	3206.5	2084.7	97.80	148.8	248.5	89.11	154.83
2015	4774.5	3468.9	2431.0	94.00	221.1	279.7	103.92	191.82
2016	5781.0	3709.0	2706.0	92.90	270.9	302.6	115.68	218.33
2017	7061.0	3856.5	1692.0	96.20	319.6	303.8	72.33	215.95
2018	6302.9	4033.9	1767.0	97.10	282.6	314.9	75.54	209.46

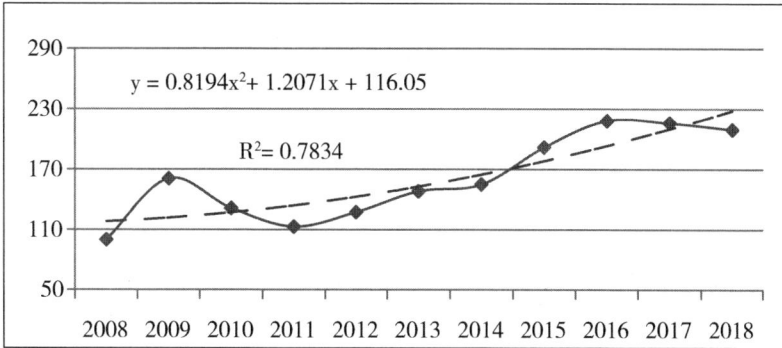

$$y = 0.8194x^2 + 1.2071x + 116.05$$

$$R^2 = 0.7834$$

图 10 – 18 上海市 2008—2018 年地产景气分指数数据图

（二）上海市 CLI 合成指数分析测算

根据以上分指数计算数据，按照 CLI 计算方法，计算上海市 2008—2018 年 CLI 合成指数。计算表及数据曲线如下表 10 – 12 和下图 10 – 19 所示。

表 10 – 12 上海市 2008—2018 年 CLI 合成指数计算表

年度	市场规模分指数	出让价格分指数	供应结构分指数	利用集约分指数	地产景气分指数	CLI 合成指数
2008	100	100	100	100	100	100
2009	465.56	200.33	133.42	76.73	160.73	263.97
2010	546.15	225.23	166.41	78.20	131.30	300.22
2011	612.45	233.30	145.91	58.58	113.01	319.03
2012	474.32	255.41	122.88	59.16	127.34	276.53
2013	418.30	440.35	129.89	66.11	148.08	316.22
2014	381.65	604.71	116.81	50.27	154.83	349.69
2015	251.34	660.96	186.23	62.52	191.82	333.44
2016	214.74	964.99	137.60	55.11	218.33	408.52
2017	232.82	713.61	175.88	69.67	215.95	345.21
2018	240.54	829.09	158.64	80.53	209.46	381.81

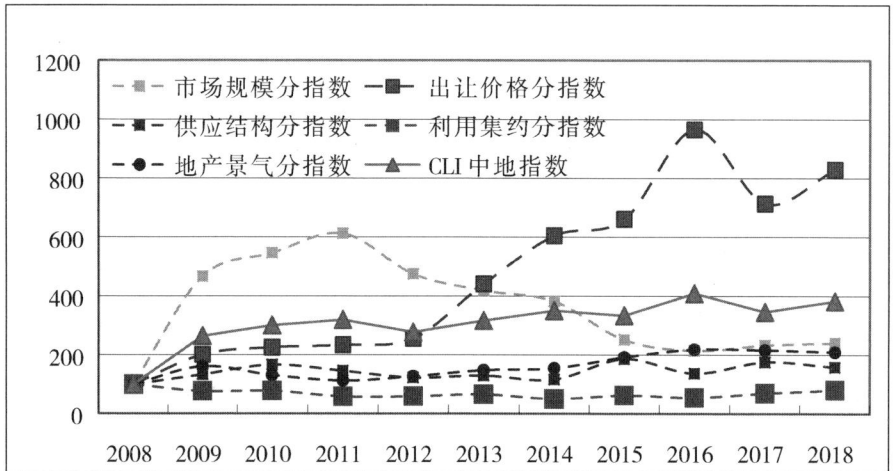

图 10 - 19　上海市 2008—2018 年 CLI 合成指数计算数据及曲线走势图

进而可以绘出上海市 2008—2018 年 CLI 指数的走势图，如图 10 - 20。

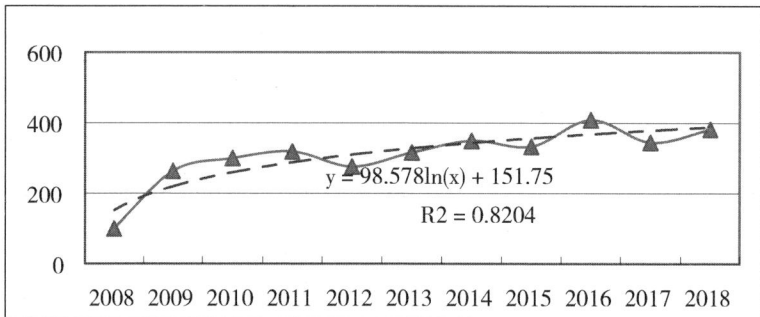

图 10 - 20　上海市 2008—2018 年 CLI 指数曲线趋势图

（三）上海市 2008—2018 年 CLI 土地市场发展分析

从 2008—2018 年上海市土地市场在规模、价格、结构、集约、景气等方面的情况来看，与北京市相比，上海市土地市场十年来波动幅度不断减小，甚至在 2012、2015、2017 三个年度呈现负增长态势，显示土地政策调控力度也在不断加大。

从时间序列数据分析，上海市 CLI 指数 2018 年比 2008 年增长 281.8 个点位，增幅达到 281.8%。相比 2008—2018 年我国 GDP 数据 182% 的增幅，上海市 GDP 从 1.41 万亿元增长到 3.27 万亿元，增幅 132%。显然，上海市土地市场的发展速度，要明显高于上海市的经济增长速度，而低于我国经济发展速度。

这反映出上海市土地市场发展的快速进程，也表明上海市经济发展的精细化、服务化发展转型特征。

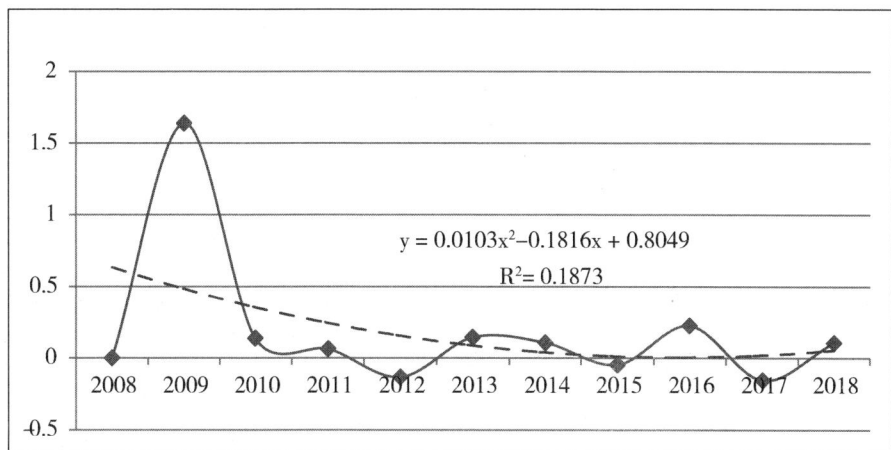

图10-21 上海市2008—2018年CLI指数增速变化图

如上图10-21所示，上海市2009年度土地市场指数达到波峰，之后一路走低到2018年。上海市土地市场的减量发展，与近十年来信息产业、金融业、商贸流通业、汽车制造业、成套设备制造业、房地产业六大产业推动上海经济发展有关，更与自贸区逐步完善、工业增长强劲优势逐渐被以商贸和金融服务业取代的产业转型相关。

据《发现上海竞争力——长三角城市群外商资本报告（2008—2018）》分析发现，2008—2018年，外商投入长三角城市高端制造业的份额呈现下降趋势，对高端服务业和生产性服务业的投入比重不断提高。上海生产性服务业所占全市的外商资本的比例超过10%，位列长三角所有城市之首，且上升趋势明显①。服务业日益发展，日益引领着上海的土地市场向服务经济、增量经济发展。

从分指数情况来看：

土地市场规模稳步增加，2018年比2008年市场规模增加140.5%。如图10-22所示，具体指标分析发现，出让供应总量自2011年达到高点后逐年走低，2018年比2008年增幅136.2%；土地二级市场交易量增幅153.6%，保持相对稳速增长态势。

从十年间时间序列数据看，近十年来上海市在2009—2011年市场规模大幅

---

① 张炯强.《发现上海竞争力——长三角城市群外商资本报告（2008—2018）》发布［N/OL］.新民晚报，2019-05-27.

上涨的背景下，自2012年以后对土地开发和土地利用进行了较为严格的调控。

具体分析，上海市2008—2018年间土地出让供应总量即增量递增的幅度不断减小，而土地二级市场交易量即存量盘活、流动的数量则保持了相对稳定的发展态势，年均299.7点位。从这一数据可以看出，上海市近十年来的土地市场发展还是相当稳健的。

总体分析，上海市的土地市场做到了增量及时更新、存量有效流动，较为科学地有机调配了土地利用效率和政府政策调控二者之间的复杂关系。

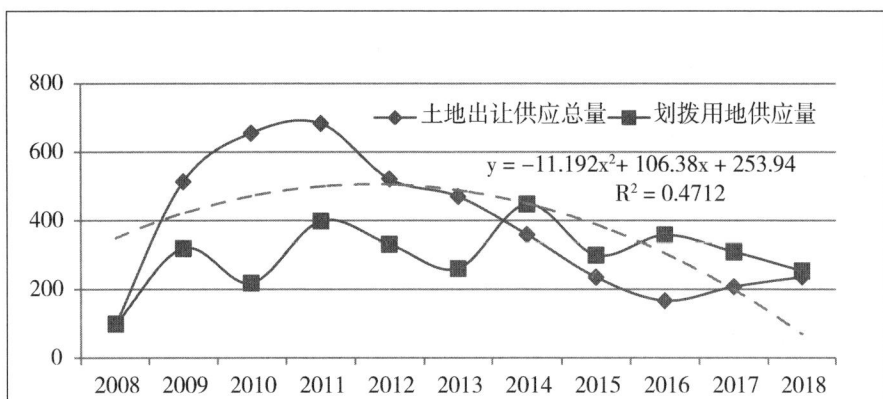

图10-22　上海市2008—2018年市场规模指标数据走势图

土地市场出让价格持续走高。合成指数2018年比2008年出让价格增幅729.1%，远远高于北京。如图10-23所示，具体指标分析发现，住宅用地出让价格增幅828.2%，商服用地出让价格增幅936.2%，工业用地出让价格增幅280.5%。表明2008—2018年间上海市出让的土地，与北京市大幅用于住宅用地不同，其首先用于商服功能和住宅用地，其次是工业用地。

例如，2015年上海土地市场共计成交土地（剔除工业用地）133幅，较2014年下滑33.3%。其中，商品住宅用地（普通商品房、商住办混合）成交52幅，商业用地（商业、办公及餐饮等）成交49幅，另外保障房用地（动迁安置房）成交32幅。

两相比对，2008—2018年间，除工业用地价格增幅280.5%和北京市247.6%较为相近外，住宅用地价格指数增幅北京市为408.5%而同期上海市为828.2%，商服用地价格指数增幅北京市为251.2%而同期上海市为936.2%，上海市住宅、商服两类土地的价格指数增幅均高于北京市数倍。这也从一个方面说明上海市的土地利用效率要高于北京市，土地利用程度与上海市产业转型发展之间的适配度显然更高。

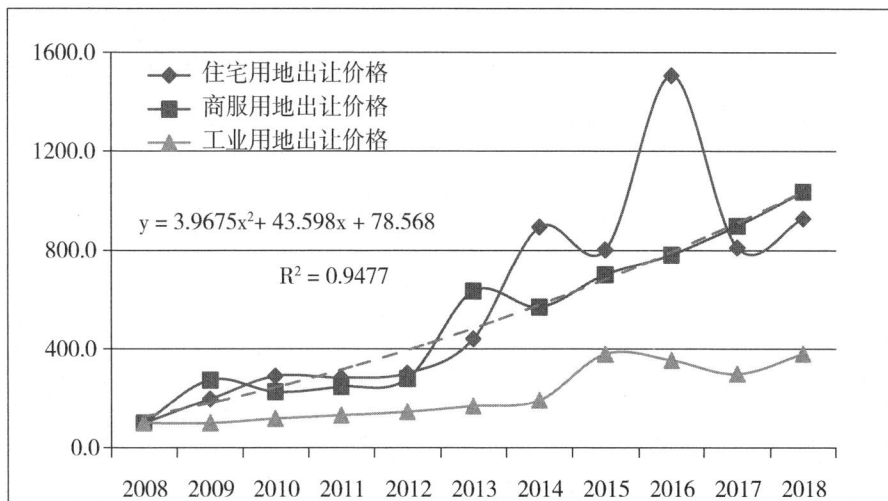

图 10 - 23　上海市 2008—2018 年出让价格指标数据走势图

从住宅用地价格指数分析，如上图所示，自 2014 年起上海市住宅地块成交价格不断攀升。2014 年 7 月 9 日，香港丽丰控股旗下公司东方动力以 5.77 亿元的价格，竞得上海黄浦五里桥街道 104 街坊 39/1 宗地块，楼面单价达 59859 元/平方米，溢价率为 62.54%。剔除掉 30% 的保障房部分，该地块纯商品房的楼面单价达到了 85513 元/平方米。该楼面单价也打破了当年北京农展馆地块 73099 元/平方米的全国楼面单价纪录，使得上海黄浦五里桥地块成为新的全国单价地王①。

2016 年 8 月，融信中国以 110 亿元的总价拍得静安中兴路地王，并以 10 万/平方米的价格，刷新了全国住宅交易史上楼板价最高纪录。数据显示，2016 年上海住宅用地楼面均价为 17629 元/平方米，同比大幅上涨 73.9%，其中商品住宅用地楼面均价为 31382 元/平方米，同比上涨 79.4%，均创历史新高。2016 年上海土地供应缩减，但在市场资金流动相当充裕的背景下，成为过去 8 年土地价格涨幅最大的年份，从侧面反映出上海土地市场对于资本要素的吸引力。10 月 8 日，上海市住建委、上海市规划和国土资源管理局联合发布《关于进一步加强本市房地产市场监管促进房地产市场平稳健康发展的意见》，通过加大商品住房用地供应力度、加强商品住房用地交易资金来源监管、加强新建商品住房预销售管理、全面实行存量住房交易资金监管制度等方法进一步加强房

---

① 上海宅地产生全国单价新地王入市或卖 16 万元/平方米叫板最贵豪宅［EB/OL］. 腾讯新闻，2014 - 07 - 10.

地产市场行为的监管和土地供应调控。如图 10-23 所示,伴随着商服用地价格的不断走高,上海市住宅用地价格在 2017 年大幅下降,降幅 46.2%,土地市场过热现象受到控制,稳定了市场预期,巩固了政策调控效果。综合分析,与北京市类似,价格曲线表明近几年上海市土地市场价格曲线波动幅度较大。市场需求和政策调控之间的交互博弈正不断进行。

土地市场供应结构相对优化。从数据变化看,2018 年分指数比 2008 年增幅 58.6%。如图 10-24 所示,具体指标分析发现,上海市十年内 CLI 分指数中,工矿仓储供地指标增幅 794%、商服用地供地指标降幅 15.5%、住房用地供地指标增幅 83.7%、保障房用地供应增幅 96.1%,综合观察,除工矿仓储用地供应出现大幅增长外①,四者之间因当年政策调整互有波动,整体结构相对比较均衡。

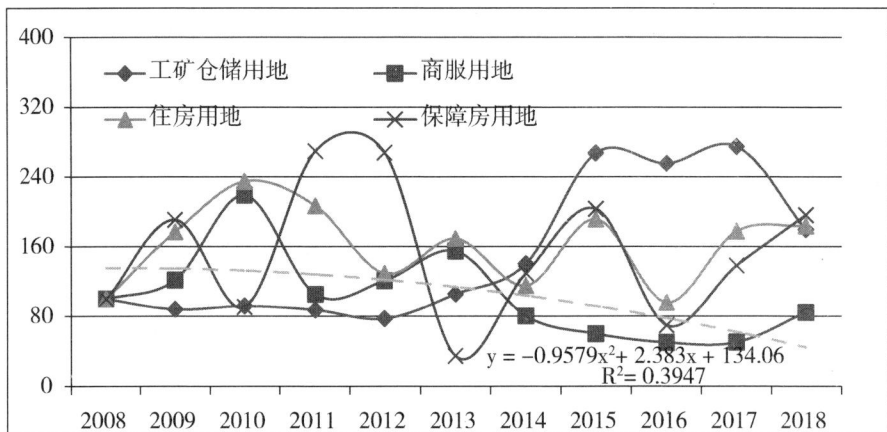

图 10-24　上海市 2008—2018 年供应结构指标数据走势图

土地利用集约水平不断提升。从数据变化看,2018 年分指数比 2008 年下降 19.5%。与北京市不同,上海市土地利用集约指数各项指标下滑态势明显。

如图 10-25 所示,具体指标分析发现,招拍挂出让占比降幅 4.3%,这主要是由于 2016 年上海市"沪六条"推出后,对房企拿地条件的限制越来越严格。2017 年 4 月上海推出"招挂复合"出让方式,在房企竞拍之前,需要通过多维度综合评定参与出让的房企的实力,前三名入围最后竞价环节。招标综合

---

① 2015 年 3 月 28 日,上海市市政府办公厅转发市规划国土资源局制定的《关于本市盘活存量工业用地的实施办法(试行)》,明确盘活存量工业用地主要采取区域整体转型、土地收储后出让和有条件零星开发等实施路径。此后工业用地供应量连续三年走高。

评分为 100 分权重,其中经济实力 30 分、技术资质 20 分、项目经验 50 分,均需投标人提供真实的证明材料。2017 年 5 月采用受让管理评分制并在 6 月下旬推出 6 幅宅地,评分标准由 100 分制变更为 120 分制,评分项目添加了"受让管理",占 30 分。类似措施降低了土地竞争力度,也一定程度上达到了稳定地价的目的。

存量/土地供应总量下降 39.2%,表明土地利用水平不断提高;固定资产投资额/土地供应总量降幅 31.7%,显示投资资金理性对待上海市场;二、三产业增加值/土地供应总量降幅 0.5%,则表明上海产业结构正在经历转型期。

事实上,2014 年 3 月,上海市政府印发《关于进一步提高本市土地节约集约利用水平若干意见的通知》,已提出上海建设用地规模接近极限,土地供需矛盾突出,存在建设用地布局分散、结构不合理、用地效率不高等问题。期望通过提高土地市场周转效率、强化土地利用全生命周期管理、完善土地资源市场配置、鼓励土地立体开发和复合利用、提高产业准入门槛等办法,切实提升土地资源配置效率,加快推动创新驱动发展、经济转型升级。如图 10-25 所示,从存量/土地供应总量、固定资产投资额/土地供应总量、二三产业增加值/土地供应总量等数据指标看,土地利用集约节约水平确实在不断提升。

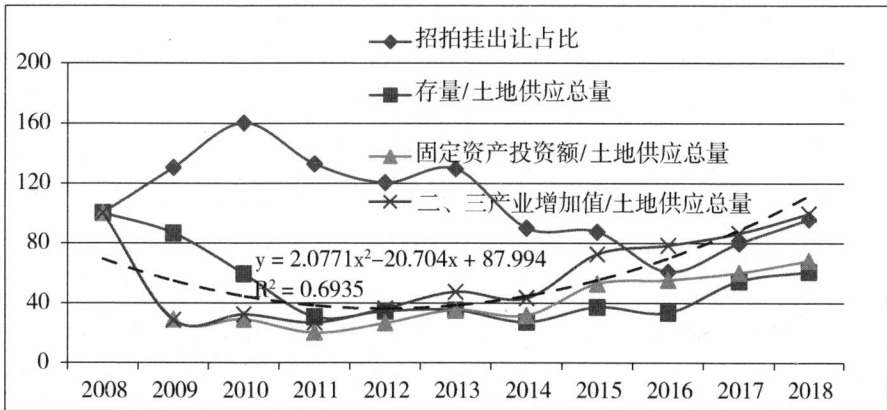

$$y = 2.0771x^2 - 20.704x + 87.994$$
$$R^2 = 0.6935$$

图 10-25 上海市 2008—2018 年利用集约指标数据走势图

地产市场景气程度持续走高。如图 10-26 所示,从数据变化看,2018 年分指数比 2008 年增幅 109.5%。具体指标分析发现,新增人民币信贷规模增幅 182.6%、房地产业投资总额增幅 214.9%、商品房销售面积降幅 24.5%。相比北京市,显然上海市更注重土地市场开发利用。

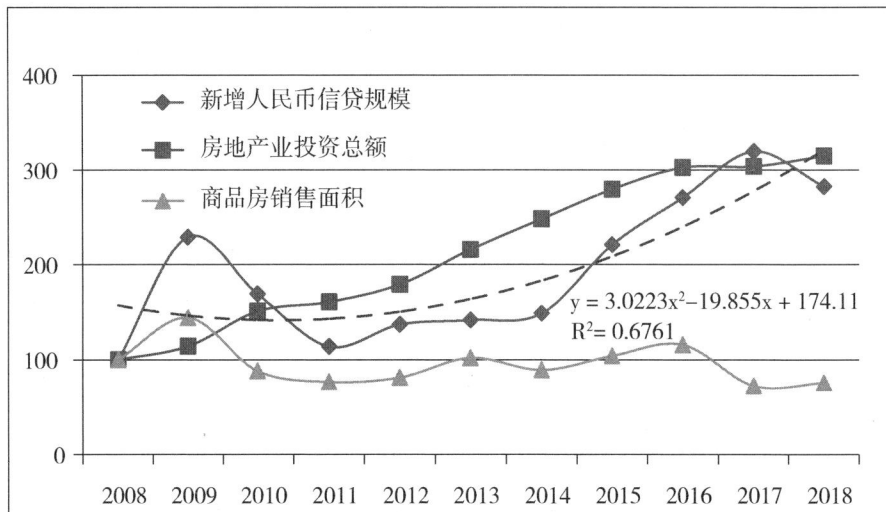

图 10 - 26　上海市 2008—2018 年地产景气指标数据走势图

从图 10 - 26 可以看出，新增人民币信贷规模指标自 2011 年起开始连续攀升；房地产业投资总额指标则自 2008 年起持续上涨。相比之下，商品房销售面积指标则稳中有降，十年间降幅为 1/4。

同期，上海市 2008 年常住人口数量为 1888.46 万人，而 2018 年达到 2423.78 万人，增幅 28.3%。

2009 年 4 月，国务院发布《关于推进上海加快发展现代服务业和先进制造业建设国际金融中心和国际航运中心的意见》（国发〔2009〕19 号），正式提出上海要打造"四个中心"，包括：国际经济中心、国际金融中心、国际贸易中心、国际航运中心。此后，上海推动了"三港""三区"建设，探索建立国际航运发展综合试验区。

据上海市统计局发布的 2018 年上海市国民经济运行情况显示①，2018 年上海市第一产业增加值 104.37 亿元，下降 6.9%；第二产业增加值 9732.54 亿元，增长 1.8%；第三产业增加值 22842.96 亿元，增长 8.7%。第三产业增加值占全市生产总值的比重为 69.9%，比上年提高 0.7 个百分点。从主要领域看，工业投资比上年增长 17.7%，城市基础设施投资增长 9.3%，房地产开发投资增长 4.6%。

---

①　2018 年上海市国民经济运行情况［EB/OL］.（2019 - 01 - 22）. http://www. shanghai. gov. cn/nw2/nw2314/nw2315/nw31406/u21aw1360234. html? spm ＝ smpc. content. content. 1. 154915164523900s8jhb.

从上述数据资料分析可知，相比北京市，上海市自身发展的国际定位、国家对于上海市发展的期许以及城市经济结构等要素，基本决定了上海市在土地市场发展方面更倾向于产业创新转型、商务服务发展等土地利用，因此 2008—2018 年间土地市场 CLI 指数逐步走高，显示上海市的土地利用水平逐步提高，土地政策管理水平也逐步提升。

三、重庆市 CLI 数据测算分析

（一）分指数数据分析测算

根据自然资源部全国土地市场动态监测监管系统提供的数据，并结合我国宏观经济发展数据，导出重庆市 2008—2018 年市场规模指数、出让价格指数、供应结构指数、利用集约指数、景气指数等分指数的数据计算图表如下。

表 10 – 13　重庆市 2008—2018 年市场规模分指数计算表

年度	市场规模指数		成分指数		合成指数
	土地出让供应总量	划拨用地供应量	土地出让供应总量	划拨用地供应量	
2008	2121.4	2292.3	100	100	100
2009	3430.1	7551.0	161.69	329.4	203.62
2010	5783.2	6542.0	272.61	285.4	275.80
2011	6511.8	11959.6	306.95	521.7	360.65
2012	5935.8	6059.5	279.80	264.3	275.93
2013	7691.4	5339.3	362.56	232.9	330.15
2014	7129.0	6952.9	336.05	303.3	327.86
2015	6627.4	4691.4	312.40	204.7	285.47
2016	5428.6	6455.6	255.89	281.6	262.32
2017	5468.7	6895.2	257.78	300.8	268.54
2018	5565.9	11216.4	262.36	489.3	319.10

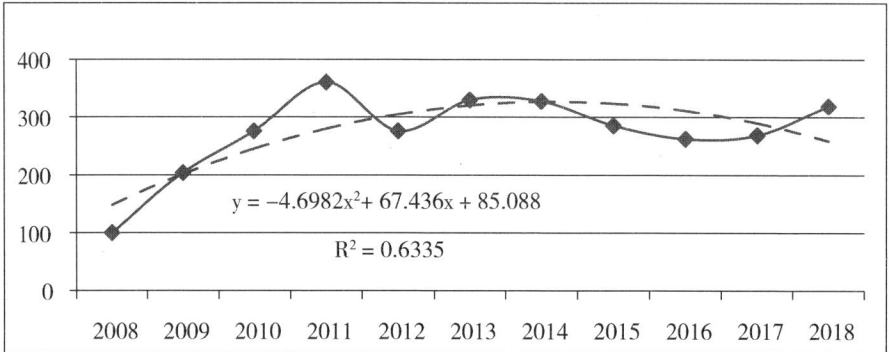

$$y = -4.6982x^2 + 67.436x + 85.088$$

$$R^2 = 0.6335$$

图 10 - 27　重庆市 2008—2018 年市场规模分指数数据图

表 10 - 14　重庆市 2008—2018 年出让价格分指数计算表

年度	出让价格指数			CPI	成分指数			合成指数
	商品住宅用地出让价格	商服用地出让	工业用地出让价格		商品住宅用地出让价格	商服用地出让	工业用地出让价格	
2008	1165.2	1592.6	182.1	103.6	100.0	100.0	100.0	100.00
2009	2361.2	1108.3	215.5	97.2	216.0	74.2	126.2	143.89
2010	2757.5	1894.2	216.4	99.4	246.7	124.0	123.9	173.02
2011	2795.3	2725.6	424.8	102.3	242.9	173.3	236.3	216.90
2012	3143.6	2458.7	377.2	100.7	277.6	158.8	213.1	219.89
2013	3235.5	2625.1	380.7	98.9	290.9	172.7	219.0	231.53
2014	3339.2	2349.7	389.3	97.8	303.6	156.3	226.5	232.76
2015	3639.7	2748.1	345.8	94.0	344.3	190.2	209.3	256.60
2016	3971.6	2535.5	348.0	92.9	380.1	177.5	213.1	267.47
2017	7059.2	2786.6	345.2	96.2	652.4	188.4	204.2	377.98
2018	5242.1	2668.2	345.0	97.1	480.0	178.7	202.1	305.10

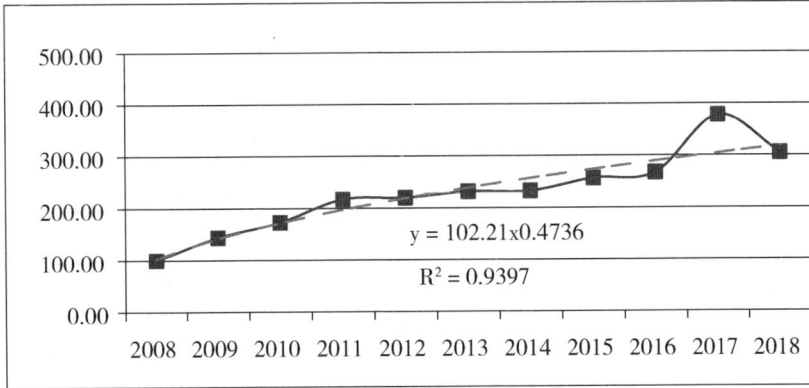

图 10 - 28　重庆市 2008—2018 年出让价格分指数数据图

表 10 - 15　重庆市 2008—2018 年供应结构分指数计算表

年度	供应结构指数				成分指数				合成指数
	工矿仓储	商服用地	住房用地	保障性住房用地	工矿仓储	商服用地	住房用地	保障性住房用地	
2008	24.7%	3.5%	24.9%	30.9%	100	100	100	100	100.00
2009	15.6%	2.6%	16.2%	23.7%	158.23	72.07	64.88	76.64	100.52
2010	25.6%	3.1%	23.2%	25.1%	96.59	87.11	92.91	81.06	91.56
2011	19.5%	3.2%	17.5%	34.5%	126.44	90.23	70.09	111.50	98.99
2012	20.1%	6.0%	29.1%	30.7%	122.89	168.53	116.93	99.34	130.16
2013	20.8%	7.5%	32.6%	13.1%	118.64	212.33	130.91	42.53	138.13
2014	24.0%	7.3%	22.0%	13.8%	103.01	207.47	88.44	44.64	118.92
2015	27.5%	7.0%	24.9%	12.4%	89.80	197.94	99.77	40.22	114.87
2016	24.2%	4.9%	17.1%	13.8%	102.03	138.59	68.74	44.78	95.46
2017	21.3%	4.3%	18.1%	7.1%	116.08	120.32	72.60	22.87	94.78
2018	13.8%	3.4%	16.0%	5.9%	178.60	95.18	64.12	19.08	107.45

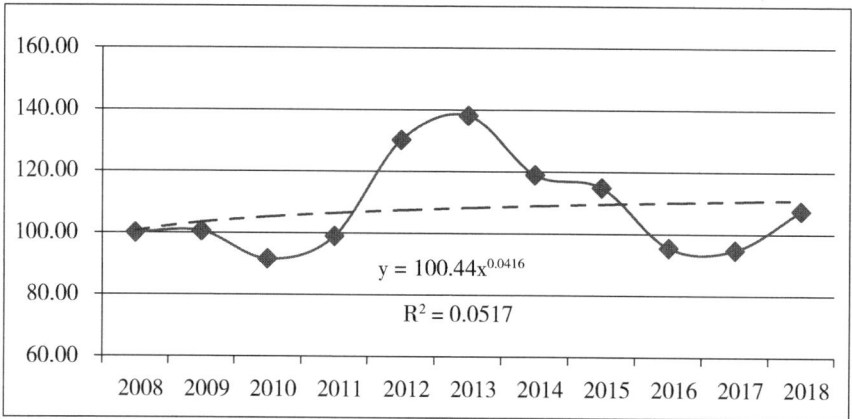

图 10 - 29　重庆市 2008—2018 年供应结构分指数数据图

表 10 - 16　重庆市 2008—2018 年利用集约分指数计算表

年度	利用集约指数					成分指数				合成指数
	招拍挂出让（%）	存量/土地供应总量（%）	固定资产投资额/土地供应总量（%）	二、三产业增加值/土地供应总量%	CPI	招拍挂出让	存量/土地供应总量	ppi 消除后的固定资产投资/土地	二、三产业增加值/土地供应总量	
2008	43.8	51.8	916515.9	1190481.7	103.6	43.8%	51.8%	8846.68	11491.14	100
2009	29.6	18.3	484279.0	298071.9	97.2	29.6%	18.3%	4982.29	3066.58	67.5
2010	46.3	17.8	562653.9	592153.7	99.4	46.3%	17.8%	5660.50	5957.28	105.7
2011	34.6	16.5	398833.4	500386.2	102.3	34.6%	16.5%	3898.66	4891.36	78.9
2012	47.6	24.5	717784.3	880682.1	100.7	47.6%	24.5%	7127.95	8745.60	108.7
2013	58.0	32.3	789746.0	912576.8	98.9	58.0%	32.3%	7985.30	9227.27	132.4
2014	50.1	28.0	862170.5	946758.5	97.8	50.1%	28.0%	8815.65	9680.56	114.5
2015	57.3	32.6	1255253.4	1300671.5	94.0	57.3%	32.6%	13353.76	13836.93	130.9
2016	45.0	28.8	1350368.3	1383121.8	92.5	45.0%	28.8%	14535.72	14888.29	102.8
2017	44.0	26.7	1418410.3	1468847.5	96.2	44.0%	26.7%	14744.39	15268.69	100.3
2018	32.9	26.8	1118100.8	1131226.1	97.1	32.9%	26.8%	11514.94	11650.11	75.2

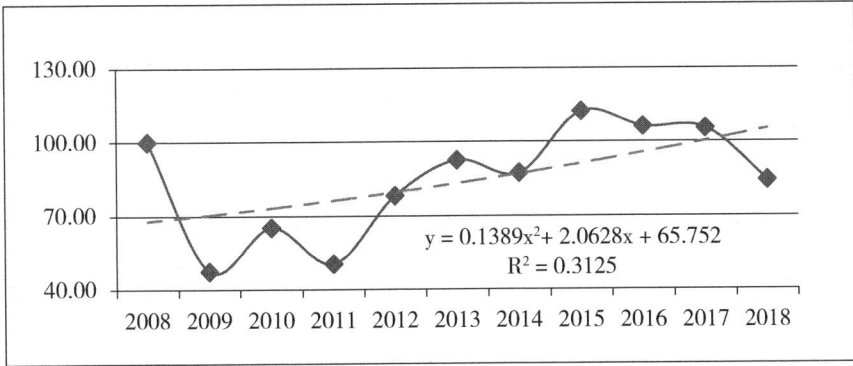

$$y = 0.1389x^2 + 2.0628x + 65.752$$
$$R^2 = 0.3125$$

图 10 - 30 重庆市 2008—2018 年利用集约分指数数据图

表 10 - 17 重庆市 2008—2018 年地产景气分指数计算表

年度	地产景气指数			CPI	成分指数			合成指数
	新增人民币信贷规模	房地产业投资总额	商品房销售面积		新增人民币信贷规模	房地产业投资总额	商品房销售面积	
2008	1189.1	1230.5	2872.2	103.60	1147.8	1187.7	2872.2	100
2009	2445.3	1541.6	4002.9	97.20	2515.7	1586.0	4002.9	219.2
2010	2122.1	1997.8	4314.4	99.40	2134.9	2009.9	4314.4	186.0
2011	2113.2	2408.1	4533.5	102.30	2065.7	2353.9	4533.5	180.0
2012	2129.8	3088.1	4522.4	100.70	2115.0	3066.6	4522.4	184.3
2013	2250.3	3762.5	4817.6	98.90	2275.4	3804.3	4817.6	198.2
2014	2630.0	4451.4	5100.4	97.80	2689.1	4551.6	5100.4	234.3
2015	2382.4	4481.3	5381.0	94.00	2534.5	4767.4	5381.0	220.8
2016	2391.3	4422.7	6257.0	92.90	2574.0	4760.7	6257.0	224.3
2017	3086.7	4341.5	6711.0	96.20	3208.6	4513.0	6711.0	279.5
2018	3554.0	4248.8	6536.3	97.10	3660.1	4375.7	6536.3	318.9

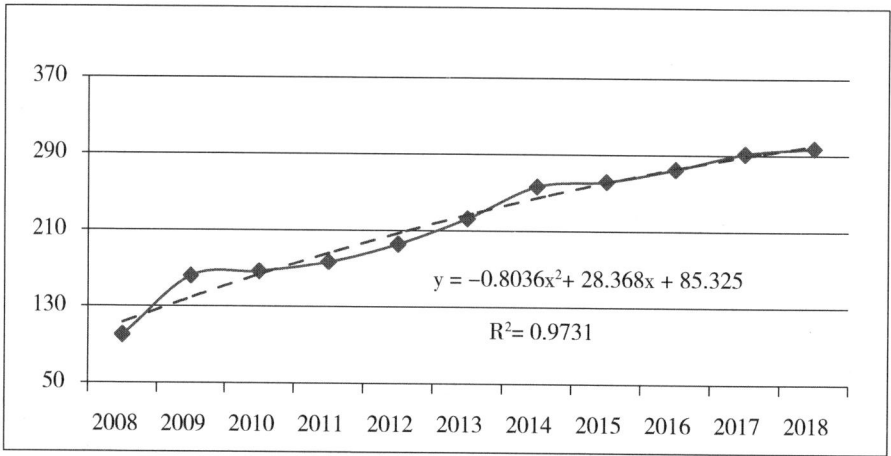

$$y = -0.8036x^2 + 28.368x + 85.325$$
$$R^2 = 0.9731$$

图 10-31　重庆市 2008—2018 年地产景气分指数数据图

（二）重庆市 CLI 合成指数分析测算

根据以上分指数计算数据，按照 CLI 计算方法，计算重庆市 2008—2018 年 CLI 合成指数。计算表及数据曲线如下。

表 10-18　重庆市 2008—2018 年 CLI 合成指数计算表

年度	市场规模分指数	出让价格分指数	供应结构分指数	利用集约分指数	地产景气分指数	CLI 合成指数
2008	100	100	100	100	100	100
2009	203.62	143.89	100.52	47.42	161.56	147.76
2010	275.80	173.02	91.56	65.21	166.65	184.04
2011	360.65	216.90	98.99	50.53	176.58	226.43
2012	275.93	219.89	130.16	78.11	195.72	206.85
2013	330.15	231.53	138.13	92.56	222.65	234.97
2014	327.86	232.76	118.92	87.32	256.28	235.20
2015	285.47	256.60	114.87	112.42	261.60	231.40
2016	262.32	267.47	95.46	106.26	274.66	225.01
2017	268.54	377.98	94.78	105.48	291.31	261.81
2018	319.10	305.10	107.45	84.36	297.21	256.34

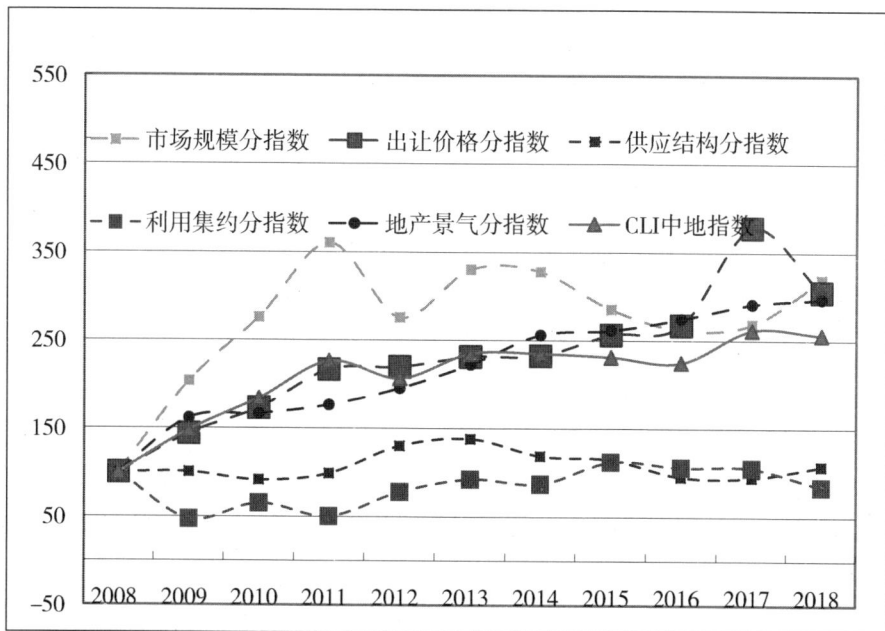

图 10 - 32   重庆市 2008—2018 年 CLI 合成指数计算数据及曲线走势图

进而可以绘出重庆市 2008—2018 年 CLI 指数的走势图。

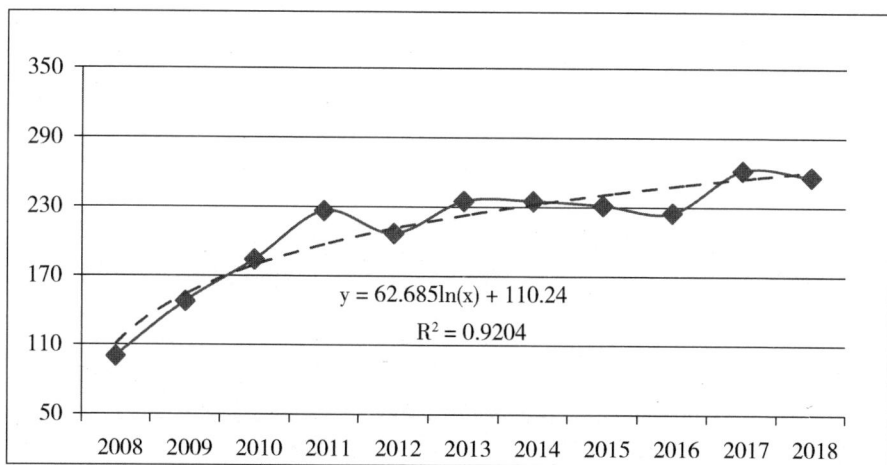

$$y = 62.685\ln(x) + 110.24$$
$$R^2 = 0.9204$$

图 10 - 33   重庆市 2008—2018 年 CLI 指数曲线趋势图

（三）重庆市 2008—2018 年 CLI 土地市场发展分析

从 2008—2018 年重庆市土地市场在规模、价格、结构、集约、景气等方面的情况来看，与北京、上海相比，重庆市土地市场十年来增长趋势明显，显示土地市场发展迅速，市场景气程度较高，政策调控引导效果显著。

从时间序列数据分析，重庆市 CLI 指数 2018 年比 2008 年增长 156.3 个点位，增幅达到 156.3%。从经济发展体量来看，相比 2008—2018 年我国 GDP 数据 182% 的增幅，作为西部地区发展最快的大城市，也是中国城市建设最快的城市，重庆市 GDP 从 5794 亿元增长到 2.04 万亿元，增幅 252.1%，显著高于国家线，也远超北京、上海 GDP 增幅。

在此背景下，作为经济发展的主力要素，显然重庆市的土地市场经历了深刻的变化。在全国房地产经济大发展—深调控—严转型的背景下，重庆市自 1997 年起开始注重产业经济调控增长而相对稳妥推进地票制度、资金控制、节奏供应等土地市场发展和管理，大力推进信息制造业全产业体系作为基础和优势，借势国家"一带一路"发展战略和渝新欧铁路开通契机，通过与中亚、西亚国家及欧洲发达国家的商品流通和商务交流推进全球化，走出了一条特色发展道路。

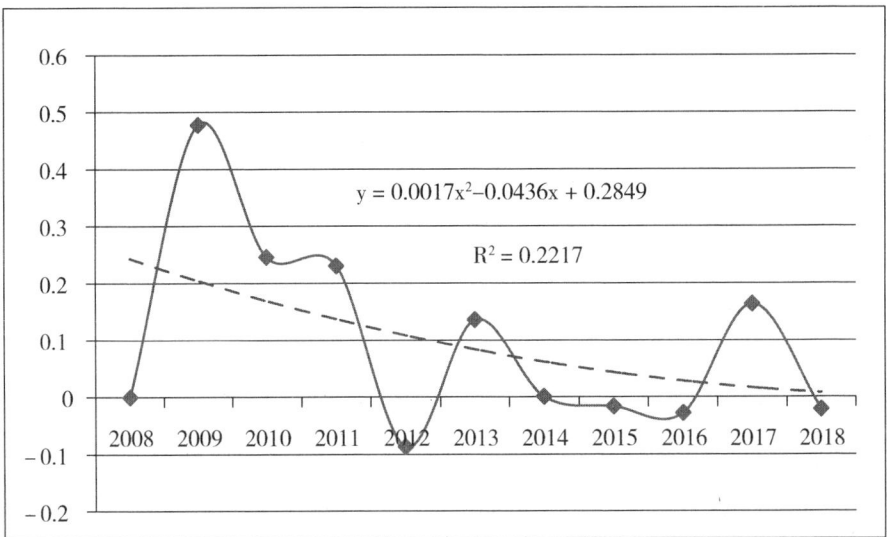

图 10-34　重庆市 2008—2018 年 CLI 指数增速变化图

如图 10-34 所示，重庆市 2009 年度土地市场 CLI 增速达到波峰，之后增速持续递减。综合来看，重庆市土地市场规模逐步增大而增速逐步降低。其土地市场发展节奏逐步开展的情况，与 2008 年实行地票制度、2010 年设立国家级两江新区、2012 年轨道 6 号线开通、2014 年成为全国汽车年产量最大城市、2017 年中国（重庆）自由贸易试验区设立等标志性事件密切相关。而 2008—2018 这十年，同样也是重庆市土地政策严格调控的时间段。

从分指数情况来看：

土地市场规模稳步增加，2018 年比 2008 年市场规模增加 219.1%。如图 10-35 所示，具体指标分析发现，出让供应总量在 2013 年达到顶点，此后由于限购等政策效应逐步走低。总体保持相对稳速增长态势。相比之下，划拨用地供应波动幅度较大，大幅度倾向于支持产业发展，2011 年达到波峰，当年供应 18900hm²，其中工矿仓储用地供应 7520hm²，主要用于霍尼韦尔汽车关键材料项目、汽车项目研发与测试基地建设项目、长安福特马自达汽车公司重庆新发动机工厂项目等工业和重庆通用航空应急救援基地、格力电器重庆制冷产业园等装备制造业重点项目，显著拉升了市场规模。从十年间时间序列数据看，自 2012 年以后重庆市政府对土地供应进行了较为严格的调控。总体而言，重庆市土地市场规模可控，较为充分地发挥了土地利用支持实业发展的重要功能，又适当兼顾了总量发展。

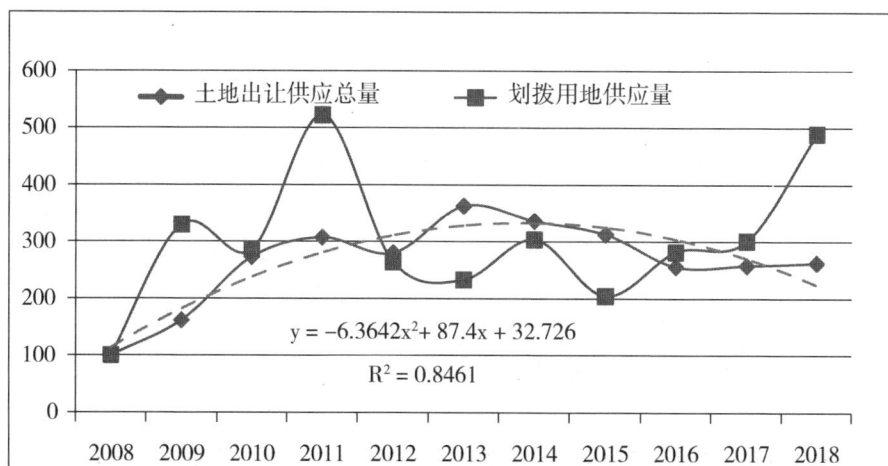

$$y = -6.3642x^2 + 87.4x + 32.726$$
$$R^2 = 0.8461$$

图 10-35　重庆市 2008—2018 年市场规模指标数据走势图

土地市场出让价格持续走高。合成指数 2018 年比 2008 年出让价格增幅 205.1%。具体指标分析发现，如图 10-36 所示，住宅用地出让价格增幅 380%，商服用地出让价格增幅 78.7%，工业用地出让价格增幅 102.1%。和北京、上海相比，重庆市的出让价格增幅相对较小。即便是商品住宅用地出让价格，同期重庆、上海、北京的增幅分别是 380%、828.2%、408.5%，上海增幅甚至超过重庆一倍还多。综合看，除 2017 年外，重庆市的土地出让价格确实稳中有进，保持了较为理性的发展态势。

事实上,2017 年住宅用地出让价格高企,一方面是土地供应量稳步减少(2011 年供应 86835 亩,2017 年减至 36000 亩),另一方面主要是由于 2016 年 9 月起重庆市房地产市场面对大量拆迁重建、棚改货币化、去库存、3048 万城市人口需求以及部分投资需求等因素的市场反应。为此,2017 年 9 月 23 日起重庆正式施行限售政策,加强了主城区新购住房再交易的管理,此后房价应声而降。这也从侧面说明重庆市的土地市场潜力较大,土地利用程度与重庆市产业升级发展之间的适配度较高。

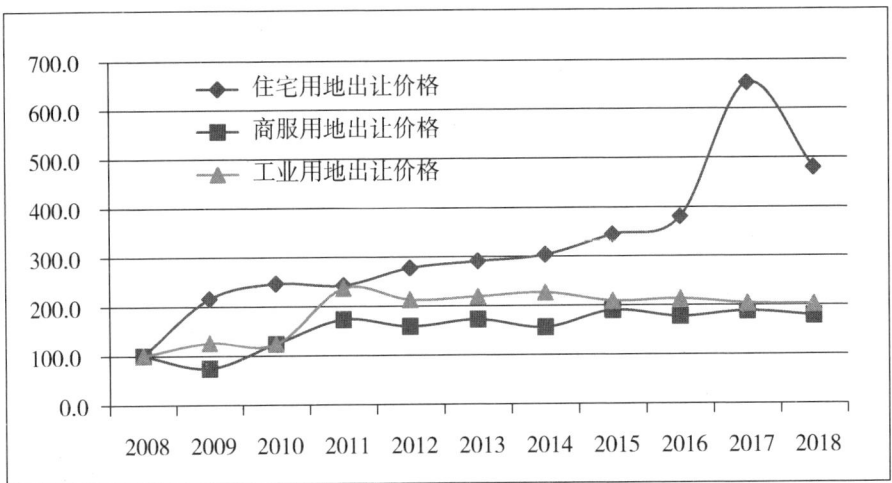

图 10 - 36 重庆市 2008—2018 年出让价格指标数据走势图

重庆土地市场在价格方面的一大亮点,如图 10 - 36 所示,即是在工业用地和商服用地出让价格保持平稳的同时,又有力地支撑了实体产业经济的发展。

重庆市作为长江上游地区的经济中心城市,十年来非常重视工业发展和工业用地管理。早在 2009 年 7 月,重庆市原国土房管局发布《关于调整工业用地出让最低价标准实施政策的实施意见》(渝国土房管发〔2009〕420 号),明确提出建立健全工业用地成本评估(审核)和会审机制,根据土地估价结果和国家产业政策综合确定工业用地出让底价,其出让底价不得低于所在地工业用地出让最低价标准。该政策强调要进一步规范工业用地出让行为,营造公开、公平、公正的土地市场秩序,并有操作性地给出了优先发展产业且用地集约①的

---

① 用地集约是指项目建设用地容积率和建筑系数超过原国土资源部《关于发布和实施〈工业项目建设用地控制指标〉的通知》(国土资发〔2008〕24 号)所规定标准 40% 以上、投资强度增加 10% 以上。

工业项目，在确定土地出让底价时可按不低于所在地土地等别相对应"全国工业用地出让最低价标准"的 70% 执行（仅指工业用地）。

同时，重庆市处于全产业链发展的考虑，主动给出工业用地的优惠条件。据报道，重庆本地的长安汽车公司，本来计划要在重庆新区建设新工厂，用地 2000 亩，投资 25 亿元。但北京的招商计划则打算划出 5000 亩地，长安预计投资 115 亿元[①]。项目于 2010 年 6 月 9 日举行了合作协议签字仪式。当时，重庆提出"千亿汽车城"设想，划地 10000 亩给长安，每亩地价格 5 万元（工业用地价格每亩 50 万元）。长安汽车鱼嘴千亿汽车城项目后期启动建设，占地 10000 亩，是涵盖以长安汽车总部、研发中心、整车制造、发动机制造、新能源、零部件以及物流中心等为主体的全方位产业布局。2011 年 1 月，中国兵器装备集团长安汽车鱼嘴千亿汽车城奠基。3 月 20 日，第一辆新能源汽车下线。

综上所述，重庆市 2008—2018 年土地出让价格能够保持平稳发展，主要原因在于地方政府进行土地政策的长期性战略、倾向性支持和严格性调控。

土地市场供应结构相对优化。从合成指数数据变化看，2018 年分指数比 2008 年增幅 7.45%，基本持平。具体指标分析发现，如图 10 - 37 所示，重庆市 2008—2018 年间 CLI 分指数中，工矿仓储供地指标增幅 78.6%、商服用地供地指标降幅 4.8%、住房用地供地指标降幅 35.9%，保障房用地供应降幅 80.9%，呈现错综交替的波动态势。

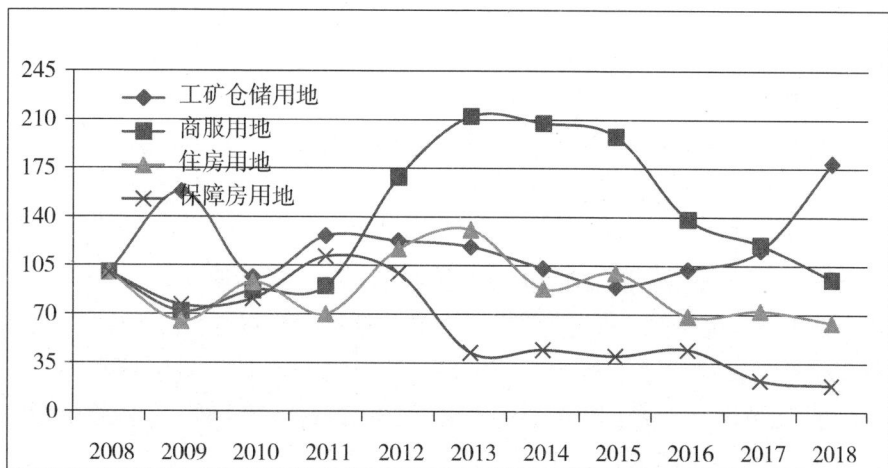

图 10 - 37 重庆市 2008—2018 年供应结构指标数据走势图

---

① 黄宗智. 重庆："第三只手"推动的公平发展？[J]. 开放时代，2011（9）：6 - 32.

　　综合观察，重庆市 2008—2018 年间土地供应"一升三降"，即工矿仓储用地相对增长，而商服、住房、保障房用地均呈现下滑态势。

　　从图中观察，2010 年四类供地相对均衡。据重庆市土地交易中心数据显示，2013 年重庆主城出让的居住、商业、金融类用地共 222 宗，成交面积达 2031 万平方米，出让金额高达 1164 亿元，重庆土地市场迎来高点。

　　商服用地呈现出跌宕起伏态势。2013 年进入火爆模式，至 2017 年商务商业市场库存量已达到 1000 万平方米。自 2015 年起进入下行态势。2017 年 4 月重庆市人民政府办公厅《关于促进全市商业商务房地产市场平稳健康发展的意见》发布，力争"十三五"末期重庆全市商业商务房地产库存去化周期控制在合理范围，其中重庆主城区商业商务房地产库存去化周期控制在 12 个月内。与北京、广州、天津等城市严格限制商办类项目转为"类住宅"相反，重庆开始鼓励"商改住"，全面推进商业地产去库存。

　　自 2011 年起，工矿用地略有下滑后持续上扬，2018 年达到波峰。结合前文分析，是因为重庆市大力支持实体经济发展，倾向性供地建设项目。数据显示，2018 年重庆市主城区共成交 75 宗工业土地，成交面积共 7027 亩，成交金额共 287159 万元。2018 年工业用地仍占总成交面积的大头，但其所占比重较 2017 年有所下降。其中，两江新区、渝北区、九龙坡区工业用地较多。

　　由于倾向性供地，同时土地市场规模又保持相对稳定，因此同期住房用地一直呈减量态势。数据显示，2011—2018 年，重庆市住宅供地计划量的面积数分别为：5789hm^2、3292hm^2、3045hm^2、2981hm^2、2637hm^2、2432hm^2、2533hm^2、1933hm^2，降幅 66.6%。

　　土地利用集约水平不断提升。从数据变化看，2018 年分指数比 2008 年下降 15.6%。具体指标分析发现，有别于北京、上海，重庆市土地利用集约指数各项指标各有升降。

　　如图 10-38 所示，招拍挂出让占比降幅 24.8%，这和重庆市长期支持产业发展并采用划拨用地方式供地密切相关。在土地计划相对均衡的条件下，划拨用地 2008—2018 年均增幅 38.9%，相应地，招拍挂比例就被持续压缩。

　　存量/土地供应总量下降 48.3%，表明土地存量持续下降，盘活量持续增加，土地利用水平不断提高。

　　固定资产投资额/土地供应总量增幅 30.2%，显然和大中型建设项目直接相关，也显示重庆土地市场长期具有增值潜力。

　　二、三产业增加值/土地供应总量增幅 1.4%，基本持平，表明单位面积上重庆市服务业和工业增加值多年来较为持续地稳定发展。

如图所示，从存量/土地供应总量、固定资产投资额/土地供应总量、二三产业增加值/土地供应总量等数据指标看，自 2009 年起，重庆市的土地利用集约节约水平不断提升并持续发展。

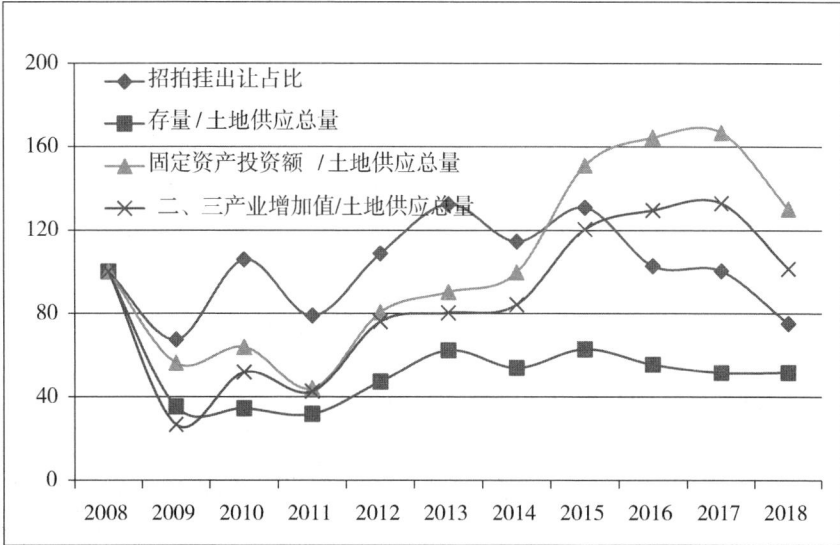

图 10 - 38　重庆市 2008—2018 年利用集约指标数据走势图

地产市场景气程度持续走高。如图 10 - 39 所示，从数据变化看，2018 年分指数比 2008 年增幅 197.2%。具体指标分析发现，新增人民币信贷规模增幅 218.9%、房地产业投资总额增幅 268.4%、商品房销售面积降幅 127.6%。相比北京、上海，重庆市地产景气的上升态势更为显著。

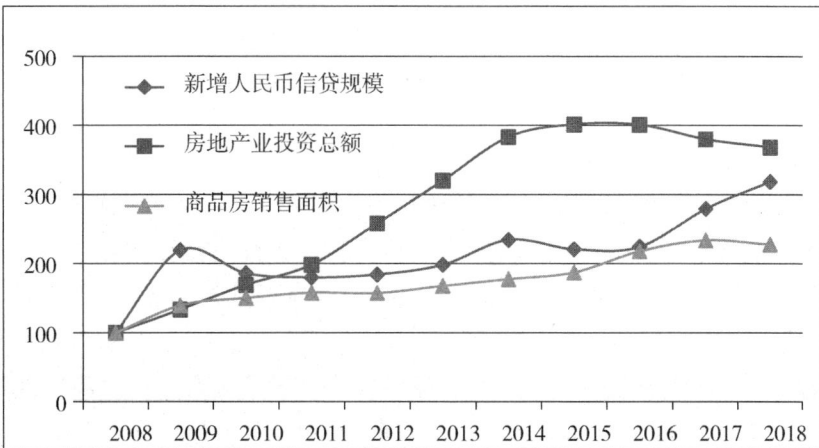

图 10 - 39　重庆市 2008—2018 年地产景气指标数据走势图

从上图可以看出：新增人民币信贷规模指标自2011年起开始连续攀升；房地产业投资总额指标则自2008年起持续上涨；商品房销售面积指标更是不断增加。三个指标均表明重庆市地产景气程度较高。而这是与重庆市长期以来倚重产业布局发展、优化城市管理和严格地产市场调控分不开的。

从需求侧看，重庆市2008年常住人口数量为12839万人，而2018年达到3101.8万人，增幅9%，是当前我国唯一城市常住人口超过三千万的城市。如此巨量的城市，住宅、商务、产业发展需求是重庆市土地市场持续增长的根本原因。

据2018年重庆市国民经济和社会发展统计公报显示：第一产业增加值1378.27亿元，增长4.4%；第二产业增加值8328.79亿元，增长3.0%；第三产业增加值10656.13亿元，增长9.1%。三次产业结构比为6.8：40.9：52.3。全年房地产开发投资4248.76亿元，比上年增长6.8%。其中：住宅投资3012.65亿元，增长14.4%；办公楼投资104.81亿元，下降33.4%；商业营业用房投资564.66亿元，下降15.9%。中国（重庆）自由贸易试验区经济建设成效显著，智能制造、商贸物流、新兴金融、医疗健康等产业集群化发展，助推区内外产业转型升级。

从上述数据资料分析可知，相比北京、上海，重庆是国家西部大开发的重要战略支点，处在"一带一路"和长江经济带的联结点上，旨在建设内陆开放高地、山清水秀美丽之地。2008—2018年土地市场CLI指数稳步走高，显示重庆市的土地利用效率尤其是产业用地功能突出、土地政策调控力度持续。在服务发展大局的背景下，重庆市兼顾了土地利用效率和政府政策调控的有机统一。

第二节　京沪渝三城CLI综合指数比较分析

前述分析，从CLI指数角度，简要概述了北京、上海、重庆这三个超大城市的土地市场在规模、价格、结构、集约、景气等方面的发展情况。可以看出，三城市的土地市场及土地政策管理各有特色，北京更倾向于土地政策调控，上海更注重经济功能转型，重庆则发力支撑产业布局。这些导向，根源在于北京作为首都、上海引领长三角、重庆支撑西部大开发等城市定位的决定性推进因素。

下面，本书从数据比较的角度，分析三地的CLI总指数以及分合成指数在

2008—2018 年间的发展动态。根据自然资源部全国土地市场动态监测监管系统提供的数据，可以算出京沪渝三城市的 CLI 指数数据。如下表 10 – 19 所示。

表 10 – 19 2008—2018 年京沪渝三城 CLI 指数数据表

时间	CLI 指数数据		
	北京	上海	重庆
2008	100	100	100
2009	119. 89	263. 97	147. 76
2010	132. 79	300. 22	184. 04
2011	139. 20	319. 03	226. 43
2012	131. 45	276. 53	206. 85
2013	157. 94	316. 22	234. 97
2014	174. 18	349. 69	235. 20
2015	235. 74	333. 44	231. 40
2016	194. 31	408. 52	225. 01
2017	254. 69	345. 21	261. 81
2018	225. 69	381. 81	256. 34

据上表，可绘出三城市 CLI 数据对比分析图，如图 10 – 40 所示。

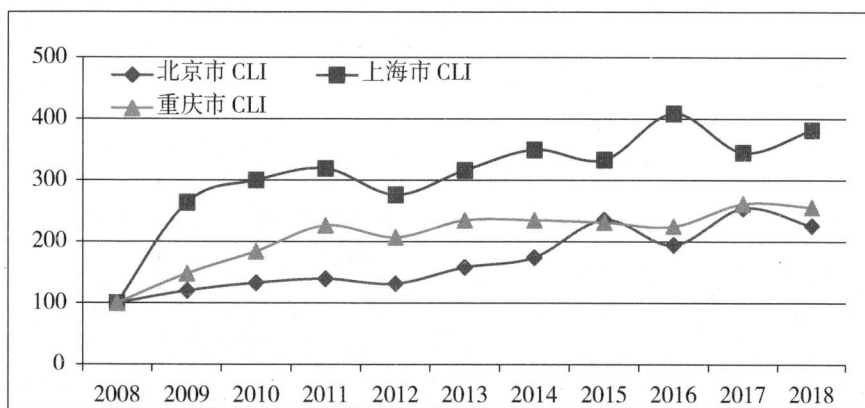

图 10 – 40 2008—2018 年京沪渝三城 CLI 数据对比分析图

由上表、上图可以看出，2008—2018 年三地 CLI 数据在共同增长的大趋势下又各有特点。下面从走势和波动两个角度进行比较分析。

一、京沪渝 CLI 三地总指数走势比较分析

就指数走势而言，一方面，三城市土地市场均呈稳中有升态势。另一方面，相比之下：上海市处于高位，即土地市场发展态势最为强劲，总量在三城中处于引领状态；重庆市处于中位，即发力激活土地要素，土地市场兼顾市场发展和政策调控；北京市处于低位，即优先考虑土地政策调控土地市场效率，为首都功能和国家发展服务。

三城 CLI 走势的共性也显示了 2008—2018 年间我国土地市场增长的历程，而三城市指数走势的不同之处，则实际上揭示了我国特大城市土地市场效率提升与政策调控的三种模式，即北京模式强调政策调控、上海模式倾向功能转型、重庆模式注重产业升级。而三城市采取不同土地市场发展路径的内在原因，则与城市发展的经济水平、国家战略、城市定位、市场需求、产业层次、人口调控和政策导向等方面紧密相关。

城市发展经济水平层面，这里使用人均 GDP 指标进行对比分析。如下表 10–20、下图 10–41 所示。

表 10–20 2008—2018 年京沪渝三城市人均 GDP 数据对比分析表

年度	人均 GDP（元/人）		
	北京	上海	重庆
2008	64491	66932	20490
2009	66940	69165	22920
2010	73856	76074	27596
2011	81658	82560	34500
2012	87474.7	85373	38914
2013	94647.9	90993	43223
2014	99995	97370	47850
2015	106497	103795.5	52321
2016	118198	116562	58502
2017	128994.1	126634.2	63442
2018	140211.2	134982	65932.7

数据来源：作者根据北京市统计局、上海市统计局、重庆市统计局发布数据及三城市统计年鉴数据整理。

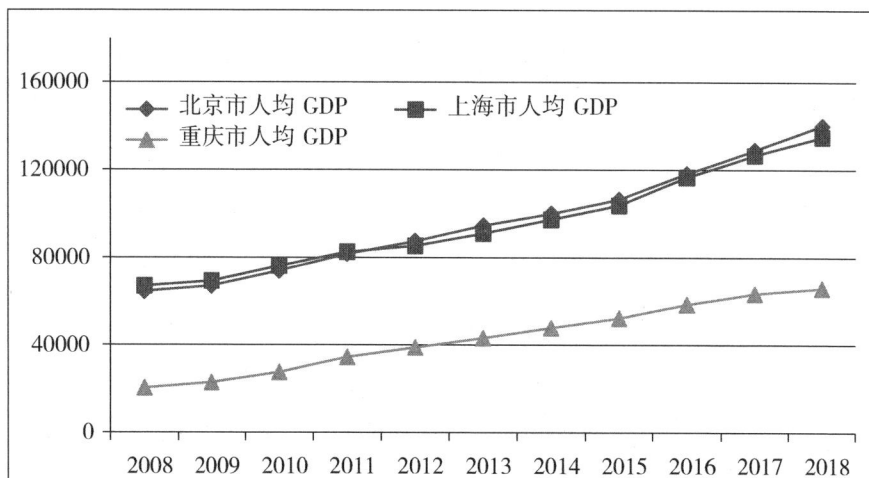

图 10 – 41　2008—2018 年京沪渝三城人均 GDP 数据对比分析图

从上表、上图可以看出，就城市经济发展水平来看，十年来北京、上海相伴而行，2015 年同时进入 10 万元"俱乐部"，属于我国特大城市里面较为发达的首位城市，经济发展水平较高。

相比之下，重庆属于我国特大城市发展行列中的二线城市，2018 年的人均 GDP 水平相当于北京、上海 2008 年左右的水平，差距在 10 年左右。

由此背景，就不难理解在土地市场发展层面，北京、上海注重功能或政策导引，而重庆则发力产业增长了，均因为其发展阶段和发展水平使然。

国家战略和城市定位层面，这里依据国家对三城市的战略定位进行分析，如下表 10 – 21 所示：

表 10 – 21　京沪渝三城城市定位演变比对表

年度	城市功能定位演变历程		
	北京	上海	重庆
2008	2004 年国务院批复城市规划定位：国家首都、政治中心、文化中心、宜居城市	2001 年，国务院批复规划定位：上海是我国重要的经济中心和航运中心，国家历史文化名城，国际经济、金融、贸易、航运中心之一	2007 年 9 月国务院批复规划定位：我国重要的中心城市之一、国家历史文化名城、长江上游经济中心、国家重要的现代制造业基地、西南地区综合交通枢纽

年度	城市功能定位演变历程		
	北京	上海	重庆
2018	2014 年 2 月定位：全国政治中心、文化中心、国际交往中心、科技创新中心，建设国际一流的和谐宜居之都	2017 年 12 月《上海市城市总体规划（2017—2035）》定位：长江三角洲世界级城市群的核心城市，国际经济、金融、贸易、航运、科技创新中心和文化大都市，建设成为卓越的全球城市	2016 年 1 月定位："一带一路"和长江经济带的联结点，内陆开放高地，山清水秀美丽之地

由上表可知，从国家战略角度，中央对于三个直辖市的城市定位是不同的：北京主要服务于国家政治、文化和国际交往大格局，城市建设走高精尖发展道路，建设科技创新中心与和谐宜居之都；上海要起到经济龙头城市的作用，建设国际经济、金融、贸易、航运、科技创新中心和文化大都市，建成全球城市；重庆由于 1997 年开始直辖，加之三峡移民、西部大开发等政策影响，要求建设长江上游经济中心，"一带一路"和长江经济带的联结点。

不同的城市定位决定了不同的土地市场政策。北京以"限"为主，上海"限建"结合，重庆则以"建"为主，走出了一条稳定发展的中间道路。

市场需求和产业层次层面，这里根据三城市发布的国民经济和社会发展统计公报数据，进行扼要总结分析。如下表 10 - 22 所示：

表 10 - 22 京沪渝三城市场需求与产业层次比对表

年度	市场需求与产业层次		
	北京	上海	重庆
2008	全市常住人口 1695 万人。全年城镇居民人均可支配收入达到 24725 元三次产业结构比为 1.1：25.7：73.2	全市常住人口总数为 1888.46 万人。城市居民家庭人均年可支配收入 26675 元三次产业结构比为 0.8：45.5：53.7	全市常住人口 2839 万人。人均生活消费支出 2885 元。城市居民消费价格总水平较上年增长 5.6%三次产业结构比为11.3：47.7：41

续表

年度	市场需求与产业层次		
	北京	上海	重庆
2018	全市常住人口2154.2万人。全年实现市场总消费额25405.9亿元。三次产业结构比为0.4：18.6：81.0	全市常住人口总数为2423.78万人。全年全市居民人均可支配收入64183元三次产业结构比为0.3：29.8：69.9	全市常住人口3101.79万人。全市共有各类市场主体252.65万户。全市居民人均消费支出19248元三次产业结构比为6.8：40.9：52.3

从上表可以看出，京沪渝三城中，全市常住人口规模最大的是重庆，目前也是我国超大城市中唯一人口规模超过3000万的城市。不考虑国际交流和城市群效应，就重庆而言，市场规模体量最大，市场需求最大，三大产业结构中农业、工业比重也最高，产业发展需求最为迫切；上海市第二产比重明显高于北京，显示产业功能转型显著；北京市则明显倾向于服务业高度发达，即建设宜居都市。三城之间不同的市场需求和产业层次，是三城采取不同土地市场发展导向政策的直接原因。

人口调控和政策导向层面，资料所及，重庆市并没有限制人口流入的相关政策，目前保持4.1%的常住人口涨幅。因此人口调控和土地管理政策主要在于京沪两地。

尽管京沪两地政府工作报告都提出要土地减量开发、严控用地总量（北京市提出，2020年建设用地总量控制在2800平方千米，上海市也提出建设用地总量控制在3185平方千米以内），但具体政策不尽相同。

北京疏解非首都功能成效显著，加大人口调控力度，常住人口增量、增速已经连续两年保持双下降态势。2017年年底北京市市委、市人大、市政府、市政协"四套班子"率先搬至通州，第二批为北京市纪委、市监察委、市高级人民法院、市人民检察院，将带动40万人从城区向外疏解。另外，城六区通过商品交易市场的疏解、工业企业的调整退出、高校外迁、棚改、腾退简易楼等措施，向外疏解人口。

数据显示，在不到40年的时间里，北京的常住人口膨胀了3倍有余，从改革开放初的不足900万人增长至近2200万人。特别是2000—2010年间，在常住外来人口快速增加的拉动下，北京市常住人口从1363.6万人增加到1961.9万人。1982年、1991年和2003年，北京市三次修编的城市总体规划中确定的人口控制指标，都在规划期刚刚过去 1/3 的时间就被突破①。

据悉，到 2020 年北京将再退出 1000 家以上一般制造业和污染企业；继续大力拆除违法建设，加快推进中心城区老旧小区综合整治，加大城六区集中连片棚户区改造力度；加强腾退空间的统筹利用，主要用于服务保障中央政务功能，推动文化发展、科技创新和构建高精尖经济结构②。

同时，北京将高质量推进城市副中心建设，有序推动市级党政机关和市属行政事业单位搬迁，带动中心城区其他相关功能和人口疏解；加快老城区城市更新步伐，实施城市修补和生态修复，辐射带动廊坊北三县（三河市、大厂回族自治县以及香河县）协同发展。

在此背景下，北京的土地市场尤其是商品住宅市场，"限"字当头，严加调控。

上海市则自 2013 年启动人口调控新政，此后全市登记的实有外来人口数量呈现减少趋势。据上海市人口办统计数据显示，至 2014 年年底上海实有外来人口数量从 2013 年年底的 1097.06 万人减少到 1023 万人，下降 6.75%。另据《2015 年上海市国民经济和社会发展统计公报》显示，2015 年年底外来常住人口 981.65 万人，比 2014 年的 996.42 万人下降 1.5%。多年来上海外来人口数量持续增加的格局得到一定程度的扭转，全市人口调控成效初步显现。

上海人口迅速膨胀的主要原因是外来人口的急剧增长，其根源是经济的快速增长和以制造业为主的产业结构③。相比于北京，上海更多地倾向于规划调控。《上海市城市总体规划（2017—2035 年）》提出：要转变城市发展模式；守住人口规模、建设用地、生态环境、城市安全四条底线；至 2035 年常住人口控制在 2500 万人左右；锁定建设用地总量，控制在 3200 平方千米以内；调控土地使用供应时序，为未来发展留足空间。因此，上海的人口调控和土地管理政策，更多是依靠规划和市场的双轨制。

从经济自身发展规律看，北京、上海人均 GDP 虽在国内领先，但远低于国际先进城市。以扣除延庆、怀柔等生态涵养发展区的北京都市区人均 GDP 计算，仅相当于纽约、巴黎、伦敦都市区的 40% 不到，东京都市区的约一半、首尔都

① 齐心. 北京为什么要进行人口调控？[N]. 中国城市报，2018 - 04 - 16（019）.

② 晓宇. 北京常住人口 20 年来首次负增长　城六区两年降 74 万人 [J]. 经济研究参考，2018（72）：45 + 57.

③ 张车伟，王智勇，蔡翼飞. 中国特大城市的人口调控研究——以上海市为例 [J]. 中国人口科学，2016（2）：2 - 11 + 126.

市区的约 2/3①；而上海市的人均 GDP 比北京还稍低一些。经济—人口分布的内在平衡动力将驱动北京、上海未来人口显著增长。从人口密度的国际比较看，北京、上海人口均还有较大的增长空间。今后的调控方向，一是着力解决北京、上海中心城区城市功能及优质公共服务资源高度集中的问题，推进新增人口向新城集聚，二是进一步发展城市轨道交通体系，不断优化交通组织效率，改善交通状况。

二、京沪渝 CLI 总指数波动态势分析

就指数波动态势而言，如图 9 - 40 所示，上海市的波动幅度最大，北京次之，重庆最小。进而发现，三城的 CLI 指数波动情况，可以分为三个阶段：

2008—2011 年，为第一阶段，尽管增幅不同，但京沪渝三城土地市场均呈现递增态势，显示土地市场快速发展。

2011—2014 年，为第二阶段，三城 CLI 指数均呈现先降后升态势，其中上海降幅大、升幅大，重庆降幅大、升幅小，北京降幅小、升幅小。显示 2011 年土地调控管理政策介入，上海市依靠市场转型，快速恢复，重庆自此保持稳速发展，北京则慢速前行。

2014—2018 年，为第三阶段，三城市 CLI 指数波动情况出现分化。上海市呈现先降后升的两个周期，反映出市场弹性发展；重庆市则在此期间表现出一个周期性波动，周期时间延长；北京市情况与上海相反，呈现出先升后降的两个周期。

对于上述现象，我们认为，可以用政策调控型和市场反应型进行解释。

从全国来看，2014 年是中国房地产市场调控政策的"拐点"，当年经济下行压力加大，各城市纷纷出台措施稳定住房消费，旨在防止房地产市场进一步下滑，刺激房地产市场以保经济增速。

在此背景下，中国经济增速放缓，全国楼市增速下滑，政策开始放松限购。截至当年 10 月，原有 46 个限购城市中仅有 4 个城市仍在执行限购，其中就有北京的坚持。

自 2014 年三季度末开始，全国性信贷政策放松开始惠及北京市场。9 月 30 日，央行、银监会联合出台《关于进一步做好住房金融服务工作的通知》，规定对拥有 1 套住房并已结清相应购房贷款的家庭，为改善居住条件再次申请贷款

---

① 泽平宏观：老龄化和职住分离是北京上海人口突出问题［EB/OL］. 新浪财经，2016 - 10 - 13.

购买普通商品住房，银行业金融机构执行首套房贷款政策。同时，北京市发布新的普宅认定标准，普通住房认定指导价格由18000元/平方米上浮至22000元/平方米，上调幅度达到22%。从10月末开始，中低端刚需及改善型房地产市场开始回暖。

2014年11月21日，央行意外宣布降息，决定自2014年11月22日起下调金融机构人民币贷款和存款基准利率。楼市回暖节奏进一步加快。12月31日北京市公积金管理中心出台宽松新政，将贷款上限由此前的80万元提高到120万元，这也标志着北京的调控政策已经由过去的收紧转向逐步宽松。

从上述2014年北京市房地产市场和土地市场的分析可以看出，由于政策调控，北京市的CLI指数走出了一条上升曲线。但随着土地市场回暖，新的调控措施随之而来，由此2015年逐步下滑。这些特征反映出北京市土地利用政策调控是较为典型的政策调控管理模式，即以政策调控市场，再根据市场出台政策进行调控。

相比之下，上海属于市场反应型，即据市场出台政策，以政策激发市场。具体分析，在经历了2013年房价较快上涨后，2014年前三季度上海市房地产市场经历一轮调整，主要表现为开发投资增速回落和楼市销售量减少。

面对市场表现，2014年上海市严格贯彻落实国家和市级各项房地产调控政策措施，采取差别化住房信贷、税收、住房限购、增加土地供应等综合措施，抑制投资和投机性购房需求，激发刚需、改善等正常市场需求。在第四季度限贷放松、普通商品住房标准调整及贷款利率下降等多重因素影响下，楼市出现回暖走势。由此可知，上海市土地市场政策属于较为典型的市场反应型管理模式。

第三节　京沪渝三城 CLI 成分指数比较分析

下面分别从市场规模、交易价格、供应结构、利用集约和地产景气五个成分指数的角度，对北京、上海、重庆三地的土地市场发展进行比较分析。

一、京沪渝 CLI 市场规模分指数分析

对京沪渝三地 CLI 的成分指数——市场规模指数分析，如下表10-23、下图10-42所示。

表 10 - 23　2008—2018 年京沪渝三城 CLI 市场规模分指数数据表

时间	CLI 市场规模分指数数据		
	北京	上海	重庆
2008	100	100	100
2009	103. 57	465. 56	203. 62
2010	99. 08	546. 15	275. 80
2011	106. 00	612. 45	360. 65
2012	59. 06	474. 32	275. 93
2013	76. 55	418. 30	330. 15
2014	61. 23	381. 65	327. 86
2015	92. 79	251. 34	285. 47
2016	32. 63	214. 74	262. 32
2017	45. 01	232. 82	268. 54
2018	30. 73	240. 54	319. 10

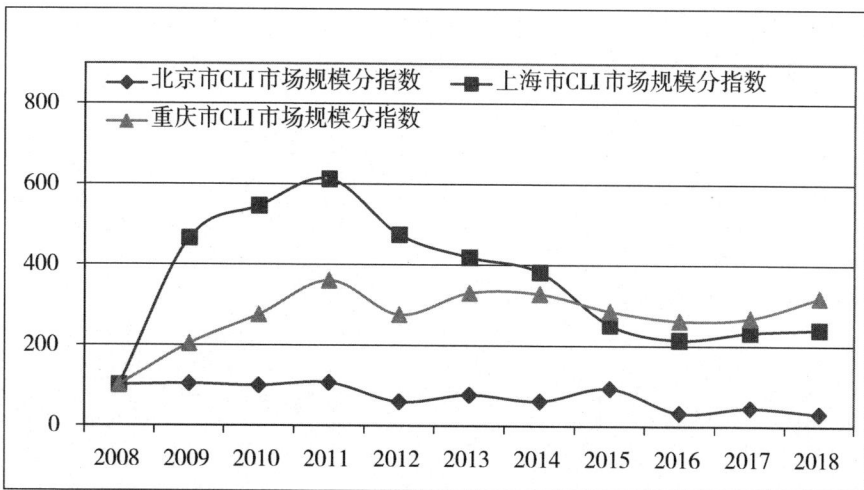

图 10 - 42　2008—2018 年京沪渝 CLI 市场规模分指数数据对比分析图

由图 10 - 42、表 10 - 23 可知，以 2008 年为基期，上海和重庆两市的市场规模走势大方向基本趋同，而北京则明显走出了一条下行曲线。

2008—2011 年，上海和重庆的土地市场规模均快速上扬。2011 年中国 GDP 增长率为 9.6%，在当时全球经济减速的背景下，这一数据在 2012 年快速下滑至 7.6%，我国宏观经济正在经历转折发展节点。以全球经济发展趋势为导向，上海、重庆、北京的土地市场都减量发展，此后在 2014 年进入新常态下经济周期，为国家经济稳中求进大局服务。

不同的是，上海、重庆的规模减量，是市场冲高之下、经济发展形势引导的压缩式发展，而北京的减量发展，则是自 2008 年以来有意为之的主动性政策调控。由上表可知，2008—2018 年，11 个年度中，仅有 2011 年土地市场规模略超基期线，其余年度均呈走低态势，且不断降低。作为拥有 2300 万人口的国际大都市，显然北京市土地管理政策一直是严字当头、常抓不懈。

另外，上海自 2011 年之后压缩土地市场规模，一方面是经济形势使然，另一方面也是随着人口增加而对土地市场的适应性调控所致；重庆则自 2012 年后逐步恢复了土地供应，并保持了相对平稳的市场规模体量。

综合分析，京沪渝 CLI 市场规模分指数三种走势，符合前述研究结论，即上海应对经济形势适时调整市场规模，重庆结合经济发展稳定市场供应，北京立足首都定位严控市场体量。

二、京沪渝 CLI 出让价格分指数分析

对京沪渝三地 CLI 的成分指数——出让价格指数分析，如下表 10 – 24、下图 10 – 43 所示。

表 10 – 24　2008—2018 年京沪渝三城 CLI 出让价格分指数数据表

时间	CLI 出让价格分指数数据		
	北京	上海	重庆
2008	100	100	100
2009	137.23	200.33	143.89
2010	173.22	225.23	173.02
2011	185.67	233.30	216.90
2012	172.89	255.41	219.89
2013	224.97	440.35	231.53
2014	280.33	604.71	232.76

时间	CLI 出让价格分指数数据		
	北京	上海	重庆
2015	460.86	660.96	256.60
2016	325.42	964.99	267.47
2017	564.25	713.61	377.98
2018	413.22	829.09	305.10

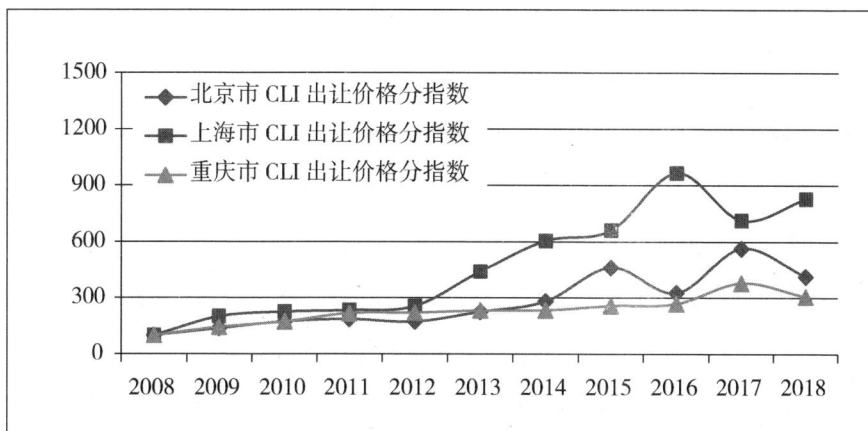

图 10-43　2008—2018 年京沪渝 CLI 出让价格分指数数据对比分析图

由上图、上表可知，就出让价格分指数来看，京沪渝三地的走势均呈上升态势。上海升幅最大，达到 729.1%；北京升幅 313.2%，重庆升幅 205.1%。

从升幅来看，上海 CLI 出让价格达到北京的 1.33 倍、重庆的 2.56 倍。

从趋势来看，自 2012 年起，即为提振经济而刺激土地市场开始，京沪渝三地的土地出让价格在市场动力和系列政策往返刺激下不断提升。2015 年开始出现分化。重庆继续保持平稳发展态势，上海继续上涨至 2016 年下滑后走出一个价格周期，北京则先下滑而后上涨再行下滑形成一个价格周期。

上述现象，显然与三地的土地市场供求和土地政策管理导向有关。

数据显示，从 2013—2014 年上海土地拍卖市场的情况来看，商办类拍地比例较高。2015 年，在经历"330 新政"、央行累计六次降息五次全面降准等（央行降息、公积金政策调整、二套房贷降首付、营业税降低免征门槛等政策）"救市"政策之后，2015 年上海商品住宅销售价格为 32092 元/平方米，同比上涨

18.39%，商品住宅成交量为1466万平方米，同比上涨56.63%，上海楼市出现量价齐升状态。上海市官方在7月和10月已经两次明确表态"上海房价已经过高"，仍然要继续坚持楼市调控①。2016年，出让价格相对下跌。

就北京来看，北京市规划和自然资源委员会官网显示：2015年全年北京市土地出让总金额达2032亿元，环比增长6%；住宅类用地平均楼面价高达16785元/平方米，环比2014年增长14%。2016年北京市土地成交价款共852.51亿元，同比下降56.94%。

综合分析京沪渝CLI出让价格分指数三种走势，可以看出：为适应国家经济形势发展需要，上海积极推进土地市场发展，重庆保持稳步小幅增长，北京则从土地政策管理上下功夫，坚守管理底线。

三、京沪渝CLI供应结构分指数分析

对京沪渝三地CLI的成分指数——供应结构指数分析，如下表10－25、下图10－44所示。

表10－25　2008—2018年京沪渝三城CLI供应结构分指数数据表

时间	CLI市场规模分指数数据		
	北京	上海	重庆
2008	100	100	100
2009	107.46	133.42	100.52
2010	114.58	166.41	91.56
2011	121.40	145.91	98.99
2012	132.80	122.88	130.16
2013	173.54	129.89	138.13
2014	195.93	116.81	118.92
2015	392.22	186.23	114.87
2016	216.90	137.60	95.46

---

① 2015年上海楼市特征及2016年趋势的四点判断［EB/OL］. 腾讯网，2015－12－29.

时间	CLI 市场规模分指数数据		
	北京	上海	重庆
2017	187.81	175.88	94.78
2018	232.67	158.64	107.45

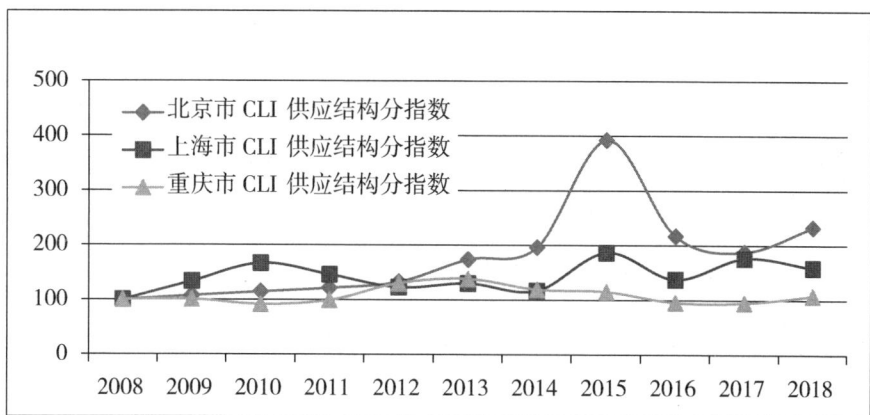

图 10-44 2008—2018 年京沪渝 CLI 供应结构分指数数据对比分析图

由上图、上表可知，就供应结构分指数来看，京沪渝三地的走势有所不同。重庆市依然稳健供地；上海市波动幅度较大，但基本保持平稳态势；唯独北京，呈现出一条倒 U 型曲线的发展态势。这一曲线的拐点是 2015 年。

数据显示，2014 年北京共出让 52 宗居住类用地，规划建筑面积合计 900.7 万平方米，土地出让金合计 1311.2 亿元，整体平均楼面价折合 14557 元/平方米。这一平均楼面价较 2013 年的 9616 元/平方米，上涨约 51.4%[①]。

北京市 2015 年出让土地 105 宗，出让面积为 702.08 万平方米。但住宅用地仅成交 50 宗，成交数创三年来新低。伴随着北京土地供应不断减少，北京土地市场需求却日益增加，大型房企回归一线城市，外地房企大举进京，使得北京土地呈现出明显的供不应求状况。尤其是大多数被拍卖的宅地均引发房企激烈争抢，甚至是昌平北七家、大兴瀛海、顺义仁和此类六环附近的郊区均出现楼

---

① 张泽伟. 2014 年北京土地出让金额 1916.9 亿元同比增长 5.2% [EB/OL]. 前瞻网, 2015-01-01.

面价在 3 万元/平方米以上的地块，高价地范围出现地理区域广泛外延趋势①。

2016 年北京市土地出让宗数共为 41 宗，同比下降 60.95%；土地出让面积为 422.17 万平方米，同比下降 39.87%。

如前述分析，自 2014 年第三季度末开始，全国性信贷政策放松开始惠及北京市场。尽管北京市土地管理政策严格，但面对经济形势所需和巨量人口住宅市场需求，土地市场还是出现了一波高潮，随后 2015 年严格调控，市场供应开始下降。

综合分析京沪渝 CLI 供应结构分指数三种走势，明显反映出三地土地政策的导向性：重庆市住宅、商业、工业等各类用地供应较为均衡；上海市随经济转型市场供应有所波动但总体可控；北京市存在大量住宅用地供应需求，但由于人口调控需要，土地政策管理严格，同时辅之以减量发展、建设通州新城、雄安新区等方法，自 2014 年起开始明确疏解非首都功能。

四、京沪渝 CLI 利用集约分指数分析

对京沪渝三地 CLI 的成分指数——利用集约指数分析，如下表 10－26、下图 10－45 所示。

表 10－26　2008—2018 年京沪渝三城 CLI 利用集约分指数数据表

时间	CLI 利用集约分指数数据		
	北京	上海	重庆
2008	100	100	100
2009	88.65	76.73	47.42
2010	130.54	78.20	65.21
2011	136.88	58.58	50.53
2012	209.65	59.16	78.11
2013	205.64	66.11	92.56

---

① 去年北京土地收入近 2000 亿　同比增长 3.5% 创新高 [EB/OL]. 腾讯网，2016－01－21.

时间	CLI 利用集约分指数数据		
	北京	上海	重庆
2014	222.95	50.27	87.32
2015	63.22	62.52	112.42
2016	308.01	55.11	106.26
2017	238.17	69.67	105.48
2018	379.34	80.53	84.36

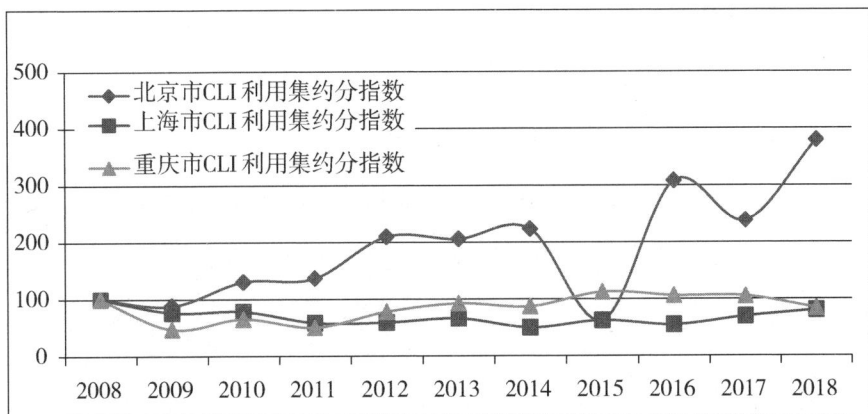

图 10 - 45　2008—2018 年京沪渝 CLI 利用集约分指数数据对比分析图

由上图、上表可知，就利用集约分指数来看，京沪渝三地的走势分为两种情况：一种情况表现在上海、重庆两地的土地市场，利用集约水平保持稳定，且趋势走势基本吻合；另一种情况表现在北京的土地市场，2015 年形成波谷谷底，点位为 63 点，降幅达到 71.6%，随后在 2016 年直接高升到 308.01 点，升幅 387%。

从 CLI 利用集约的具体指标来看，2014—2015 年，招拍挂出让占比、存量/土地供应总量、固定资产投资/土地供应总量、二三产业增加值/土地供应总量这四个指标分别从 230.8、38.6、355.6、355.1 直接下降为 44.4、7.7、117.7、120.2，降幅分别达到 81%、80%、67%、66%，2016 年这些指标分别上升为 180.9、25.0、423.9、458.1，增幅达到 264%、355%、417%、429%。

为什么北京市的利用集约水平会出现如此大规模的跌升反转？我们认为主

要原因在于政策导向引致的土地管控措施。2014 年北京市提出"四个中心"新功能定位、正式开展非首都功能疏解，当年严厉控人口、减投资、疏产业，致使单位土地面积上的固定资产投资额、二三产业增加值等指标大幅下跌，以至于 2015—2016 年运筹京津冀协同发展规划，同时提出高精尖发展战略，紧急启动产业升级调整。

综合分析，京沪渝 CLI 利用集约分指数展示的两种情况，实质上是上海（重庆）和北京的市场反应型与政策调控型两种土地政策管理类型的明显比对。我们认为，上海、重庆的土地集约节约利用水平是稳定发展、有序提升的，而北京的土地管理政策，虽然服从于国家发展大局，但就土地市场的有序发展而言，还需要进一步提升。

五、京沪渝 CLI 地产景气分指数分析

对京沪渝三地 CLI 的成分指数——地产景气指数分析，如下表 10 - 27、下图 10 - 46 所示。

表 10 - 27　2008—2018 年京沪渝三城 CLI 地产景气分指数数据表

时间	CLI 地产景气分指数数据		
	北京	上海	重庆
2008	100	100	100
2009	184. 29	160. 73	161. 56
2010	151. 03	131. 30	166. 65
2011	137. 26	113. 01	176. 58
2012	141. 87	127. 34	195. 72
2013	154. 59	148. 08	222. 65
2014	156. 18	154. 83	256. 28
2015	163. 02	191. 82	261. 60
2016	173. 74	218. 33	274. 66
2017	151. 60	215. 95	291. 31
2018	108. 00	209. 46	297. 21

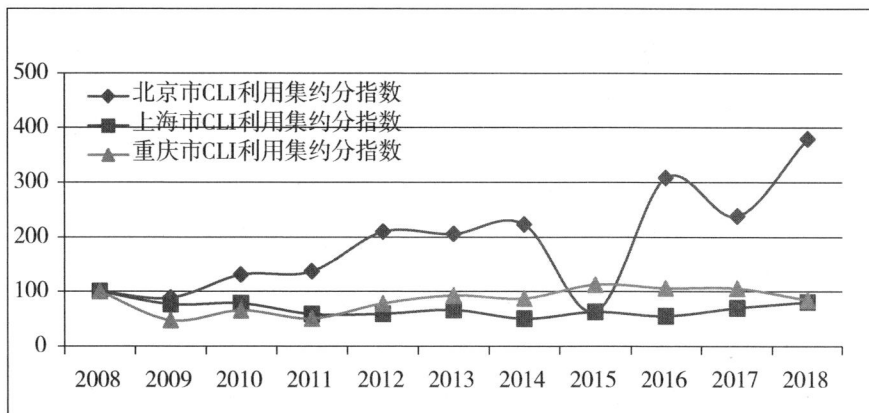

图 10 - 46 2008—2018 年京沪渝 CLI 地产景气分指数数据对比分析图

由上图、上表可知，在五个成分指数中，京沪渝三地的地产景气分指数走势难得地保持了一致的稳中有升态势。

具体分析，重庆市的地产景气指数处于三地中的高位，上海次之，北京处于低位。这和重庆市的发展阶段、人口数量、产业层次以及土地管理政策有直接关系，和上海市的经济转型、人口管理以及市场反应型政策有密切关系，和北京市的非首都功能疏解、减量发展、人口调控等政策有着深层次关系。

深入分析发现，2008—2014 年，北京的地产景气指数反映的景气程度，其实是高于上海的，直到 2014 年两者非常接近。当年北京市的 CLI 地产景气指数点位为 156.2，而上海为 154.8。2015 年之后两地开始拉开差距，目前差距日渐拉大。2018 年，上海市的地产景气指数点位为 209.5，已经比同期北京的 108 点高出 101.5 个点位。差幅达到 94%，高出将近一倍。仅从指数点位而言，可以认为上海市的 CLI 地产景气程度，已经高出北京将近一倍。

综合分析京沪渝 CLI 地产景气分指数展示的数据情况，明显看出政策调控对于地产市场景气程度的深层影响。虽然这和所在城市功能与城市管理的定位有关，但市场的发展受到政策的直接影响，却也是不争的事实。

第十一章

我国城市土地市场效率与调控效果分析

前述研究，按照土地市场效率基础上进行政策调控分析的线索顺序展开，在概念界定与理论基础分析后，探源了我国土地属性的变迁，并着重从土地的资源、资产、资本三重属性出发，进行了土地供应效率时空演变分析和影响因素测算。之后，以我国城市土地政策调控纪实分析为出发点，综述了中国土地市场指数的构建与测算分析，并详细测算了京沪渝等大城市的土地市场指数。

本章归纳总结前述研究提出的观点，并进行结论性分析。从分析结论看，我国整体土地市场效率和调控效果并不存在正相关关系；但特大城市土地市场效率越高，则政府调控效果越明显。

从特大城市土地市场效率的特点来看，作为特大甚至超大城市，具有一定的行政自主权和区域经济影响力，因此对于土地市场供给效率的控制和提升比一般中小城市更具效率，对于住宅、商业、工业等不同用途的土地供给效率的平衡也具有较大的自由度；同时，由于集聚了较多的市场资源从而推进经济社会效率，因此京沪渝等大城市的土地市场效率比中小城市明显提高。

从特大城市土地政策参与政府调控的效果来看，因其具有较为显著的土地市场供给效率，所以可以在较短时间内达成政策倾斜，并针对长周期政策调控实施总量控制、存量调控和增量计划。特别是，特大城市甚至超大城市作为都市群经济发展的中心城市，政策调控往往受到国家政策倾向的引导，也更便于通过土地供给效率的升降来调控土地政策。

具体看，近年来我国整体土地市场效率不断提升，土地供应效率水平较高，但调控效果不够明显；北京、上海、重庆等地土地市场效率较高，政府调控力度较大、效果明显。二者差异的部分原因，在于全国调控政策的反复性和直辖市政府调控的相对独立性。

第一节　城市土地市场效率与调控效果

整体来看，2011—2015 年我国 35 个大中城市的土地供应效率处于较高水平，但同时效率没有明显提升，土地政策调控效果不够明显。

一、土地供应效率水平较高，调控效果不够明显

从 2011—2015 年我国 35 个大中城市的土地供应效率来看，大多数城市综合效率处于较高水平，但此期间我国土地供应效率并没有取得明显增长，甚至个别地区城市效率出现明显下降。说明土地政策参与宏观调控的效果不是很明显。

之所以出现这种情况，可能是由于以下三方面的原因：

第一，政府土地政策反复调整引致土地供应效率不断变化。而土地政策的反复，则受制于宏观经济发展的体量和速度。经济过热则限制；经济下降就刺激。从而使得土地供应效率整体上变化较为平稳。

第二，土地供应效率达到一定量的较高水平，需要较长时间或较为根本性的变革，来推动较大的提升。例如新农业技术、新科技手段的推广，或国家土地管理法的调整使得农用地转为建设用地得以较大规模进行等，但这些因素需要条件。

第三，也是较为根本性的一方面，即是我国土地市场的发展还不够完善，目前土地供应一级市场效率基本实现，但能够促进这一效率深入提升的二级市场还需要进一步建设完善，而这涉及土地制度、土地管理、政府政策等更为根本性的变革，目前还无法量度。

分区域看，经济水平发达地区拥有更高的土地供应效率，东部地区城市土地供应综合效率最高，东北次之，其次是中部地区，西部最低。其中，中部和东北地区城市的土地供应效率下降明显。

进一步分析可知，经济发展水平越高，城市规模越大，技术进步增长率越高，城市土地供应全要素生产率增长越快，就越显现出一定正相关关系；我国中部和东北地区规模效率实现了微弱增长，对其城市土地供应效率提升具有一定积极作用。

再深入分析影响我国城市土地市场供应效率的因素，可知对土地供应效率影响因素的回归分析发现，城市通达性（距离北京、上海等中心城市的距离、地理中心度）及产业集聚模式和基础设施水平均在不同程度上影响土地供应效率，且

城市规模对城市地理区位、专业化集聚模式的影响具有显著的调节作用。因此，需要通过完善优化交通网络和产业链条、持续提升城市基础设施的建设水平、不断规划优化扩大城市经济发展规模等方式，促进城市土地市场效率持续增长。

二、土地供应技术效率下降，调控水平亟待优化

从技术效率的分解上看，我国城市土地供应效率的下降同时受纯技术效率和规模效率推动，且效率下降的主要原因是纯技术效率的下降，"十二五"期间我国城市土地供应纯技术效率下降6.5%，规模效率下降1.2%。纯技术效率水平代表着各城市的城市土地供应管理水平，说明优化城市土地管理水平是未来提升我国土地供应效率的主要着力点。

从全国角度分析，对不同区域的城市土地需要采取不同的管理方式。

对东、中部地区而言，可通过变更土地供应计划等方式，适当增加土地供应量以获取更高的土地产出，尤其是对于北京、上海、重庆深圳等特大城市或超大城市，根据京津冀、长三角、成渝以及粤港澳大湾区等都市圈的发展规划，可以在大范围内调整用地，不断提高土地单位面积产出，提升土地供应效率。

对西部地区而言，则需要在当前供应结构状态下增加规模以适应产业递增发展需要。特别是在受到全国土地政策宏观调控效应的影响的态势下，更有必要精准施策、分区对待，较大幅度提高西部地区的土地供应规模，不断提升西部土地市场的供应效率，同时促使西部城市提高自身土地管理水平。

对东北地区而言，其规模效率最高，然而大多数城市处于规模报酬递减的状态，说明东北地区城市土地供应效率的提升需要通过优化土地供应比例实现。即改变粗放式、大规模、划拨性的土地供应方式，结合东北经济转型和再开发的国家产业政策，不断调整住宅、商业、工业等不同类型的土地供应比例和幅度。

第二节　指数分析城市土地市场效率效果

由原国土资源部 CLI 中国土地市场指数体系，用于表征和衡量我国土地资源利用的集约程度、土地市场的运行态势及景气指数，对于我国宏观经济的稳定和快速发展具有重要的参考和实践意义。

CLI 中国土地市场指数，二级指标选取市场规模指数、出让价格指数、供应结构指数、利用集约指数、地产景气指数 5 项分指数，共设 18 个三级指标，第一次较为全面地反映了我国土地市场尤其是 70 个大中城市土地市场的发展情

况，也分别反映出我国城市土地市场近年来的规模效益、土地市场价格调节效率、土地供应效率、土地利用集约效率和地产市场的景气程度。

其中，根据总指数的变化情况，可以从我国整体角度思考城市土地市场效率的变化；从土地供应结构等分指数的变化趋势，也可以分析土地供应效率的变化状况。

综合 2004—2018 年 CLI 中地指数的数据分析情况来看，近年来我国土地市场效率稳定提升，土地政策参与宏观调控效果尤其是短期效果较为明显。

一、我国土地市场效率稳步提升，政策效果较为显著

CLI 中地指数基期为 2004 年一季度，采取分别对 5 个合成指数进行季节波动消除，计算出每一个合成指数各子指标的分指数，进而计算出该合成指数 2004 – 2018 年间的三级指标值，最终再加权平均为中地指数。

（一）从长周期数据分析，土地市场效率提升、政策调控效果深远

从 2004—2018 年长周期数据序列分析，15 年间 CLI 中地指数从 2004 年一季度 100 点基准点，持续递增到 2018 年四季度 267 点，年均增幅为 21.65%；年度指数基本呈现每 3 年为一个周期的波动特征，即 2006、2009、2012、2015 等年份的综合指数均为高点值或波峰值。

这些数据，一方面在绝对量、规模量上均表明我国土地市场 15 年来一直处于稳步增长水平，另一方面在波动性、周期性上也表明土地市场的价格特征较为明显，从而通过市场价格提升市场效率的情况较为明显；换言之，我国土地市场效率多年来稳步提升。

同时，从数据波动情况也可以看出，2018 年数值不升反降，接近历史最低水平。这表明我国土地市场在国家政策、宏观经济的影响下，稳步发展状态进一步加深，进入长周期平滑发展趋势日益明显，土地市场受政策调控的影响较为深远。

从各成分指数的政策效应分析：

市场规模指数直接反映出中央土地市场调控政策和各城市"精准施策"调控变化；出让价格指数随土地市场规模变化，针对土地市场资源进行调整，从而显示出不同土地用途的市场利用效率。

土地供应结构指数则既在一级市场上体现出当时土地面积的供给政策情况，又同时显示出住宅、商业、工业、保障性政策土地等结构的比例变化情况，从而为土地市场效率细分提供参考。

集约分指数通过招拍挂比例、单位面积固定资产投资、单位 GDP 土地消耗、存量建设用地/土地供应总量等指标，也可以直观显示土地市场效率的变化趋势以及存量土地的政策调控状况。

地产景气指数侧重于从信贷总额、新增土地供应面积、抵押地价以及地产股价等市场变化量，来显示土地市场的效率状况和受政策调控影响的市场波动趋势。

（二）从年度数据分析看，土地供应结构优化、政策调控效果显著

2018 年，CLI 中地指数从一季度 255.1 点升至四季度 267 点，增幅 4.7%；预警灯四个季度均显示绿灯状态，表明土地市场平稳运行。

结合全年情况看，五项分指数环比三升两降，其中市场规模、供应结构和地产景气三类分指数增幅分别达到 48.2%、31.7%、21.3%；同时出让价格、利用集约分指数分别降幅 12.5%、45.9%。数据分析表明，2018 年我国土地市场规模扩大、价格回归理性、景气程度平稳上升，长周期性发展趋势凸显。

从数据波动情况看，2018 年综合指数年度环比波动 4.7%，除 2014 年（3.05%）外达到最低点，三季度综合指数环比仅波动 0.2%，比 2016 年下半年 0.5% 的波动趋势更加稳健。这一方面说明我国土地市场稳定发展，但另外一方面也显示市场活力进一步下降、市场信号正在逐步削弱。究其主要原因，在于政策效应进一步加强，表明土地政策参与宏观调控的效果进一步显化。

具体分析：

2018 年市场规模分指数环比增加，当年翘尾因素、政策补差因素明显，表明土地市场及时调整状态并仍具备市场发展基础，为土地市场效率提升提供了基础空间。

出让价格指数年度环比降幅 12.5%，为历史最低，表明投资者对土地市场价值预期持续看低，价格调整效率因素继续发挥作用，土地政策参与宏观调控的成效明显；特别是从成分指数看，工业用地出让价格显著提升。考虑 2018 年前后我国土地确权，集体建设用地入市，农村宅基地所有权、资格权、使用权三权分置以及集体建设用地建设租赁住房等改革动向，表明我国经济"亩产效益"提升，工业经济正在转向高质量发展阶段，土地市场尤其是工业用地市场效率逐步提高。

土地供应结构分指数增幅达到 31.7%，既有年度影响因素，也显示我国 70 个大中城市的商品住宅用地、商服用地、工业用地和保障性住房用地供应量在土地供应总量中的比例进一步优化，也说明我国城市土地市场效率进一步提升。

二、特大城市土地市场效率企高，政府调控力度明显

为进一步研究土地市场效率和政府调控效果，本项目综合考虑区域发展、数据来源、城市政策等因素，选择了北京、上海、重庆等特大城市进行多案例比较研究。

数据分析表明，尽管土地市场特征存在明显差异，京沪渝三城的土地调控政策取向也各有不同，但总体看近年来三市的土地市场效率均得到明显提升，政府调控土地市场的力度和强度，也都在不同时间段得到了明显体现，调控效果显著。

（一）三市土地市场效率均不断企高

从北京、上海、重庆三市的 CLI 指数分析来看，土地市场均呈现发展态势，土地出让价格一路走高、供应结构相对优化，土地市场效率企高不下。

从北京市的 CLI 指数分析来看，2008—2018 年，北京市 CLI 指数 2018 年比 2008 年增长 125.7 个点位，增幅达到 125.7%，在规模、价格、结构、集约、景气等方面，北京市土地市场在国家经济发展的支撑基础上稳步发展。同时，自 2014 年起，开始呈现出较大的波动特征，显示土地政策调控力度不断加大，缓速性、调整性发展特征较为明显。

土地市场出让价格持续走高，并根据北京市发展定位调整不同土地功能区位的市场效率。2018 年比 2008 年出让价格增幅 313.2%，其中住宅用地出让价格增幅 408.5%，商服用地出让价格增幅 251.2%，工业用地出让价格增幅 247.6%。表明 2008—2018 年间北京市出让的土地大部分进入了住宅市场，商业用地、工业用地同时伴随着经济需求也在快速增长。

土地市场供应结构相对优化。从数据变化看，2018 年分指数比 2008 年增幅 132.7%。工矿仓储供地指标增幅 126.9%、商服用地供地指标增幅 152.9%、住房用地供地指标增幅 140.2%，保障房用地供应增幅 79.6%。除保障房波动较大外，相对比较均衡。显示土地市场效率分配较为平均。

土地利用集约水平不断提升。2018 年分指数比 2008 年增幅 279.3%。具体指标分析发现，招拍挂出让占比增幅 119.3%，土地市场效率显著提升；存量/土地供应总量下降 69.7%，表明土地利用水平不断提高；二、三产业增加值/土地供应总量增幅 760.1%，突出表明单位土地供应单位产业产值不断大幅上涨，土地市场效率明显增加。

从上海市的 CLI 指数分析来看，CLI 指数 2018 年比 2008 年增长 281.8 个点

位,增幅达到281.8%,反映出上海土地市场发展的快速发展进程。

土地市场规模稳步增加,2018年比2008年市场规模增加140.5%。出让供应总量自2009年达到高点后逐年走低,2018年比2008年增幅136.2%;土地二级市场交易量增幅153.6%,保持相对稳速增长态势。显示土地一级二级市场均保持了相当的土地市场效率。

土地市场出让价格持续走高。合成指数2018年比2008年出让价格增幅729.1%,远远高于北京。分析发现,住宅用地出让价格增幅828.2%,商服用地出让价格增幅936.2%,工业用地出让价格增幅280.5%。表明2008—2018年间上海市出让的土地首先用于商服功能和住宅用地,其次是工业用地。为服务业供给倾向清晰,土地功能效率明显。

从重庆市的CLI指数分析来看,2008—2018年CLI指数增长156.3个点位,土地市场增长趋势明显,显示土地市场发展迅速,市场景气程度较高,土地市场效率功能显著。

土地市场规模稳步增加,2018年比2008年市场规模增加219.1%。分析发现,出让供应总量在2013年达到顶点,此后由于限购等政策效应逐步走低。总体保持相对稳速增长态势。

土地市场出让价格持续走高。合成指数2018年比2008年出让价格增幅205.1%。其中住宅用地出让价格增幅380%,商服用地出让价格增幅78.7%,工业用地出让价格增幅102.1%。稳中有进,保持了较为理性的发展态势。

土地利用集约水平不断提升。从数据变化看,2018年分指数比2008年下降15.6%。具体指标分析发现,有别于北京、上海,重庆市土地利用集约指数各项指标各有升降。招拍挂出让占比降幅24.8%,这和重庆市长期支持产业发展并采用划拨用地方式供地密切相关。在土地计划相对均衡的条件下,划拨用地2008—2018年均增幅38.9%,相应地招拍挂比例持续压缩。存量/土地供应总量下降48.3%,表明土地存量持续下降,盘活量持续增加,土地利用水平不断提高,土地利用效率显著提升。

(二)三地政府调控力度均非常明显

北京作为我国首都,土地政策参与宏观调控的力度和强度一直很大。2008—2018年,北京市CLI指数2018年比2008年增长125.7个点位,增幅达到125.7%,在规模、价格、结构、集约、景气等方面,北京市土地市场在国家经济发展的支撑基础上稳步发展。同时,自2014年起,开始呈现较大的波动特征,显示土地政策调控力度不断加大,缓速性、调整性发展特征较为明显。

从发展趋势看，北京市 2008 年之后土地市场指数一路走低到 2012 年，此后恢复性波动至 2014 年。当年，北京市按照中央决定，修正发展目标，致力于四个中心建设，并提出减量发展政策，此后严控土地市场开发，土地市场在 2016 年降入谷底。随着北京市通州副中心的建设、雄安新区建设、服务业扩大开放和分区规划建设的出台，土地市场在波动中持续增长。

具体指标分析发现，出让供应总量逐年走低，2018 年比 2008 年降幅达到 64.5%，土地二级市场交易量降幅达到 83.5%。一方面北京市严控土地出让量，另一方面严控土地市场交易，显示北京市土地市场规模大幅减少，而市场调控力度不断加大。特别是 2015 年全年北京市土地出让总金额高达 2032 亿元，环比增长 6%，土地市场交易处于高点位置。但此后北京市即加强了土地市场调控，更多倾向于腾笼换鸟、留白增绿、减量发展。总体看，北京市政府严控土地市场，政府调控力度显著、强度持续，政策影响深远。

上海作为我国的经济中心，与北京相比，十年来 CLI 指数波动幅度不断减小，甚至在 2012、2015、2017 三个年度呈现出负增长态势，显示土地政策调控力度也在不断加大。

例如，上海市 2018 年 CLI 分指数比 2008 年下降 19.5%。具体指标分析发现，招拍挂出让占比降幅 4.3%，这主要是由于 2016 年上海市"沪六条"推出后，对房企拿地条件的限制越来越严格。2017 年 4 月上海推出"招挂复合"出让方式，在房企竞拍之前，需要通过多维度综合评定参与出让房企的实力，前三名入围最后竞价环节。2017 年 5 月采用受让管理评分制并在 6 月下旬上海推出 6 幅宅地，评分标准变更为 120 分制，评分项目添加"受让管理"等。类似政府调控政策降低了土地竞争力度，一定程度上达到了稳定地价的目的，效果显著。

重庆市自 1997 年直辖后，在全国房地产经济大发展—深调控—严转型的背景下，注重产业经济调控增长而相对稳妥推进地票制度、资金控制、节奏供应等土地市场发展和管理，大力推进信息制造业全产业体系作为基础和优势，借势国家"一带一路"发展战略和渝新欧铁路开通契机，通过与中西亚国家及欧洲发达国家的商品流通和商务交流推进全球化，走出了一条特色发展道路。

重庆市自 2012 年以后对土地供应进行了较为严格的调控。总体市场规模可控，较为充分地发挥了土地利用支持实业发展的重要功能，又适当兼顾了总量发展。2017 年 9 月 23 日起重庆正式施行限售政策，加强了主城区新购住房再交易的管理，房价应声而降。总体看重庆市的土地市场政策调控力度较有弹性、短期效果较为显著。

第十二章

特大城市土地市场效率与政府调控效果提升对策

特大城市发展引领着我国新型城镇化进程。当前边界蔓延、交通拥堵等诸多"城市病"问题表明，土地问题是特大城市发展的先导问题和根源问题，亟待解决。2013中央经济工作会议提出：特大城市要注重调整供地结构。十八届三中全会提出"使市场在资源配置中起决定性作用"，强调"从严合理供给城市建设用地，提高城市土地利用率"，对特大城市土地市场发展和土地管理问题在新形势下提出了新要求。

新中国成立之初，主要通过征用（1953）或征购、收归国有（1954年后）等方式管理国有土地使用权。1978年以后实行农村家庭联产承包责任制和国有土地有偿使用制度改革，2001年开始建立土地交易市场。市场机制促进了土地资源优化配置，也凸显出各种问题。2003年国务院先后就"促进房地产市场持续健康发展"等问题拉开了政府土地宏观调控的序幕。2015年12月中央城市工作会议提出要认识、尊重、顺应城市发展规律，完善城市治理体系，统筹推进土地、财政等领域配套改革，促进城市治理体系和治理能力现代化。

城市治理，首看特大城市。考虑近年来我国土地政策参与宏观经济调控发展的动态性、从新常态到新时代我国土地财政推进国民经济发展的持续性、土地要素对于社会主义市场经济的重要性，以特大城市土地市场效率与政府调控效果为切入点认真研究并提出针对性发展建议，非常重要。

本研究从土地性质、三要素理论和资源配置理论探源研究起始，梳理了1992年以来土地政策参与宏观调控的历史进程，探讨了城市土地资源配置机制与效率的标准问题，分析了我国城市土地供应效率的时空演变特征和影响因素。在构建中国土地市场指数的基础上，对北京、上海、重庆三大城市进行了CLI实证比较研究。京沪渝三地分别是京津冀、长三角、成渝三大城市群内的首位城市，很大程度上显示了各自所在城市群土地市场的发展历程和利用效率，也表明我国三大城市群的特大城市调控效果。

从具体分析来看，主要受国家定位、城市产业发展阶段、城市行政管理思路等因素的影响，分别以北京、上海、重庆为代表，我国的特大城市较为明显地形成了三条不同的土地市场效率与政府调控效果提升路径。

第一节　依据土地数据分析，研判城市土地政策

根据上述 2008—2018 年三大城市 CLI 指数数据及发展趋势分析，根据当前全国经济形势和国家稳增长政策与市场化导向考虑，预计近年内市场交易价格指数将持续小幅稳定波动。由于供需市场变化和我国宏观经济走向，地产景气指数仍将会适度上扬。

从全国和特大城市土地市场发展的角度，研究提出以下建议：

一、把握市场合理波动，差异土地供给结构

特大城市土地市场的合理波动，是市场经济的正常反映。但同时也应因城施策，差异化进行土地供给和土地利用。

（一）理性认识市场波动，采取相机调控措施①

根据 2004—2018 年 CLI 中地指数波动情况看，土地市场自 2014 年我国宏观经济进入新常态后在 2015 年实现反转、2016 年缓速下滑、2018 年大幅下滑。研究认为，应正确、全面认识我国 70 个大中城市土地市场的起伏和波动。市场波动是资源使用和供需变化的合理调整，一定幅度的市场波动受到供需以及市场环境等诸多因素的综合影响，是一种正常反应，也是市场经济的客观规律。

特大城市土地市场波动有其合理性、必然性和适应性，完善的土地市场会在波动中调整和发展。为促进我国土地市场持续、科学发展，应统筹考虑短期与长期、局部与整体、市场与政府等相关因素，根据市场变化相机调整调控方向和措施，通过相机调控防止波动幅度过大和调整时间过长，保持特大城市土地市场的基本平稳发展。

（二）把握市场合理波动，发挥资源配置作用

特大城市土地市场的发展与完善，既包括土地供应等市场规模大小变化的数量提高，也涵盖价格波动以显示市场变化频度和方向的质量提升，还体现在土地利用结构的相对均衡和利用方式的科学转型等方面。

---

① 张杰. 我国土地市场发展态势与对策［N］. 光明日报，2014 – 07 – 02（15）.

为此，应转变传统的观念和思维模式，对于市场可以自动修正的小幅波动不予干涉，而应把握城市土地市场的合理波动趋势，从土地供需、价格、结构、集约、出让金等方面充分利用市场机制，使我国土地市场适应和促进宏观经济的稳定、健康发展，充分发挥土地市场在国家土地资源配置中的决定性作用。

（三）紧密结合新型城镇化，适时转型土地规划

当前，我国尤其是特大城市的转型发展引人关注。从区域经济发展的角度考虑，特大城市及其周边城市的土地规划有利于引导土地资源在城镇化的过程中优化结构、提高效率、释放空间、盘活存量，解决城镇化、工业化发展的用地需求，为我国新型城镇化提供支撑。

因此，当前一个时期，土地市场应紧密配合和支持国家新型城镇化规划实施，使新型城镇化从土地破题，以土地利用方式的根本转变，促进特大城市所在城市群和区域经济发展的转变，提升城镇化发展质量，引导土地市场资源用于我国新型城镇化建设。土地规划应在建立人地挂钩机制、合理配置大中小城市和小城镇用地布局、统筹生产生活用地空间、协调推进城镇和新农村建设、促进用地方式根本转变上发挥"空间管制 + 合理利用"的管控作用。

（四）立足宏观发展政策，差异化土地供应结构①

面对土地市场的复杂多变态势，应根据近两年或十八大以来中央颁布和实施的一系列宏观政策，特别是空间规划、地区政策、产业政策和民生工程项目，研究和贯彻适应性、差别性的特大城市土地供应政策。

例如：按照国家严控建设用地总量和保障新型城镇化建设的要求，对新增建设用地实行"稳中有降、逐年递减"；对北京、上海等特大城市和一线城市与其他城市及城镇实施区别对待的差异化供地政策；对国家支持的城镇化模式中的城市群、一体化、流域经济、区域合作等方面，既应积极支持，又要防止借机圈地、浪费土地等乱象发生，所以必须制定因地制宜的具体供地政策；通过"实施新增工业用地出让弹性年期制，一般工业项目用地出让年期为 20 年、"工业用地出让价格不低于所在区域基准地价"等管控政策提高节约集约水平等。

二、分区分类分层调控，近期中期远期转变

根据当前我国房地产市场分化明显的现实情况，建议分区、分类、分层定向调控。

---

① 张杰. 我国土地市场发展态势与对策［N］. 光明日报，2014 – 07 – 02（15）.

近期：压缩消化存量房地产，提高城市现有土地使用效率。针对部分库存较多的特大城市，调整限购政策，开放部分市场需求，逐步稳妥去库存，顺利过渡提高城市土地集约节约利用水平。

中期：分区域或城市为目标进行指导和定向调控。将全国特大城市按照区域、产业、功能区等不同类别划分，参考当地土地市场发展情况，分城设定调控目标，实施个性化定向精准调控。

例如，按照全国和区域中心城市两个层次分类调控。全国分东、中、西、东北四区，给出区域调控目标；区域中心城市围绕中心城市划出区域土地价值圈层，针对不同圈层进行细化调控。

远期：推进土地市场从规模型发展向质量型发展转变。当前我国土地市场规模大效益小、总量多利用少、开发高产出低的情况普遍存在，建议通过市场化和集约化的路径，不断推进特大城市土地市场从规模扩大逐步向质量提升转型发展。

例如，调控手段从数量型调控转变为区间型调控。特大城市土地政策调控应主要体现在土地规划、土地利用、土地效率等引导和生态功能、产业发展等区间筹划等方面，逐步减少划拨用地供应，通过价格机制推进市场发展，进一步提高土地市场化的水平和强度。

再如，地方政府还可以通过保障性住房和中小套型商品房供地占住房供地计划等政策进行市场补位，鼓励"土地利用综合条件最佳"等招拍挂创新做法，推进特大城市经济和社会协调发展。

三、立足市场资源配置，推进土地市场发育

根据当前我国土地市场区域发展、转型调整、分层调控的现实情况，建议如下：

（一）立足市场资源配置，适当采取措施引导城市土地市场发展预期

当前，我国宏观经济走势进一步趋缓，全球性经济复苏不及预期，包括土地政策在内的宏观、微观政策仍需持续发力以推进我国宏观经济稳定前行。

从中地指数长期变化情况以及地产景气指数态势看，由于结构失衡、土地财政转型等内在原因，我国土地市场在主体配置、类型配置以及城市和区域配置等方面相对失衡。目前呈现的矛盾集中表现为土地市场在预期因素下下行趋势明显，需要政策适度引导提振，在趋稳态势中推进市场转型发展。

为此，建议配合土地市场波动状况，借助当前国家货币政策宽松的宏观环

境，斟酌在公积金贷款、税费减免和财政补贴等方面进行应激性调整；在财政政策空间有限的情况下，适度放松信贷政策。例如，可以考虑部分特大城市地产市场交易领域的税费适当减免、调整个人住房转让营业税征免时限、针对刚需定向降准等政策措施。

（二）支持国家产业升级，东中西部特大城市区别供地

从 CLI 规模指数、价格指数波动具体情况看，应根据我国经济新常态下产业结构转型升级的现实情况，区域性区别供地。

东部地区尤其是上海等特大城市，考虑现代服务业快速发展的现实需求，建议在充分盘活利用城市存量用地的基础上，根据城市产业发展情况适当增加商服用地供应量。

中西部地区、东北地区如沈阳等特大城市，考虑到工业发展用地需求，建议联合央行、银监会等金融部门出台土地利用政策，鼓励基于新型、战略性、信息化类产业的用地供应和投资建设。

（三）着眼盘活用地存量，推进旧城更新，建立城市"人—产—能—地"四合一发展机制

从 CLI 综合指数、规模和景气指数波动情况看，当前我国土地市场城市尤其是特大城市缺少而二三线城市大规模占用甚至浪费建设用地的情况突出。在当前经济新常态的转型提升阶段，着眼盘活用地存量应该尽快推进实施。

大城市尤其是北、上、广、深等特大城市，由于经济升级需求极其缺乏产业用地，尤其是商务、信息、科技等生产性服务业用地。但同时，城市内部又存在大量旧城区如棚户区。这些土地多数位于城市中心区域，周边区域配套设施完善，开发相对成熟。这些宝贵的土地资源，既可用作回迁房和商品住房开发，相对外围开发的商品房而言市场供应的有效性很高；又可用来开发商业办公、产业综合体、科技研发基地等，可以带动存量房地产利用结构再造，如提升容积率、工业区改造、楼宇经济等；还可充分发挥土地对于产业升级转型的先导作用，并且可以提高附加值、增加税收收入、吸引高端人才。

因此建议积极推进特大城市旧城更新，加快棚户区改造，优化城市功能和空间配置结构，为市场发展提供高质量的空间和土地资源。将城市土地管理的方向从以增量为主转向以存量为主，促进大城市的旧城更新和产业结构升级，推进城市产业及城市行政区域等合理布局，逐步形成人口、功能、产业、土地四要素同步协调的发展格局。

（四）探索公开供给计划，尝试成立土地银行，不断推进土地市场发育

从 CLI 综合指数长周期时间序列观察，2004—2008 年稳定波动；2009—

2015 年波动幅度相对稳定；2016—2018 年指数波动幅度上升态势明显。15 年的数据分析表明，我国土地市场仍然具有上扬潜力，土地市场需求还较为强烈；同时由于国家宏观经济目标的调整，各地特大城市的土地政策参与市场调控也必然会持续进行。健康有序的市场需要尽可能地减少对市场的干预和调控，为此建议如下。

一是在"量"上建议自然资源部充分调研，及早公布国家近中远期、区域特大城市级、产业层级等用地计划，提前公开市场容量和操作进程。例如可考虑在商品房等投资市场上将供地规模同城市空置率挂钩，通过控制数量放开价格，以避免不动产价值大幅波动触发的系统性危机；在消费市场上，控制价格并增加数量，满足市民的基本消费需求。

二是在"价"上建议探索成立国家级土地银行，通过土地基金等市场操作调控建设用地量，通过市场买卖干预土地市场价格水平，主动推进全国性土地市场的发展进程，长久保持我国地产市场有序、稳定发展。

四、着眼土地管理改革，增强调控政策预期

2020 年 3 月 12 日，国务院发布《关于授权和委托用地审批权的决定》，赋予省级人民政府更大用地自主权。要求在严格保护耕地、节约集约用地的前提下，进一步深化"放管服"改革，改革土地管理制度。

这是一项具有重大意义的决定，将对我国特大城市乃至超大城市的土地市场效率和政策调控效果产生深远影响。

从文件内容看，绝大多数针对非永久基本农田的农用地转用审批将由省级政府负责实施，国务院依法对其予以明确授权；也可以看出，该文件意在下放原属于国务院的部分农用地转用审批、土地征收审批权限给省级人民政府，从而利好地方项目投资建设和农村集体土地流转，刺激拉动经济增长和产业恢复。

特别需要明确的是，对于文件所涉及的北京、上海、重庆等 8 个省、直辖市，所有农村集体土地征收的批复工作均暂由其省、直辖市政府进行，国务院不再对此进行批复。

从土地市场效率提升的角度而言，新增建设用地指标的规模对一个地方的城市化和工业化发展具有直接影响，本次改革土地管理制度将有利于北京、上海、重庆等特大城市和超大城市获得更大空间和更高质量的发展，城市发展的土地使用需求和土地供应指标之间将得到更好匹配，土地供应的一级二级市场将更加活跃，土地市场的供应效率、配置效率、产业效率等将在更大范围内提升。

从土地政策调控优化的角度而言，2020年4月9日国家发展和改革委员会发布了《2020年新型城镇化建设和城乡融合发展重点任务》，提出"加大新增建设用地计划指标与吸纳落户数量挂钩力度，维护进城落户农民土地承包权、宅基地使用权、集体收益分配权"，并"全面推开农村集体经营性建设用地直接入市"，从而给了北京、上海、重庆等地进一步灵活进行土地政策调控的权限和空间。

为此，建议从土地管理政策改革角度，进行顶层设计，不断增强土地政策调控预期，优化政策调控效果：

1. 改革用地计划管理，加大建设用地合理供给。

在当前自然资源部因素法工作基础上，通过项目进展带动土地要素计划安排指标增量和盘活存量用地等途径，进一步改革土地计划管理，精准投放城市建设用地增量。

2. 归并城市规划，提升土地项目审批效率。

对城市规划和土地规划等许可事项进行整合归并，简化审批环节和申报材料，试点推行"标准地"供应改革，把原来用地效率、环保达标等前置许可事项，改为批前承诺、信用担保、事后监管等方式，进一步加快项目落地进程，提高土地项目的审批效率。

3. 通过修订《土地管理法》，逐步下放城市用地自主权。

考虑适度调整土地审批制度，赋予直辖市和特大城市地方政府以更大用地自主权。同时，将国务院仍然保留的审批事项，通过试点的方式委托给部分直辖市地方政府行使，进一步增强特大城市和超大城市土地市场活力，提升市场效率。

第二节　制定差异化供地政策，提升土地市场效率

土地供应通过引导和限制不同产业或不同地区的投资、人口集聚，改善城市功能和结构，提高城市土地集约利用效益，从而对市场和城市经济发展产生重要影响。

城市土地供应效率与土地资源配置效应等问题密切相关，提升城市土地供应效率，既是城市层面土地供应效率的提升，同时也是土地资源配置效应的提高。因此，城市土地供应效率提升是一个复杂性命题，需要结合城市自身发展特点，采取供给侧与需求侧相结合的综合优化措施。

一、盘活存量土地，优化土地供应规模

由前述我国城市土地供应效率时空分布特征可知，我国大部分特大城市仍然处于规模报酬递增阶段，土地供应规模相对不足。而我国实行严格的土地指标控制政策，供地数量有限。

因此，各特大城市应加大对城市存量土地盘活使用力度，包括加大旧城区、闲置土地再开发，不断"腾笼换鸟"、推旧出新以盘活存量土地，同时提高容积率和水电成本以及人工成本等方面的供应条件，以不断提升土地集约利用程度和水平。

北京市在盘活存量用地和提升土地利用效率方面的具体做法有①：

（1）根据北京市国土资源局《关于科研类项目用地供应有关问题的请示》，对于教育科研及高新技术产业的新建项目，可以采用协议方式办理出让手续，实现一二级联动，提高土地利用效率。但该做法受减量规划影响，实施难度较大。

（2）根据 2012 年《关于进一步加强本市保障性住房建设和配租配售管理工作的意见》等政策，市属国有企业可以利用自有用地建设公租房、自住型商品房及定向安置房等保障性住房。但是这种方式的政策不确定性较大。

（3）根据 2013 年北京市人民政府《关于加快推进养老服务业发展的意见》等政策，国有企业可以利用老厂区、老厂房发展符合规划的服务业，建设养老设施，或者发展文化创意产业。该利用方式具体实施细则尚未出台。

（4）根据 2016 年《关于旧城保护区范围有关用地问题的请示》，对于旧城保护区范围（二环内）的改扩建项目，经规划部门和国土部门批准后，可按新的规划条件变更土地出让合同，调整地价水平、出让用途等相关合同条款。但该利用方式仅适用于旧城保护区范围，适用性相对较差。

相比之下，上海的做法较好地体现了以市场为导向，盘活存量土地资源，促进低效土地二次开发为原则，形成"总量锁定、增量递减、存量优化、流量增效、质量提高"的"五量"调控新思路：

（1）2005 年 11 月《上海市"十一五"创意产业发展规划》中提出，采用"三个不变"的开发办法，即创意产业园区的房屋产权关系不变、房屋建筑结构不变、土地性质不变，并由此带来"五个变化"，即老工厂的产业结构、就业结构、管理模式、企业形态和企业文化等都发生变化。在具体运作方面，充分发

---

① "盘活存量土地"之北京、上海经验［EB/OL］. 个人图书馆，2016 – 09 – 24.

挥市场作用,引导投资商、开发商和专业机构进行筹划、开发、管理和运营。

(2) 2008 年 8 月上海市人民政府办公厅转发市房地资源局《关于促进土地节约集约利用加快经济发展方式转变的若干意见的通知》(沪府办发〔2008〕37号)中提出,对现代服务业聚集区、创意产业园区内的工业项目,鼓励"腾笼换鸟",经过产业部门认定后,在不改变使用权人、土地用途条件下,支持原用地者利用存量国有建设用地兴办信息服务、研发设计、创意产业等现代服务业①。

(3) 2008 年 10 月《关于促进节约集约利用工业用地加快发展现代服务业的若干意见》(沪规法〔2008〕866 号)中提出,积极支持原以划拨方式取得土地的单位利用工业厂房、仓储用房等存量房产与土地,依据国家产业结构调整的有关规定,在符合城市规划和产业导向、暂不变更土地用途和使用权人的前提下,兴办信息服务、研发设计、创意产业等现代服务业②。

(4) 2014 年 2 月,上海市出台了《关于进—步提高本市土地节约集约利用水平若干意见的通知》,提出了今后上海市对于土地利用方面的五大总纲,即"总量锁定、增量递减、存量优化、流量增效、质量提高",严格控制建设用地规模,逐年减少新增建设用地,大力促进存量建设用地盘活利用,提升土地资源配置效率,进一步提高土地利用质量,以土地利用方式转变促进经济转型升级③。

(5) 2014 年 3 月,《关于盘活存量工业用地的实施办法(试行)》(沪府办〔2014〕25 号)、2016 年 3 月,《关于盘活存量工业用地的实施办法》(沪府办〔2016〕22 号)提出,充分发挥市场对资源配置的决定性作用,调动原土地权利人的积极性,健全利益平衡机制。关于区域整体转型开发,除政府土地收储后整体开发建设外,还允许单一主体或联合开发体采取存量补地价方式自行开发。

(6) 2016 年 6 月,《上海市加快推进具有全球影响力科技创新中心建设的规划土地政策实施办法(试行)》提出,在上海张江国家自主创新示范区内,营造低成本创新创业环境,支持创新经济发展。支持园区平台发展运营,提高园

① 冯立,唐子来.产权制度视角下的划拨工业用地更新:以上海市虹口区为例 [J].城市规划学刊,2013 (5):23 - 29.
② 崔霁,曹启明.论上海工业用地的二次开发利用 [J].上海房地,2013 (11):18 - 21.
③ 上海市人民政府印发关于进一步提高本市土地节约集约利用水平若干意见的通知 [EB/OL].上海市人民政府网,2014 - 03 - 06.

区平台运营和服务能力，促进园区整体转型发展。鼓励土地节约集约复合利用，促进产业结构调整升级、产城融合发展。简化审批、提高行政效率，改进审批管理服务，形成土地全要素、全生命周期管理机制。

二、推进低效用地再开发，引导产业转型升级

土地利用方式与产业布局有着密切关系。有序调整城镇空间布局，加大低效用地再开发有助于提高城市土地利用率。资源向大城市集中的同时，也造成大城市开发强度过大，用地类型与比例失衡严重，降低了生活质量。供给侧结构性改革背景下，亟须通过升级产业结构与产业集聚模式优化城市空间发展。

仍以重庆为例。重庆主城区存量建设用地数量巨大、利用粗放，加强内涵挖潜势在必行。按照推进新型城镇化建设要求，重庆市国土房管局积极转变建设用地供给思路，引导城市建设用地从立足增量扩张转向存量挖潜。近年来，主城区每年供应的土地中，存量建设用地占比逐年提升，其中，渝中、江北、南岸等区存量建设用地供应的比例已超过新增建设用地供应比例。

为破解存量建设用地盘活利用难度大等深层次难题，重庆市国土房管局牵头起草了《重庆市关于深入推进城镇低效用地再开发的实施意见》，坚持发挥市场配置资源的决定性作用，在规范推进政府主导存量土地再开发的同时，通过明确实施程序、完善激励机制鼓励市场主体自主改造开发。

近年，重庆主城各区通过盘活低效工业用地，引导产业转型升级。根据重庆市有关土地创新政策，工业用地在符合城市规划和不改变用途的前提下，经规划部门批准进行改造开发，建设多层厂房、实施厂房加层或开发利用地下空间而提高容积率的，可不再增缴土地价款。利用现有工业用地，兴办先进制造业、生产性及高科技服务业、创业创新平台等国家支持的新产业、新业态建设项目的，可在 5 年过渡期内继续按原用途和土地权利类型使用土地。

上述政策使开发主体能够实实在在地获得好处，重庆的存量建设用地利用率也得到了提高。比较典型的例子是在渝中区鹅岭区域，曾经鹅岭二厂的废弃厂房如今已改造成重庆乃至全国知名的文创区域。如今这里已成为众多外地游客前来重庆的"打卡"地点，外地游客量约占其总量的60%。

三、形成合理供应机制，提升有效供应效率

划拨土地与基础设施存在供给过剩现象，这与特大城市无序外延扩张有着密切关系。城市发展过程中，地方政府如果一味追求土地城镇化速度，通过大修大建的方式，扩大城市规模，会导致道路、广场等公共资源浪费严重。

在供给侧结构性改革背景下，包括北京、上海、重庆在内的 14 个超大城市或特大城市，均应在当前城市经济发展的基础上，合理调整土地投入要素，形成合理供应机制，加强区域联系，合理规划特大城市区域发展，避免地区之间土地出让竞争引起土地低效利用和粗放型增长，提高公共资源精准供给能力。

以重庆为例，提高土地供给和利用效率，要从合理安排供应开始。重庆市主要通过土地储备—征收—整治—出让一体化的机制安排，提高土地供应和利用效率。首先是加快供地保均衡，立足经济社会发展与资源、环境、人口等约束条件，按照供需平衡的要求，科学编制供应计划，统筹城市建设所需各类用地供应。同时，促进批而未征、征而未供土地有效利用，对近五年平均供地率小于 60% 的区县，除国家、市级重点项目和民生保障项目外，暂停安排新增建设用地指标，暂停农用地转用和土地征收审批。

此外，重庆市国土房管局还会同规划、城乡建委、统计等市级部门和区人民政府（管委会），建立了土地供后开发利用联动监管机制，除对已供房地产用地开工、竣工进行监测外，对项目取得规划工程许可、商品住房预售许可等时间、规模进行了动态监管，全面掌握已供宗地开发利用情况，按照"建账销号"原则，加大已供但尚未竣工房地产用地项目的监管力度，督促、推动用地单位依规依约进行开发建设，尽快形成有效供给。这些经验均值得借鉴。

四、加快土地制度改革，提高土地政策管理水平

土地制度改革是决定政府土地政策水平的关键因素。土地制度改革的根本目标是为经济发展转型和可持续的城镇化提供制度保障。基本方向是按照《宪法》多种所有制共同发展和平等保护物权的精神，建立城市国有土地与农村集体土地两种所有制权利平等的土地产权制度；建立城乡土地平等进入、公平交易的土地市场；建立公平、共享的土地增值收益分配制度；建立与现代社会发展相适应的土地财产税制度；建立公开、透明、规范的国有土地资产经营制度和土地融资制度；建立以权属管理和规划与用途管制为核心的现代土地管理体制[①]。

2019 年 8 月 26 日，十三届全国人大常委会第十二次会议表决通过了关于修改《土地管理法》的决定，自 2020 年 1 月 1 日起施行。这次土地管理法的修改，被称为"农村土地制度实现重大突破"。特大城市周边的农村集体经营性土地将可以直接入市流转。

---

①　刘守英．中国土地制度问题与改革［EB/OL］．人民网，2013－10－23．

在土地制度改革方面，重庆的不少做法可资借鉴。为缓解城市发展中的用地瓶颈，重庆市国土房管局不断强化城市建设用地开发强度、土地投资强度、人均用地指标整体控制，提高城市土地综合承载能力。鼓励建设用地立体开发的同时，也通过因地制宜的政策，支持土地综合开发利用。新建公共交通设施用地的地上、地下空间，按照市场化原则以招拍挂出让方式实施综合开发；对不同用途高度关联、需要整体规划建设、确实难以分割供应的综合用途建设项目用地，可按一宗土地整体供应；对不具备单独建设条件的地块，可作为零星用地，纳入相邻地块统一规划建设、整合利用，通过接受社会监督公告方式办理供地手续。

为积极推进供给侧结构性改革，优化土地资源配置，降低企业用地成本，促进节约集约用地，重庆市国土房管局于 2016 年年底出台了《关于完善工业用地供应制度支持实体经济发展的意见》，创新工业用地市场配置机制，完善差别化供应政策，严格工业用地监管，建立完善符合企业发展规律、产业生命周期和产业发展方向的工业用地供应制度。其中，鼓励实行弹性出让、长期租赁、先租后让、租让结合等灵活的供地方式。

2017 年 9 月 29 日，大陆汽车研发（重庆）有限公司以"公开租赁＋出让"方式竞得两江新区礼嘉组团 F 标准分区 F12—1—4/04、F12—1—5/04、F12—2/05 号宗地，租赁期限为 2 年，出让年限为 48 年。土地成交总价为 1184 万元，其中租赁价款 142 万元，出让价款 1042 万元。这是重庆市首宗"先租后让"地块。"先租后让"，即竞得人与重庆市国土房管局先订立《国有建设用地使用权租赁合同》，租赁期内，对承租土地使用权和地上建筑物、构筑物及其附属设施不得转租、转让和抵押。待租赁期满时，有关指标达到合同约定条件以及相关考核指标后，就可以办理租赁转出让手续。

此前，企业拿地后可能会出现不同的情况，有的拿地却不开发，坐等土地升值后再转手赚钱，还有因为效益不够好而可能关闭。如果出让土地，就很难马上退出，这块土地就没法给别的企业使用。有的企业在运行中感觉租用土地比较合适，成本比较低，如果是购买的话则会增加成本。因此，该政策的出台，给企业增加了备选项，同时也降低了政府的风险。

第三节 参照京沪渝路径提升土地效率和政策效果

如前所述，通过 2008—2018 年的数据分析、政策阐释和形势解读，研究发现：按照土地市场与政府调控的关系区间，即对于土地市场经济发展或土地政策调控的倾向程度，我国特大城市呈现出三条较为明显的发展路径。

一、北京路径：政策先导、以限为主，调控市场取向

北京路径比较适用于我国京津冀和东北地区等行政指导色彩较为浓厚的特大城市。该路径的做法是：以国家政策为先导，通过国家给予的战略定位来布局城市发展规划和五年发展规划，通过规划引导市场发展；根据发展定位和发展规划进行政策调控，进而通过对土地市场的多方面调控引导土地利用和市场发展趋势，并据此指导城市发展。

从 2008—2018 年北京市土地市场在规模、价格、结构、集约、景气等方面的指数数据情况来看，北京市土地市场十年来趋稳发展。从土地效率提升和政策调控历程的综合分析，可以勾画出北京式发展路径为：国家定位—城市规划—政策调控—市场限制—土地利用—城市发展。如下图 12-1 所示。

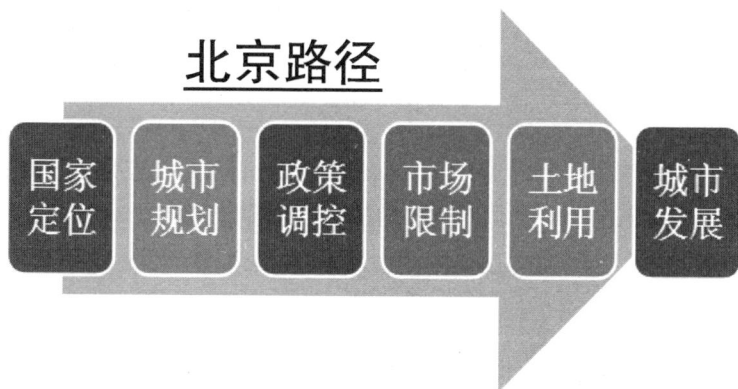

图 12-1　提升土地效率和政策效果——北京路径示意图

北京市 2008 年后土地市场指数一路走低到 2012 年，此后恢复性波动至 2014 年。此后北京市按照中央决定修正发展目标，致力于四个中心建设，并提出减量发展政策。严控土地市场开发，一方面严控土地出让量，另一方面严控土地市场交易，北京市土地市场规模大幅度减小，而市场调控力度不断加大，通过限购、限贷、限售、限签、限离、限价、限商办等政策不断引导土地市场发展趋向，更多倾向于减量发展。随着北京城市副中心通州区建设、雄安新区建设、服务业扩大开放和分区规划建设的出台，土地市场出现波动。

总之，北京市土地市场的发展，基本上和北京市乃至我国经济增长的态势保持一致，但同时也显示出适当的缓速性、调整性发展特征。

2008—2018 年，北京市土地市场规模大幅缩减 69.3%，土地市场出让价格持续走高，增幅 313.2%，二、三产业增加值/土地供应总量增幅 760.1%，表明土地利用集约水平大幅提高。2018 年分指数比 2008 年增幅 8%，从趋势看出土地市场景气程度逐步趋缓。

综合看，近年来北京市的土地市场作为一线城市资源聚集地和国际产业配置高地，仍然具有较大吸引力；商品房销售面积一路下滑，则突出显示了北京市宏观政策调控的力度和效果，即通过限购、限贷等一系列政策，明显抑制了住宅市场的自然发展路径。

二、上海路径：经济引领、限建结合，推进市场转型

上海路径适用于我国长三角区域等市场发育程度较高、城市群较为密集、区域经济较为发达的特大城市。该路径的做法是：以国家赋予的经济中心定位为根本，结合发展规划充分引导市场发展和对外开放，通过适当限制和布局性建设推进土地利用，进而深入推进市场转型发展。

从土地效率提升和政策调控历程的综合分析，可以勾画出上海式发展路径为：战略定位—市场经济—产业调控—土地利用—经济转型—城市发展。如下图 12-2 所示。

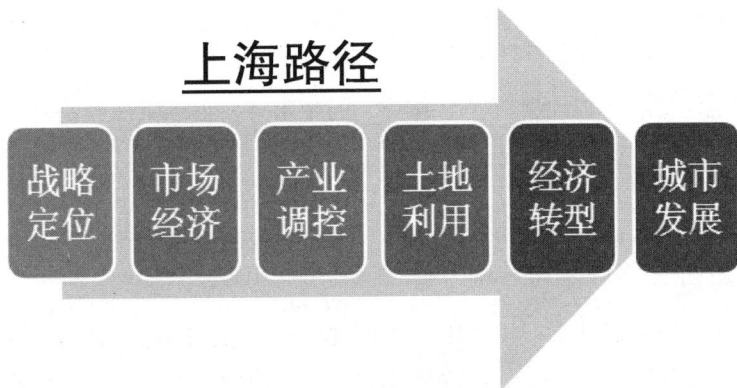

图 12-2　提升土地效率和政策效果——上海路径示意图

相比之下，上海属于市场反应型，即据市场出台政策，以政策激发市场。具体分析，在经历了 2013 年房价较快上涨后，2014 年前三季度上海市房地产市场经历一轮调整，主要表现为开发投资增速回落和楼市销售量减少。

面对市场表现，2014 年上海市严格贯彻落实国家和市级各项房地产调控政策措施，采取差别化住房信贷、税收、住房限购、增加土地供应等综合措施，

抑制投资和投机性购房需求，激发刚需、改善等正常市场需求。在第四季度限贷放松、普通商品住房标准调整及贷款利率下降等多重因素影响下，楼市出现回暖走势。由此可知，上海市土地市场政策属于较为典型的市场反应型管理模式。

近十年来上海市在2009—2011年市场规模大幅上涨的背景下，自2012年以后对土地开发和土地利用进行了较为严格的调控。上海市在土地市场发展方面更多地倾向于产业创新转型、商务服务发展等土地利用，因此2008—2018年土地市场CLI指数逐步走高，显示上海市的土地利用水平逐步提高，土地政策管理水平也逐步提升。

数据显示，上海市2008—2018年间土地出让供应总量即增量递增的幅度不断减小，而土地二级市场交易量即存量盘活、流动的数量则保持相对稳定的发展态势，年均299.7个点位。从这一数据可以看出，上海市近十年来的土地市场发展还是相当稳健的。

总体分析，上海市的土地市场做到了增量及时更新、存量有效流动，较为科学有机地调配了土地利用效率和政府政策调控二者之间的复杂关系。

三、重庆路径：统筹地政、以建为主，保障产业提升

重庆路径适用于我国成渝城市群、珠三角等外向型经济比较发达区域的特大城市。该路径的做法是：以直辖、中心城市或创新城市为契机，充分利用市场经济和土地要素（如地票制度）作用，引导市场发展、激活经济动力，布局产业链条，创新产业经济快速提升。

从土地效率提升和政策发展历程的综合分析，可以勾画出重庆式发展路径为：发展定位—土地要素—产业创新—土地利用—市场经济—城市发展。如下图12-3所示。

从时间序列数据分析，重庆市CLI指数2018年比2008年增长156.3个点位，增幅达到156.3%。从经济发展体量来看，相比2008—2018年我国GDP 182%的增幅，作为西部地区发展最快的大城市，也是中国城市建设最快的城市，重庆市GDP从5794亿元增长到2.04万亿元，增幅252.1%，显著高于国家线，也远超北京、上海市GDP增幅。

在此背景下，作为经济发展的主力要素，显然重庆市的土地市场经历了并正在发生着深刻的变化。在全国房地产经济大发展—深调控—严转型的背景下，重庆市自1997年直辖后，注重产业经济调控增长而相对稳妥推进地票制度、资金控制、节奏供应等土地市场发展和管理，大力推进信息制造业全产业体系作

重庆路径

发展定位　土地要素　产业创新　土地利用　市场经济　城市发展

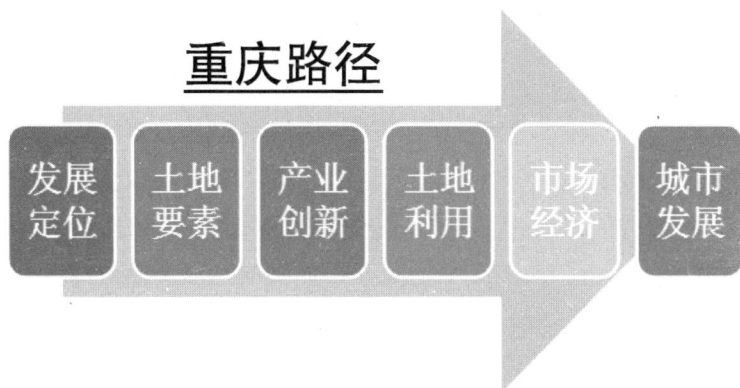

图 12 - 3　提升土地效率和政策效果——重庆路径示意图

为基础和优势，借势国家"一带一路"发展战略和渝新欧铁路开通契机，通过与中西亚国家及欧洲发达国家的商品贸易和商务交流推进全球化，走出了一条特色发展道路。

综合分析，北京、上海、重庆三城市的土地市场及土地政策管理各有特色，北京更倾向于行政指令土地政策调控，上海更注重经济引领功能转型，重庆则发力土地作用支撑产业布局。我国其余特大城市的土地市场效率和政策调控效果的提升，也可以参照京沪渝三地的做法，结合本地实际情况开展工作。

参考文献

［1］AIMIN CHEN. Urbanization and disparities in China：challenges of growth anddevelopment ［J］. China Economic Review, 2002, 13 (4)：407 – 411.

［2］ALONSO W. Location and Land Use：Toward a General Theory of Land R – ent ［M］. Harvard University Press, 1964.

［3］BARLOWE R. Land Resource Economics：The Economics of Real Estate ［M］. New Jersey：Prentice – Hall, Inc. 1986.

［4］Chi – man Hui E. An empirical study of the effects of land supply and lease conditions on the housing market：A case of Hong Kong ［J］. Property Mana – ge-ment, 2004, 22 (2)：127 – 154.

［5］CLEMENTS H S, BAUM J, CUMMING G S. Cumming. Money and motiv-es：an organizational ecology perspective on private land conservation ［J］. Bio – log-ical Conservation, 2016, 197.

［6］CLI 研究课题组. 中国土地市场指数 CLI 分析报告 ［R］. (2011 – 06 – 14).

［7］DURANTON G. Diversity and Specialisation in Cities：Why, Where and W-hen Does it Matter? ［J］. Urban Studies, 2000, 37 (3)：533 – 555.

［8］FERGUSON C A, AKRAM M K. Protecting farm land near cities：Trade – offs with affordable housing inHawaii ［J］. Pergamon, 1992, 9 (4)：5 – 9.

［9］HERING L, PONCET S. Market Access Impact on Individual Wage：Evi-den-ce from China ［J］. Working Papers, 2006, 92 (1).

［10］Li Tian, Wenjun Ma. Government intervention in city development of Chi-na：A tool of landsupply ［J］. Land Use Policy, 2008, 26 (3).

［11］LOPEZ – SAEZ J, CORONA C, ECKERT N, et al. Impacts of land – use and landcover changes on rockfall propagation：Insights from the Grenoble conur – bation [J]. Science of the Total Environment, 2016, 547.

[12] MALPEZZI S, MAYO S K. Getting Housing Incentives Right: A Case Study of the Effects of Regulation, Taxes, and Subsidies on Housing Supply in Malaysia [J]. Land Economics, 1997, 73 (3).

[13] NAISMITH, RORY. The land market and Anglo – Saxon society [J]. Historical Research, 2016, 89 (243): 19 – 41.

[14] NANTHAKUMARAN N, WATKINS C. Understanding Property Market Dyn – amics: Insights from Modelling the Supply – Side Adjustment Mechanism [J]. Environment and Planning A, 2000, 32 (4).

[15] PAUDYAL K, BARAL H, KEENAN R. J. Local actions for the common go-od: Can the application of the ecosystem services concept generate improved societal outcomes from natural resource management? [J]. Land Use Policy, 2016, 56.

[16] PENG R, WHEATON W. Effects of Restrictive Land Supply on Housing in Hong Kong: An Econometric Analysis [J]. Journal of Housing Research, 1994, 5 (2).

[17] POLLAKOWSKI H O, Wachter S M. The Effects of Land – UseConstraints on Housing Prices [J]. Land Economics, 1990, 66 (3).

[18] SAMPLE J E, BABER I, BADGER R. A spatially distributed risk screening tool to assess climate and land use change impacts on water – related ecosyst – em services [J]. Environmental Modelling and Software, 2016, 83.

[19] SAUNDERS W S A, KILVINGTON M. Innovative land use planning for natural hazard risk reduction: A consequence – driven approach from New Zea – land [J]. International Journal of Disaster Risk Reduction, 2016, 18.

[20] TSE R Y C. Housing Price, Land Supply and Revenue from LandSales [J]. Urban Studies, 1998, 35 (8).

[21] WAGNER P D, WASKE B. Importance of spatially distributed hydrologic variables for land use change modeling [J]. Elsevier, 2016, 83.

[22] ZOPE P E, ELDHO T I, JOTHIPRAKASH V. Impacts of land use – land co – ver change and urbanization on flooding: A case study of Oshiwara River B – asin in Mumbai, India [J]. Catena, 2016, 145.

[23] 巴曙松. 土地周期是观察中国经济走势的关键 [J/OL]. 观点地产网, 2012 – 04 – 18.

[24] 毕宝德. 土地经济学 [M]. 北京: 中国人民大学出版社, 2006.

［25］毕宝德. 中国地产市场研究［M］. 北京：中国人民大学出版社，1994.

［26］曹贯. 中国农业经济史［M］. 北京：中国社会科学出版社，1989.

［27］陈岩松，王巍. 关于城市经营的研究与思考［J］. 城市规划，2002（2）：80 – 85.

［28］成家军. 资产价格与货币政策［M］. 北京：社科文献出版社，2004.

［29］程浩岩，王振坡. 中外比较下我国城市土地储备制度发展趋势探讨［J］. 城市，2014（1）：24 – 29.

［30］仇兵奎，胡玲. 基于 DEA 模型的城市政府土地储备决策绩效分析［J］. 中国土地科学，2013，27（7）：28 – 33.

［31］崔霁，曹启明. 论上海工业用地的二次开发利用［J］. 上海房地，2013（11）：18 – 21.

［32］刁琳琳，严金明. 论中国土地政策参与宏观调控的传导机制——一个基于修正的 IS – LM 模型的理论诠证［J］. 中国土地科学，2012，26（12）：48 – 56.

［33］董冠鹏，张文忠，武文杰，等. 北京城市住宅土地市场空间异质性模拟与预测［J］. 地理学报，2011，66（6）：750 – 760.

［34］段正梁. 关于土地科学中土地概念的一些思考［J］. 中国土地科学，2000（4）：18 – 21.

［35］樊丽如，李富忠. 供给侧改革视角下的土地制度问题探析［J］. 湖北农业科学，2017，56（19）：3765 – 3767，3772.

［36］范静媛. 土地政策参与宏观调控机制及政策选择研究［D］. 哈尔滨：哈尔滨商业大学，2015.

［37］房树淮. 论土地资本经营及管理［J］. 长白学刊，1999（2）：40 – 43.

［38］丰雷. 土地宏观调控的政策体系设计——基于中国实践的分析［J］. 经济问题探索，2010（9）：99 – 104.

［39］冯经明. 转型时期特大型城市土地利用规划理论与实践［M］. 上海：同济大学出版社，2013.

［40］冯立，唐子来. 产权制度视角下的划拨工业用地更新：以上海市虹口区为例［J］. 城市规划学刊，2013（5）：23 – 29.

［41］甘藏春. 宏观调控中土地政策的运用［N/OL］. 21 世纪经济报道，2006 – 12 – 11.

［42］甘藏春．土地宏观调控创新理论与实践［M］．北京：中国财政经济出版社，2009．

［43］高德步，王珏．世界经济史［M］．北京：中国人民大学出版社，2001．

［44］高鸿业．私有制、科斯定理和产权明晰化［J］．当代思潮，1994（5）：10－16．

［45］郭利卫，刘炜．对城市土地经营若干问题的探讨［J］．经济问题，2003（2）：30－31．

［46］郭田勇．中国货币政策体系的选择［M］．北京：中国金融出版社，2006．

［47］郭彦弘，王燕祥．城市土地商品化：香港与内地的比较分析［J］．城市问题，1995（4）：43－46．

［48］国土资源部办公厅．国土资源调研报告［M］．北京：地质出版社，1999．

［49］贺国英．土地资源、土地资产和土地资本三个范畴的探讨［J］．国土资源科技管理，2005（5）：66－68＋65．

［50］胡碧霞，李菁，匡兵．绿色发展理念下城市土地利用效率差异的演进特征及影响因素［J］．经济地理，2018，38（12）：183－189．

［51］胡慧远．我国土地产权制度的历史沿革与发展趋势论析［J］．武汉冶金管理干部学院学报，2006（4）：15－17．

［52］胡立兵，欧名豪．城市国有土地供应机制与有效管控研究——基于南京市的实证分析［J］．中国土地科学，2012，26（4）：23－28＋35．

［53］胡美红，高抗，于白云．论改革开放以来中国城市土地制度改革［J］．长沙大学学报，2013，27（1）：70－72．

［54］黄宗智．重庆："第三只手"推动的公平发展？［J］．开放时代，2011（9）：6－32．

［55］吉利斯，波金斯，罗默，斯诺德格拉斯．发展经济学［M］．4版．北京：中国人民大学出版社，1998．

［56］贾康，梁季．中国市场化、城镇化历史进程中的"土地财政"与土地制度变革［J］．中国发展观察，2015（6）：36－44．

［57］江曼琦，梅林．产业"链"簇关系辨析与协同发展策略研究［J］．河北经贸大学学报，2018，39（1）：73－82．

［58］蒋一军，裘江辉．房地产价格指数与 Hedonic 模型［J］．中国资产评

估，1996（3）：30－32.

[59] 金丽国，黄凌翔. 土地政策参与宏观调控的微观机理探析 [J]. 科技管理研究，2014，34（9）：171－175.

[60] 康春，周晓艳，田心尉. 对土地政策参与宏观调控的几点认识 [J]. 中国房地产，2005（9）：16－18.

[61] 孔径源. 关于市场配置机制与产权制度的关系 [J]. 土地使用制度改革，2001（4）：22－24.

[62] 李恩平. 中国城市土地制度改革回顾与展望 [J]. 改革与战略，2010，26（5）：73－75＋91.

[63] 李红. 我国开发区布局及土地利用现状分析与研究 [J]. 中国土地科学，1998（3）：10－13.

[64] 李建强，曲福田. 土地市场化改革对建设用地集约利用影响研究 [J]. 中国土地科学，2012，26（5）：70－75.

[65] 李鹏程. 中国政策变迁的多源流分析——基于土地政策参与宏观调控的经验研究 [D]. 厦门：厦门大学，2018.

[66] 李双海. 国有土地资本化经营研究 [D]. 成都：西南财经大学，2007.

[67] 李水童，司静波. 浅析面向科学发展观的土地资源管理 [J]. 黑龙江科技信息，2008（17）：95.

[68] 李涛. 中国土地市场：运行机制、宏观调控和绩效评价 [M]. 北京：经济科学出版社，2012.

[69] 李兴山. 宏观经济运行与调控 [M]. 北京：中共中央党校出版社，2002.

[70] 李颖，张成勇. 土地资源配置中的"寻租"现象解析 [J]. 南方经济，1997（2）：14－15.

[71] 李勇刚. 土地资源错配阻碍了经济高质量发展吗？——基于中国35个大中城市的实证研究 [J]. 南京社会科学，2019（10）：35－42.

[72] 李植彤. 宏观世界史 [D]. 武汉：武汉大学出版社，1999.

[73] 联合国人类居住中心. 城市化的世界——全球人类住区报告1996 [M]. 沈建国，于立，董立，等译. 北京：中国建筑工业出版社，1999.

[74] 梁鹤年. 公众（市民）参与：北美的经验与教训 [J]. 城市规划，1999（5）：48－52.

[75] 梁兴辉. 城市成长经济的实现 [J]. 天中学刊，2004（4）：39－42.

[76] 林智群. 1991 年我国城市建设用地分类统计的初步分析 [J]. 城市规划科技情报专题资料（研究类），1993 (5).

[77] 刘凤梅. 土地资本化作用机理及制度构建 [J]. 人民论坛，2014 (35)：70－72.

[78] 刘守英. 中国土地制度问题与改革 [EB/OL]. 人民网，2013－10－23.

[79] 刘伟. 我国城市土地资源配置机制研究 [D]. 哈尔滨：哈尔滨工业大学，2006.

[80] 刘学东. 墨西哥案例 1992—2012：土地制度改革与城市用地分析 [J]. 中国名城，2014 (1)：17－25.

[81] 娄成武，王玉波. 中国土地财政中的地方政府行为与负效应研究 [J]. 中国软科学，2013 (6)：1－11.

[82] 鲁春阳，文枫，杨庆媛，等. 地级以上城市土地利用结构特征及影响因素差异分析 [J]. 地理科学，2011，31 (5)：600－607.

[83] 路亚丽. 我国土地储备制度中存在的问题与对策研究 [J]. 经济研究导刊，2013 (20)：35－36.

[84] 马克思. 资本论：第二卷 [M]. 中共中央马克思恩格斯列宁斯大林著作编译局，译. 北京：人民出版社，1975：179.

[85] 马克思恩格斯. 马克思恩格斯《资本论》书信集 [M]. 中共中央马克思恩格斯列宁斯大林著作编译局，编. 北京：人民出版社，1976.

[86] 马克思恩格斯. 马克思恩格斯全集：第 25 卷 [M]. 北京：人民出版社，1972.

[87] 马克思恩格斯. 马克思恩格斯选集：第 25 卷 [M]. 中共中央翻译局，译. 北京：人民出版社，1995：916.

[88] 马克思恩格斯. 马克思恩格斯选集：第 2 卷 [M]. 中共中央翻译局，译. 北京：人民出版社，1995：24.

[89] 马歇尔. 经济学原理（上卷）[M]. 朱志泰，译. 北京：商务印书馆，1964：157.

[90] 马迎贤. 资源依赖理论的发展和贡献评析 [J]. 甘肃社会科学，2005 (1)：116－119，130.

[91] 莫力科，乔雪. 城市住宅价格与宏观经济变量的关系分析——基于 VAR 模型的实证研究 [J]. 工程管理学报，2011，25 (4)：443－448.

[92] 年终盘点：2015 北京土地收入 2032 亿创历史新高 [EB/OL]. 搜狐

焦点网, 2015 – 12 – 29.

[93] 庞春. 一体化、外包与经济演进: 超边际—新兴古典一般均衡分析 [J]. 经济研究, 2010, 45 (3): 114 – 128.

[94] 庞瑞芝, 杨慧. 中国省际全要素生产率差异及经济增长模式的经验分析——对 30 个省 (市、自治区) 的实证考察 [J]. 经济评论, 2008 (6): 16 – 22.

[95] 齐美玲. 土地政策参与宏观调控的绩效评价研究 [D]. 哈尔滨: 东北农业大学, 2012.

[96] 齐心. 北京为什么要进行人口调控? [N]. 中国城市报, 2018 – 04 – 16 (19).

[97] 齐援军. 我国土地管理制度改革的回顾与前瞻 [J]. 经济研究参考, 2004 (13): 18 – 29.

[98] 祁金立. 城市化聚集效应和辐射效应分析 [J]. 暨南学报 (哲学社会科学版), 2003 (5): 30 – 34.

[99] 裘雨明. 论房地产指数编制方法的缺陷 [J]. 商业时代, 2004 (23): 39 – 40.

[100] 去年北京土地收入近 2000 亿　同比增长 3.5% 创新高 [EB/OL]. 腾讯网, 2016 – 01 – 21.

[101] 赛娜. 国内外房地产价格指数的编制方法比较 [EB/OL]. 豆丁网, 2008 – 07.

[102] 上海市人民政府印发关于进一步提高本市土地节约集约利用水平若干意见的通知 [EB/OL]. 上海市人民政府网, 2014 – 03 – 06.

[103] 上海宅地产生全国单价新地王入市或卖 16 万元/平方米叫板最贵豪宅 [EB/OL]. 腾讯新网, 2014 – 07 – 10.

[104] 沈晓艳, 黄贤金. 基于土地供应侧的中国商品住宅空置效应分析——以 35 个大中城市为例 [J]. 现代城市研究, 2017 (10): 12 – 17.

[105] 盛广恒, 施国庆. 基于利润最大化的土地市场供求均衡分析 [J]. 经济师, 2005 (5): 20 – 21.

[106] 世界银行. 世界发展报告 1998/1999 [M]. 蔡秋生, 等译. 北京: 中国财政经济出版社, 1999.

[107] 帅文波, 杜新波. 土地节约集约利用内涵及机制研究 [J]. 生态经济, 2013 (4): 52 – 57.

[108] 帅文波. 2016' 土地管理主要政策回顾暨 2017' 重点土地政策展望

[J]．中国土地，2017（1）：8－13.

［109］司红．统计指数概念的剖析与探究［J］．集团经济研究，2007（12X）：357－357.

［110］宋启林．从宏观调控出发解决容积率定量问题——城市土地利用与城市规划研究之二［J］．城市规划，1996（2）：21－24，63.

［111］苏炳衡．核心经济资源变迁：历史、原因与效应［D］．成都：四川师范大学，2003.

［112］孙莉娟．我国社会主义土地的公有性及其管理［D］．武汉：武汉科技大学，2005.

［113］孙习稳．土地政策参与宏观调控理论研究［D］．北京：中国地质大学（北京），2007.

［114］孙英辉，梁本凡，叶明权．CLI中地指数研究与应用［M］．北京：中国财政经济出版社．2012.

［115］谈敏．法国重农学派学说的中国渊源［M］．上海：上海人民出版社．1992.

［116］谭术魁，张红霞．城市土地市场调控的实证分析——以武汉市为例［J］．资源科学，2011，33（3）：549－555.

［117］唐健，靳相木．一年来土地政策回顾与展望［J］．中国土地，2018（1）：4－9.

［118］唐健．一年来土地政策回顾与展望［J］．中国土地，2015（1）：15－20.

［119］陶晓龙．土地政策与宏观调控——新时期土地市场政府干预理论与实践［M］．北京：中国环境出版社，2013.

［120］王代敬．论我国土地资源开发的资本化之路［J］．开发研究，2005（1）：59－63.

［121］王海涛，娄成武，崔伟．辽宁城市化进程中土地利用结构效率测评分析［J］．经济地理，2013，33（4）：132－138.

［122］王红蕾．析中国古代土地制度之演变［J］．发展，1996（8）：32－33.

［123］王红英，杨强．指数基本理论与方法研究［N］．期货日报，2008－07－09.

［124］王满银，肖瑛，张蕾，姚治国．中国房地产宏观调控政策研究［J］．城市问题，2012（10）：50－54.

[125] 王青，陈志刚，叶依广，黄贤金．土地市场发展的经济驱动机制：理论与实证分析 [J]．中国人口·资源与环境，2007（3）：75-80.

[126] 王青．土地市场运行对经济增长影响研究 [D]．南京：南京农业大学，2007.

[127] 王韶楠，杨加水，郑兴和，等．土地资源可持续利用的影响因素及对策 [J]．中国人口·资源与环境，2000（S2）：20-21.

[128] 王慎之．生产力理论史 [M]．吉林：吉林人民出版社．1988.

[129] 王万茂，张颖，王群．基于经济增长的产业用地结构预测研究 [J]．中国土地科学，2005（4）：3-8.

[130] 王先进．规范地产市场 管好土地资产 [J]．国土经济，2002（1）：6-8.

[131] 王小鲁，夏小林．优化城市规模 推动经济增长 [J]．经济研究，1999（9）：22-29.

[132] 王子平，冯百侠，徐静珍．资源论 [M]．石家庄：河北科学技术出版社，2001.

[133] 魏思辰．城市土地市场调控效率研究 [D]．天津：天津大学，2011.

[134] 吴炳怀．区域、城市整体发展与旧城功能、用地结构的调整——以常州为例 [J]．城市规划，1998（1）：24-28.

[135] 吴次芳．中国大陆土地资源永续利用的政府管理机制探讨 [C]．中国土地学会．土地资源永续利用与土地使用管制——'98 海峡两岸土地学术研讨会论文集．中国土地学会：中国土地学会，1998：340-347.

[136] 吴得文，毛汉英，张小雷，等．中国城市土地利用效率评价 [J]．地理学报，2011，66（8）：1111-1121.

[137] 吴宇哲，孙小峰．改革开放40周年中国土地政策回溯与展望：城市化的视角 [J]．中国土地科学，2018，32（7）：7-14.

[138] 席强敏，陈曦，李国平．中国生产性服务业市场潜能与空间分布——基于面板工具模型的实证研究 [J]．地理科学，2016，36（1）：1-9.

[139] 夏兴园，万东铖．我国资源配置方式的理性选择 [J]．经济研究，1997（1）：66-71.

[140] 晓宇．北京常住人口20年来首次负增长 城六区两年降74万人 [J]．经济研究参考，2018（72）：45，57.

[141] 谢逸枫．2018年中国楼市政策总结与2019年展望 [EB/OL]．深圳

房地产信息网，2019 - 01 - 11.

［142］新华社评楼市调控：楼市十年九调 房价屡调屡高 ［EB/OL］．中华网，2013 - 03 - 02.

［143］熊鲁霞，骆棕．上海市工业用地的效率与布局 ［J］．城市规划汇刊，2000（2）：22 - 29，45 - 79.

［144］徐斌，李燕芳．生产要素理论的主要学派与最新发展 ［J］．北京交通大学学报（社会科学版），2006（3）：20 - 24.

［145］徐斌，喻建华，周丽．特大城市土地储备计划编制方法与建议 ［J］．中国土地，2013（10）：30 - 32.

［146］许实，王庆日，谭永忠，等．中国土地市场化程度的时空差异特征研究 ［J］．中国土地科学，2012，26（12）：27 - 34.

［147］亚当·斯密．国民财富的性质与原因的研究 ［M］．郭大力，王亚南，译．北京：商务印书馆，1972.

［148］杨钢桥，毛泓．城市土地供需平衡的市场机制 ［J］．华中师范大学学报（自然科学版），1999（4）：605 - 608.

［149］杨红梅，刘卫东，刘红光．土地市场发展对土地集约利用的影响 ［J］．中国人口·资源与环境，2011，21（12）：129 - 133.

［150］杨帅，温铁军．经济波动、财税体制变迁与土地资源资本化——对中国改革开放以来"三次圈地"相关问题的实证分析 ［J］．管理世界，2010（4）：32 - 41 + 187.

［151］杨先花，梅林，张杰．我国三大城市群的城市土地供应效率评价 ［J］．兰州财经大学学报，2017，33（4）：7 - 14.

［152］杨先花．供给侧结构性改革背景下我国城市土地供应效率评价研究 ［D］．北京：首都经济贸易大学，2018.

［153］杨宜勇，范宪伟．土地资本化背景下中国特色"以地谋发展"模式论析 ［J］．中州学刊，2018（8）：24 - 30.

［154］杨重光．大陆城市化进程中的土地问题与对策 ［C］．中国土地学会．城市土地利用和农地保护——'96 海峡两岸土地学术研究会论文集．中国土地学会：中国土地学会，1996：49 - 58.

［155］叶飞文．要素投入与中国经济增长 ［M］．北京：北京大学出版社，2004.

［156］叶剑平，赵燕军．农村土地资本化是农民增收的重要途径 ［J］．公共管理与政策评论，2013，2（4）：16 - 22.

[157] 叶明权. 城市土地二级市场的制度缺陷及对策 [J]. 中国土地, 2005 (9): 21 - 22.

[158] 叶艳妹. 对土地资源本质属性及其与土地资产关系的认识 [J]. 中国土地科学, 1996 (S1): 52 - 54.

[159] 伊利, 莫尔豪斯. 土地经济学原理 [M]. 滕维藻, 译. 北京: 商务印书馆, 1982: 19.

[160] 伊利, 魏尔万. 土地经济学 [M]. 北京: 商务印书馆, 1940.

[161] 俞忠英. 关于两种资源配置机制过程中的配置费用 [J]. 中国土地, 2001 (12): 12 - 16.

[162] 泽平宏观: 老龄化和职住分离是北京上海人口突出问题 [EB/OL]. 新浪财经, 2016 - 10 - 13.

[163] 张车伟, 王智勇, 蔡翼飞. 中国特大城市的人口调控研究——以上海市为例 [J]. 中国人口科学, 2016 (2): 2 - 11, 126.

[164] 张富春. 资本与经济增长 [M]. 北京: 经济科学出版社, 2000.

[165] 张杰. 我国土地市场发展态势与对策 [N]. 光明日报, 2014 - 07 - 02 (15).

[166] 张杰. 土地要素市场影响宏观经济运行的经济学分析——互动机制与实证分析 [J]. 首都经济贸易大学学报, 2010, 12 (4): 5 - 11.

[167] 张炳强. 《发现上海竞争力——长三角城市群外商资本报告 (2008 - 2018)》发布 [N/OL]. 新民晚报, 2019 - 05 - 27.

[168] 张俊峰, 张安录. 中国土地资源错配效率损失与纠正策略 [J]. 华南农业大学学报 (社会科学版), 2020, 19 (1): 55 - 65.

[169] 张莉, 程可为, 赵敬陶. 土地资源配置和经济发展质量——工业用地成本与全要素生产率 [J]. 财贸经济, 2019, 40 (10): 126 - 141.

[170] 张茉楠. 中国经济增长由规模红利转向效率红利 [N]. 证券时报, 2014 - 09 - 26 (A08).

[171] 张素兰, 严金明. 土地利用规划视角下土地政策参与宏观调控的作用机制 [J]. 经济体制改革, 2009 (4): 56 - 59.

[172] 张五常. 企业的合约性质 [A] //经济解释 [C]. 北京: 商务印书馆, 2000.

[173] 张英浩, 陈江龙, 高金龙, 等. 经济转型视角下长三角城市土地利用效率影响机制 [J]. 自然资源学报, 2019, 34 (6): 1157 - 1170.

[174] 张应红, 苏迅. 土地资源资产理论、市场配置与集约化利用研究

[M]．北京：中国国土资源经济研究院，2001.

[175] 张泽伟．2014 年北京土地出让金额 1916.9 亿元同比增长 5.2%
[EB/OL]．前瞻网，2015 - 01 - 01.

[176] 张振华．试论土地的特性和土地价格决定的特殊性 [J]．阴山学
刊，1995（3）：83 - 87.

[177] 赵贺．中国城市土地利用机制研究 [M]．北京：经济管理出版
社，2004.

[178] 赵津．城市的"天然规划师"——论地价变动在近代中国城市发育
中的作用 [J]．改革，1999（1）：113 - 118.

[179] 赵云泰，黄贤金，钟太洋，等．中国土地市场化测度方法与实证研
究 [J]．资源科学，2012，34（7）：1333 - 1339.

[180] 赵增耀，夏斌．市场潜能、地理溢出与工业集聚——基于非线性空
间门槛效应的经验分析 [J]．中国工业经济，2012（11）：71 - 83.

[181] 郑丹丹．市场机制对中国城市土地市场的影响 [J]．安徽农业科
学，2007（2）：534 - 535.

[182] 郑萍．土地供给参与宏观调控的法律制度研究 [D]．沈阳：辽宁大
学，2015.

[183] 郑荣禄．中国城市土地经济分析 [M]．昆明：云南大学出版
社，1997.

[184] 郑伟元．挖掘城市存量土地的有效途径 [M]．北京：中国大地出版
社，1997.

[185] 郑新奇，王筱明．城镇土地利用结构效率的数据包络分析 [J]．中
国土地科学，2004（2）：34 - 39.

[186] 郑勇．我国城市土地市场化研究 [D]．宁夏：宁夏大学，2004.

[187] 郑振源．建立适应土地资源市场配置的国家宏观调控体系 [J]．中
国土地科学，2012，26（3）：14 - 17，54.

[188] 中共中央，国务院．中共中央、国务院关于进一步加强土地管理切
实保护耕地的通知（中发 [1997] 11 号文）[EB/OL]．（1997 - 05 - 18）．ht-
tp：//www. law - lib. com/law/law_ view1. asp？id = 64630.

[189] 中国社会科学院财贸经济研究所，美国纽约公共政策研究所．中国
城市土地使用与管理（专题报告及附录）[M]．北京：经济科学出版社，1994.

[190] 中国社会科学院财贸经济研究所，美国纽约公共政策研究所．中国
城市土地使用与管理（总报告）[M]．北京：经济科学出版社，1992.

［191］中华人民共和国国土资源部．土地利用年度计划管理办法（1999 年国土资源部令第 2 号）　　［EB/OL］．http：//lawdb. cncourt. org/show. php? fid = 32328.

［192］钟顺昌，任媛．产业专业化、多样化与城市化发展——基于空间计量的实证研究［J］．山西财经大学学报，2017，39（3）：58 - 73.

［193］周柏春，孔凡瑜．土地政策：我国政府进行宏观调控的重要工具［J］．改革与战略，2010，26（7）：43 - 45.

［194］周晓蓉，李霞．中国住宅市场宏观调控政策效果的理论与实证分析［J］．宏观经济研究，2012（2）：23 - 29 + 34.

［195］朱道林，杜挺，张立新，宋洋．2017 年土地科学研究重点进展评述及 2018 年展望——土地管理领域分报告［J］．中国土地科学，2018，32（2）：63 - 71.

［196］朱道林，赵小双，林瑞瑞．我国城市土地利用结构及其利用效益［J］．现代城市研究，2013，28（7）：16 - 19.

后 记

六年迁延，三度调整，终于成稿。

本书依托国家社会科学基金项目《我国特大城市土地市场效率与政府调控效果研究》项目报告而著。遥想 2014 年 6 月得知国家社科基金项目获批之时的高兴劲头、2016 年 12 月获得北京市第十四届哲学社会科学优秀成果奖之时的欣慰感觉、2019 年 12 月仔细核实土地市场数据的凝重心情、2020 年 6 月得知项目验收顺利通过的开心笑容，一切历历在目。

本书的创作过程，和我国土地管理制度改革的历史进程与市场化进程，息息相关。2020 年初，COVID‑19 疫情不期而至，对全球发展产生了直接、深远的影响，也对我国的土地管理改革和土地市场发展产生了相应影响——国内市场的重要意义进一步凸显，以土地市场效率与政府调控效果为中心的研究课题更加具有了现实意义和实践价值。

2021 年，中国面临"三千年未有之大变局"，也迎来百年未有之大机遇。在伟大民族复兴进程中，土地起着关键要素作用。土地市场作为衡量我国政府与市场边界关系的刻度尺，意义重大。但限于认识和水平，本书对于市场效率、政府调控效果以及二者之间关系的分析还亟待深入；虽然进行了相关理论和方法的探索，也还较为粗浅，必定存在疏漏与不足之处，敬请各位读者批评指正。

在本书创作过程中，中国社会科学院城市发展与环境研究所杨重光研究员、自然资源部不动产登记中心卢静、王建武、王忠等三位处长以及周金瑾、张尚斌等研究员和首都经济贸易大学统计学院张玉春、城市经济与公共管理学院研究生杨先花、杨正一、王蒙等师生，都进行了相关的指导或研究工作。杨先花同学具体测算了我国城市土地供应效率的特征和影响因素，杨正一、王蒙具体参与了中国土地市场指数（CLI）的测算分析。对上述师生的工作，衷心感谢。

　　本书的研究及出版还得到了国家社会科学基金项目（14BGL122）和光明日报出版社的大力支持；书稿参考、引用和借鉴了诸多专家学者的思想和观点，这里也一并再次表示诚挚感谢！

张杰

2020 年 7 月 18 日，北京